SOB OS SIGNOS DA VIOLÊNCIA

Andre Rezende Benatti
Rosana Cristina Zanelatto Santos
Wellington Furtado Ramos
(org.)

SOB OS SIGNOS DA VIOLÊNCIA

EDITORA UNICAMP

FICHA CATALOGRÁFICA ELABORADA PELO
SISTEMA DE BIBLIOTECAS DA UNICAMP
DIVISÃO DE TRATAMENTO DA INFORMAÇÃO
BIBLIOTECÁRIA: MARIA LÚCIA NERY DUTRA DE CASTRO – CRB-8ª / 1724

So12 Sob os signos da violência / organizadores: Andre Rezende Benatti, Rosana Cristina Zanelatto Santos e Wellington Furtado Ramos. Campinas, SP : Editora da Unicamp, 2024.

1. Violência. 2. Agressão. 3. Violência na literatura. 4. Narrativas. 5. Gênero literário. I. Benatti, Andre Rezende. II. Santos Rosana Cristina Zanelatto. III. Ramos, Wellington Furtado.

CDD – 303.6
– 302.54
– 808.803552
– 808.8023
– 801.9

ISBN 978-85-268-1641-1

Editora da Unicamp
Rua Sérgio Buarque de Holanda, 421 – 3º andar
Campus Unicamp
CEP 13083-859 – Campinas – SP – Brasil
Tel.: (19) 3521-7718 / 7728
www.editoraunicamp.com.br – vendas@editora.unicamp.br

SUMÁRIO

À guisa de apresentação 7
Os organizadores

Prefácio – Dor, forma, beleza: sob os signos da violência 13
Wellington Furtado Ramos

1 – Reescrita e projeção: formas da violência na ficção científica argentina do século XXI 23
Fernando Bogado

2 – Revisitando traumas: violência e ditadura na narrativa argentina contemporânea 45
Lívia Santos de Souza

3 – Uma literatura interrompida: reverberações da violência na obra de Laura Alcoba 59
Natalia Lorena Ferreri

4 – Da literatura violenta: uma perspectiva sobre as narrativas latino-americanas contemporâneas 79
Andre Rezende Benatti

5 – A estética da violência no romance de Cristina García: o riso da Medusa como alegoria de autoria 107
Jordana Cristina Blos Veiga Xavier

6 – "Só vim telefonar", de Gabriel García Márquez: marcas da estrutura da violência e do silenciamento feminino....... 135
Camilla Guedes Tiburcio Pazim e *Adriana Lins Precioso*

7 – Manifestações da violência contra a mulher na coletânea de contos *Escribiré tu nombre* 153
Altamir Botoso

8 – Imagens da violência em contos de Conceição Evaristo e Sacolinha 177
Elcio Loureiro Cornelsen

9 – A memória repactuada nas narrativas literárias: a busca de K. 209
Rosana Cristina Zanelatto Santos

10 – A morte e o cadáver em contos de João Gilberto Noll 225
Milena Mulatti Magri

Sobre os autores 245

À GUISA DE APRESENTAÇÃO

A coletânea *Sob os signos da violência* concretizou-se a partir de um projeto de acolhimento de artigos e de ensaios cuja tônica analítica fossem narrativas violentas criadas desde a América Latina, no século XXI, para compreender como os contextos de violência sob os quais os textos são produzidos interferem na própria construção de projetos estéticos literários, dramáticos e audiovisuais.

Desse ponto de vista, entendemos a arte latino-americana produzida no século XXI como uma espécie de síntese estética de todo um processo formativo do imaginário da América Latina. O objetivo central do volume é apresentar a análise dessas narrativas, criadas especialmente a partir da primeira década do século XXI, tomando como base a problemática do violento processo histórico pelo qual a porção sul do continente americano passou, deslocando o olhar de modelos, conceitos e espaços narrativos que nos eram/são familiares dentro das estruturas narrativas, a fim de pensar a possibilidade de novas formas de composição.

Xavier Crettiez (2009) afirma que definir a violência como um conjunto de temas e de feitos que se assemelham facilmente é impossível, pois a violência se apresenta de múltiplas formas. Tais formas variadas estão representadas nas artes que compõem o cenário da América Latina do século XXI, alterando as estruturas narrativas tradicionais das quais nos acercaremos no desenvolvimento do livro.

Nesse contexto, o leitor encontrará esta apresentação, seguida de um prefácio e de dez capítulos que, sob as mais diversas perspectivas analíticas e com diferentes objetos de estudo, se debruçam sobre as formas de representação artística e literária que criam a representação de diferentes violências, para além ou para aquém de um suposto caráter mimético. Assim, a violência é tratada na coletânea não apenas como tema, mas também como mecanismo composicional que age como força gravitacional e faz girar em torno de si textos de origens e perspectivas diversas, transitando da ficção científica ao relato pós-ditatorial ou flertando entre fantasia e memória biográfica.

No prefácio intitulado "Dor, forma, beleza: sob os signos da violência", Wellington Furtado Ramos, da Universidade Federal de Mato Grosso do Sul, apresenta, em tom ensaístico, o conjunto de temas e de problemas sobre os quais a coletânea se debruça. A partir de excertos de textos de Joseph Conrad, Manuel Bandeira e Susan Sontag, o autor busca articular, com o apoio da proposição psicanalítica, em que medida a violência pode ser representada nas artes, especialmente a literária, como forma de dar corpo ao inenarrável, sem a pretensão de apaziguar a tensão inerente a esse esforço. Ramos aciona dispositivos teóricos do século XX para balizar o campo semântico sobre o qual a coletânea gravita, sem, no entanto, buscar submeter os capítulos que seguem o prefácio a uma homogeneidade, posto que esta seria uma tarefa que implodiria o objetivo do volume.

No primeiro capítulo, "Reescrita e projeção: formas da violência na ficção científica argentina no século XXI", Fernando Bogado, escritor e professor de Crítica Literária em universidades como a Universidad de los Andes e a Universidad de Buenos Aires, dedica-se a avaliar a forma como a ficção científica argentina se dispõe contra mecanismos miméticos de representação da violência, de forma a, em diálogo com obras como *Mad Max* e textos de Philip Dick, ler o passado ditatorial a partir dos mecanismos de representação em autores como Roberto Bolaño, Juan Ignacio Pisano e Michel Nieva.

Em chave próxima, Lívia Santos de Souza, da Universidade da Integração Latino-Americana, traça, no capítulo intitulado "Revisitando traumas: violência e ditadura na narrativa argentina contemporânea", um panorama da produção literária latino-americana que, seja pelo viés fantástico, seja pelos mecanismos de recriação de memórias traumáticas, reconfigura o tratamento da história argentina em autores como Félix Bruzzone, Mariana Eva Perez, Pola Oloixarac e Leonardo Oyola.

No terceiro capítulo, "Uma literatura interrompida: reverberações da violência na obra de Laura Alcoba", Natalia Ferreri, da Universidad Nacional de Córdoba, dedica-se a analisar os mecanismos estético--políticos na literatura de Laura Alcoba, a partir da proposição de uma literatura interrompida que mimetiza, por meio dos silêncios e das ausências, os procedimentos de disciplinarização dos corpos e das subjetividades em um projeto estético marcado pelo signo da violência.

O quarto capítulo, de autoria de Andre Rezende Benatti, tem como título "Da literatura violenta: uma perspectiva sobre as narrativas latino-americanas contemporâneas". Benatti, professor da Universidade Estadual de Mato Grosso do Sul, aborda em seu texto as técnicas literárias para representar uma realidade contemporânea violenta e vislumbra uma proposta conceitual para uma "estética da violência". No capítulo, são analisados contos da escritora equatoriana María Fernanda Ampuero.

Em "A estética da violência no romance de Cristina García: o riso da medusa como alegoria de autoria", Jordana Cristina Blos Veiga Xavier, que é professora da Universidade Federal de Rondônia, analisa em minúcias o romance *The Lady Matador's Hotel*, de Cristina García, autora cubano-americana que, no romance em questão, elabora ficcionalmente o conflito de construção identitária a partir do deslocamento transnacional, tomado por Xavier como alegoria para a configuração da autoria e da construção da subjetividade a partir da configuração de uma "estética da violência".

O sexto capítulo, "'Só vim telefonar', de Gabriel García Márquez: marcas da estrutura da violência e do silenciamento feminino", tem autoria de Camilla Guedes Tiburcio Pazim e de Adriana Lins Precioso, ambas da Universidade Estadual de Mato Grosso. Em seu texto, as autoras analisam, na obra do canônico Gabriel García Márquez, os dispositivos narrativos e sociais que dão forma à violência contra a mulher a partir das estruturas patriarcais.

Ainda na esteira de textos dedicados à relação entre o feminino e a violência, Altamir Botoso, da Universidade Estadual de Mato Grosso do Sul, no sétimo capítulo, intitulado "Manifestações da violência contra a mulher na coletânea de contos *Escribiré tu nombre*", faz um recenseamento das diversas formas de violência a que são submetidas as personagens femininas na coletânea de contos *Escribiré tu nombre*, organizada por Elvira Cámara Aguilera.

Transitando para o contexto da literatura brasileira, em "Imagens da violência em contos de Conceição Evaristo e Sacolinha", Elcio Loureiro Cornelsen, docente da Universidade Federal de Minas Gerais, aborda aspectos conceituais em torno de representações literárias enquanto modos de expressão de resistência contra atos de violação dos direitos humanos e de violência, em geral, em contos de Conceição Evaristo e Sacolinha.

No nono e penúltimo capítulo da coletânea, "A memória repactuada nas narrativas literárias: a busca de K.", Rosana Cristina Zanelatto Santos, docente da Universidade Federal de Mato Grosso do Sul, analisa o romance de Bernardo Kucinski a partir do limiar entre relato e ficção em *K. – relato de uma busca*, tomando como mote a reconfiguração da memória ditatorial brasileira e a construção do romance a partir do signo da violência, que, conforme Jaime Ginzburg, marca a configuração do narrador brasileiro contemporâneo.

Por fim, no décimo capítulo do volume, Milena Mulatti Magri, docente da Universidade Estadual Paulista "Júlio de Mesquita Filho", analisa, em "A morte e o cadáver em contos de João Gilberto Noll", a presença do corpo morto como signo de um passado que insiste em se fazer presente, representando formas da violência recente na história do Brasil, a partir da elaboração ficcional em contos de Gilberto Noll.

Como o leitor poderá notar, diferentes escolhas teórico-metodológicas orientam os capítulos desta coletânea, que, majoritariamente em tom ensaístico, buscam analisar representação e representações da violência nos objetos artísticos, especialmente literários. A configuração prismática do volume busca ser coerente com sua proposta, na medida em que, embora partindo de pontos de vista diferentes e tratando de diferentes *corpora*, os textos aqui reunidos coadunam com a impossibilidade de que o tratamento do tema e das formas da violência se reduza a uma síntese homogênea.

São muitos os signos da violência na literatura. Convidamos a todos a, conosco, decifrá-los na parcialidade consciente da crítica literária que aqui se exercita a muitas mãos.

Os organizadores

PREFÁCIO

DOR, FORMA, BELEZA: SOB OS SIGNOS DA VIOLÊNCIA

Wellington Furtado Ramos

1

– "O horror! O horror!"[1]

2

Estamos constantemente defasados em relação a nós mesmos.[2]

3

Em *O coração das trevas*, de Joseph Conrad, quando Kurtz, em seu derradeiro sopro de vida, enuncia a constatação do horror como suas últimas palavras, ao mesmo tempo que forja a *imago mortis* que ficaria registrada em seu olhar petrificado, acaba por lançar ao domínio da leitura a especulação diante de sua constatação: o arrependimento em razão da barbárie; a tomada de consciência crítica sobre a violência impugnada pela presença da colonização britânica em África; a mesquinhez sórdida de sua ínfima pessoa.

---

1 Conrad, 2008, p. 128.

2 Sontag, 2022, p. 114.

Se à noção de arrependimento que o leitor pode esperar do olhar de Kurtz corresponde o vínculo a uma tradição, também colonizadora, de fundo religioso, é também sob o signo da violência que se materializa, *a posteriori*, sua averiguação.

Nesse contexto, percebe-se que o tempo do trauma difere do tempo cronológico, à medida que o horror, embora concretizado como substância ao longo do romance de Conrad, ganha matéria ao se tornar signo verbal na fala de Kurtz. Há um descompasso entre a ruptura da "violência propriamente dita" e o que se diz da violência, de modo que, na esteira de Sontag, "estamos constantemente defasados em relação a nós mesmos"[3] por força da linguagem.

Tomemos outro exemplo, mais próximo:

> Vi ontem um bicho
> Na imundície do pátio
> Catando comida entre os detritos.
>
> Quando achava alguma coisa,
> Não examinava nem cheirava:
> Engolia com voracidade.
>
> O bicho não era um cão,
> Não era um gato,
> Não era um rato.
>
> O bicho, meu Deus, era um homem.[4]

No poema de Manuel Bandeira, datado de 27 de dezembro de 1947, a voz poética se demora em descrever o ambiente escatológico no qual constata a presença do bicho. Reduzido aos seus instintos, o ser, que

---

3 *Idem, ibidem*.

4 Bandeira, 1993, pp. 201-202.

não era cão, gato ou rato, fora reduzido a ente animal, desessencializado de sua humanidade duplamente, não apenas porque se via em meio ao pátio chafurdando no lixo, mas porque, no verso de arremate, sua condição de homem é intercalada, na interjeição do eu lírico, em meio à figura de Deus, maiúsculo em seu nome, mas ausente por deixar sua criação diminuída à condição animal.

Embora breve, o poema de Bandeira, composto de três tercetos e um monóstico final, transita no tempo (do passado de ver ontem um bicho à aspectualização do verbo "ser", que, embora no pretérito, ecoa para o presente em razão do verso de arremate) e no espaço (do pátio à consciência do eu lírico). Desse modo, "as coisas aparecem ao longe, aproximam-se devagar"[5] e acabam por permitir, através do movimento, a tomada de consciência da voz poética perante "– O horror, o horror!".

Ainda que não coincidente com o acontecimento, essa consciência diante do horror é marcada por um caráter melancólico, por vezes ausente do cotidiano, que banaliza a violência por meio de sua repetição ou da repetição do discurso a seu respeito.

Retomando Sontag,[6]

> A marca do temperamento saturnino é a autoconsciência e a relação implacável com o eu, que nunca pode ser tido como algo óbvio. O eu é um texto – precisa ser decifrado. (Portanto, trata-se de um temperamento apropriado para intelectuais.) O eu é um projeto, algo a ser construído. (Portanto, trata-se de um temperado apropriado para artistas e mártires, aqueles que cortejam "a pureza e a beleza de um fracasso", como disse Benjamin acerca de Kafka.) E o processo de construir um eu e suas obras é sempre muito vagaroso. Estamos constantemente defasados em relação a nós mesmos.

---

5 Sontag, 2022, p. 114.

6 *Idem, ibidem.*

Caso desejemos "nos livrar" do discurso religioso afeito à imagem dos mártires evocada por Sontag (esforço em vão na língua que pede livramento), podemos, benjaminianamente, associar o olhar do artista-escritor àquele que, de algum modo, é presença-ausência em seu próprio tempo histórico. É presença porque capta com sua sensibilidade o *Zeitgeist*, é capaz de traduzi-lo por meio da linguagem artística, muito embora o esforço de decifração exija também paciência,[7] mas é ausência porque não se deixa sobredeterminar pelo seu tempo-espaço imediato e projeta-se, sincronicamente, para o passado e para o futuro, no movimento angélico (*sic*), tal qual lido por Walter Benjamin em suas teses *Sobre o conceito de história*, e tão bem recuperado por Giorgio Agamben em *O que é o contemporâneo?*.

Sobre Benjamin, Sontag destaca:[8]

> Benjamin encara tudo o que escolhe para recordar no passado como profético do futuro porque o trabalho da memória (ler a si mesmo de trás para a frente, como ele chamou) desmonta o tempo. Não existe nenhuma ordem cronológica de suas reminiscências, razão por que desautoriza o nome de biografia, pois o tempo é irrelevante.

O tempo irrelevante ao qual Benjamin se referia era o tempo do relógio, signo da modernidade liberal, mas o tempo da memória, o tempo lógico da história, para Benjamin, se movimenta pluridimensionalmente e se funda nessa não coincidência entre acontecimento e reminiscência, uma vez que o tempo da história é o tempo do trauma, e o trauma se localiza na linguagem.

Essa assincronia entre acontecimento e linguagem se faz presente em outro poema de Bandeira, encontrado em seu livro *Opus 10*, "Os nomes":[9]

---

[7] *Idem, ibidem.*

[8] *Idem*, p. 112.

[9] Bandeira, 1993, p. 222.

Duas vezes se morre:
Primeiro na carne, depois no nome.
A carne desaparece, o nome persiste mas
Esvaziando-se de seu casto conteúdo
– Tantos gestos, palavras, silêncios –
Até que um dia sentimos,
Com uma pancada de espanto (ou de remorso?)
Que o nome querido já nos soa como os outros.
[...]
Os epitáfios também se apagam, bem sei.
Mais lentamente, porém, do que as reminiscências
Na carne, menos inviolável do que a pedra dos túmulos.

Se a condição da palavra se confunde, nesse caso, com uma pancada de espanto, nota-se que, embora passível de esvaziamento pela condição do tempo, a palavra insiste e persiste mesmo que diante da morte. Contraditoriamente, o signo linguístico acaba por existir para ocupar esse espaço da morte (essa falta fundamental), sendo, simultaneamente, o delator da ausência e o sintoma de sua presença. Tal qual nos exemplos anteriores, o eu lírico de *Os nomes* é tomado por uma autoconsciência à qual Susan Sontag associa o temperamento saturnino. Essa consciência melancólica de si (e do mundo, por extensão romântico-moderna) acaba por se configurar como uma filosofia, à medida que o olhar da voz poética se surpreende com o mundo imediato, retirando dele sua banalidade que leva à cegueira cotidiana. O espanto, *das Erstauntsein*, torna-se condição precípua do olhar do artista, que desautomatiza o mundo para vê-lo outra vez pela primeira vez.

Essa espacialização do tempo, como condição de uma sincronia "anacrônica", carrega em si a contradição. De alguma forma, tanto o olhar de Kurtz quanto o do eu lírico dos poemas de Bandeira acabam por deslindar um gozo extático do observador diante do horror. Essa condição paradoxal se materializa, por exemplo, no fato curioso de que "O bicho", de Bandeira, encontra-se num conjunto de poemas chamado justamente de: *Belo belo*.

A contradição, nesse caso, reside não apenas na antítese entre "– O horror, o horror!" e *Belo belo*, mas na atração gravitacional que ambos compartilham em sua característica medusaica.

Sobre o gozo extático, esclarecem Luís Flávio Couto e Paulo Roberto Ceccarelli:[10]

> Quase não se faz necessário lembrar que não se trata de "estático" (*statique*), "parado", mas de um termo, utilizado por Lacan para descrever um limite mortal, que não deixa de guardar semelhança com a palavra "êxtase" (*extase*), da qual deriva. "Êxtase" vem do grego *ékstasis*, que originou a palavra *ecstáse* em latim eclesiástico do século XVI, que significa "arrebatamento íntimo, enlevo, encanto" (Cunha, 1982). Atualmente, em francês, *extase* descreve um "estado no qual uma pessoa se encontra como que transportada para fora de si e do mundo sensível" (Robert, 1995). Em português, o sentido sofre uma ligeira torção e passa a conter algo da ordem da angústia: "Fenômeno observado na histeria e nos delírios místicos, e que consiste em sentimento profundo e indizível que aparenta corresponder a enorme alegria, mas que é mesclado de certa angústia: fica o paciente quase de todo imobilizado, parecendo haver perdido qualquer contato com o mundo exterior" (Aurélio, 1986). "'Extático' guarda a mesma origem e significa o que tem a 'característica do êxtase'" (Robert) ou "posto em êxtase, absorto, enlevado" (Aurélio).

Nesse contexto, a condição patológica implicaria uma paralisia histérica, mas, de alguma forma, o caráter econômico (em sentido psicanalítico) do gozo ressoa a elevação religiosa (o êxtase de Santa Tereza) que se mescla a algo da angústia, uma espécie de paralisia absorta que, embora desconfortável, não se permite cessar e, portanto, pede (para gozar) mais.

De algum modo, as tecnologias digitais agudizaram os mecanismos de estatização do gozo ao acelerar a propagação (e a propaganda)

---

10 Couto & Ceccarelli, 2004, p. 266.

dos estímulos explicitamente violentos ou não. Aos jornais "pinga-sangue" do século XX, as redes sociais se configuram hoje como palco para todo tipo de atrocidade, seja pela repetição dos mais variados tipos de exploração do animal humano e não humano, seja pela veiculação ansiosa das formas mais sofisticadas de perversão.

Buscando nos afastar do sentido moralizante que a constatação acima pode ter, é preciso lembrar que o mesmo mecanismo midiático que banaliza a violência a denuncia. Os mesmos vídeos reproduzidos infinitamente sobre o genocídio de palestinos na Faixa de Gaza em 2023 mobilizam a sensibilidade supostamente distante do chamado Oriente e convocam uma verdadeira globalização antiguerra em prol de direitos humanos.

Entretanto, não sejamos ingênuos. Os mecanismos de obliteração do "poder sublimatório" do espanto são mais bem estruturados e muito mais numerosos que as formas insurgentes de expressão. Nesse sentido, costumam nos interessar de forma mais pungente que a expressão artística "menos conformada" em relação às expressões hegemônicas. Ou, em outras palavras, aquelas formas artísticas que, melancolicamente conscientes da barbárie, do horror e da violência, se esforçam para dizê-las através de suas mais variadas linguagens, não de modo a reiterá-las, mas, às vezes, se utilizando de seus próprios mecanismos, com vistas a combater a violência em suas formas mais diversas e insidiosas.

O psicanalista Leopold Nosek, em texto para o catálogo da exposição *Dor, forma, beleza*,[11] que nos inspirou, assevera:

> O horror é o máximo de necessidade comunicativa confrontada com o mínimo de capacidade expressiva. Precisamos do artista. Alimentação, proteção e abrigo são necessidades dos vegetais. Junte-se a isso amor e estamos no campo dos animais domésticos. A arte não supre necessidades

[11] Nosek, 2005, p. 14.

> e é, no entanto, essencial; temos arte há quarenta mil anos, mas temos agricultura há apenas dez mil. Esse é o trajeto que propusemos. É uma exposição impossível em si, pois quando atingimos a forma representativa, podemos falar de angústia, mas não de dor nem de horror. Entretanto, enfrentar e aceitar o paradoxo consistiu em desejo revelador.

Instaurada a consciência desse paradoxo da impossibilidade, a construção deste volume *Sob os signos da violência* se apresenta como um caleidoscópio de leituras de textos artísticos, sobretudo literários, que, embora *sob* esse signo, a ele não se submetem. Nos capítulos, especializa-se o tempo em busca de uma miríade de representações da violência em contexto latino-americano que, mesmo advindas de contextos diferentes, carregam em comum as marcas dos mecanismos de opressão e de hierarquização que submetem culturas, povos e subjetividades aos domínios mortíferos da colonização econômica e cultural.

Assim, na esteira de Jacques Leenhardt, em prefácio ao volume *Violência e literatura*, de Ronaldo Lima Lins,[12] concorda-se que "a questão da violência não representa, pois, tanto uma questão de *descrição*. [...] A questão da violência está em sua *legitimação*". Nas palavras do autor:

> A arte e a literatura desempenham aqui um papel essencial. Na medida em que surgem, quando se encontram no nível superior de suas possibilidades, à margem de discursos que se restringem à organização socializada da palavra (e podem deslizar para os interstícios do que acreditamos saber, para nos conduzir a outros abismos da ignorância), a arte e a literatura podem dizer a violência, fazê-la viver em seus vários aspectos, pela imagem, pelo deslocamento, pela obstinação. E não pela precisão da descrição ou por uma capacidade imediatamente mimética: pela analogia, por vezes; outras vezes pela antífrase.[13]

---

12 Lins, 1990, p. 16.

13 Leenhardt, 1990, p. 16.

Arte e literatura podem dizer a violência em uma forma de representação criadora. Obstinadamente, os capítulos deste volume buscam deslindar os mais diversos processos de criação desses mecanismos representacionais, não para reiterá-los, mas pelo esforço urobórico de tomar consciência (saturnina) de suas formas, ressignificando a beleza através da dor, através do horror. O horror!

REFERÊNCIAS

BANDEIRA, Manuel. *Estrela da vida inteira*. Rio de Janeiro, Nova Fronteira, 1993, pp. 201-202.

CONRAD, Joseph. *No coração das trevas*. Trad. José Roberto O'Shea. São Paulo, Hedra, 2008.

COUTO, Luís Flávio & CECCARELLI, Paulo Roberto. "O gozo extático do expectador de uma cena perversa". *Mal-estar e subjetividade*, vol. 4, n. 2, 2004, pp. 266-276.

LEENHARDT, Jacques. "Prefácio". *In*: LINS, Ronaldo Lima. *Violência e literatura*. Rio de Janeiro, Tempo Brasileiro, 1990.

LINS, Ronaldo Lima. *Violência e literatura*. Rio de Janeiro, Tempo Brasileiro, 1990.

NOSEK, Leopold. "Catálogo". *Dor, forma, beleza*. São Paulo, Pinacoteca de São Paulo, 2005, p. 14.

SONTAG, Susan. *Sob o signo de Saturno*. Trad. Rubens Figueiredo. São Paulo, Companhia das Letras, 2022, p. 114.

1
REESCRITA E PROJEÇÃO: FORMAS DA VIOLÊNCIA NA FICÇÃO CIENTÍFICA ARGENTINA DO SÉCULO XXI[*]

Fernando Bogado

1

No conto "El Ojo Silva", de Roberto Bolaño, o autor chileno-mexicano (ou, como ele se considerava, "sul-americano") apresenta um modelo de violência que, bem podemos dizer, marca a geração que era jovem quando vários golpes de Estado começaram a ocorrer no território, impondo, assim, uma política neoliberal que marca, com pausas e retrocessos ou avanços relativos, o clima político-econômico do nosso presente. Lemos na história mencionada:

> O que são as coisas, Mauricio Silva, chamado o Olho, sempre tentou escapar da violência mesmo correndo o risco de ser considerado um covarde, mas da violência, a verdadeira violência, não se pode escapar, pelo menos não nós, os nascidos na América Latina da década de cinquenta, nós que tínhamos cerca de vinte anos quando Salvador Allende morreu.[1]

---

* Tradução: Andre Rezende Benatti.

1 "*Lo que son las cosas, Mauricio Silva, llamado el Ojo, siempre intentó escapar de la violencia aun a riesgo de ser considerado un cobarde, pero de la violencia, de la verdadera violencia, no se puede escapar, al menos no nosotros, los nacidos en Latinoamérica en la década del cincuenta, los que rondábamos los veinte años cuando murió Salvador Allende*". Bolaño, 2010, p. 215.

Esse tipo de identificação entre a experiência histórica de uma geração e sua práxis (representada ficcionalmente, vale ressaltar) é uma das principais bases para o desenvolvimento de uma categoria de peso no que diz respeito à crítica literária latino-americana dos últimos tempos. Estamos nos referindo, é claro, ao conceito de "pós-ditadura", que sustenta que a experiência histórica da ditadura, lida como "trauma" histórico (gerando uma montagem complexa de noções psicanalíticas e até sociológicas na análise literária), nos permite compreender o comportamento de um grupo de pessoas de uma geração e, sobretudo, o surgimento de procedimentos literários determinados pelo fato histórico extraliterário. O que em Bolaño aparece como uma intuição interessante, que toma a forma de uma frase numa obra literária, entrou na crítica como uma ideia fechada e raramente colocada em discussão. A tal ponto podemos encontrar essa centralidade da leitura da produção literária a partir do contexto sócio-histórico que um dos textos de maior circulação no que corresponde ao panorama crítico do jovem século XXI, *Alegorias da derrota*: a ficção pós-ditatorial e o trabalho do luto na América Latina, de Idelber Avelar, lê justamente o aparecimento no discurso literário de uma série de procedimentos que elaboram o trauma histórico dentro da forma estritamente ficcional.

O que surge, dessa forma, é a ideia de literatura como sintoma de uma condição da história, não como um discurso autônomo que impõe as suas regras e, em todo caso, altera, deforma ou se reapropria do referente de uma maneira tão distinta que dificilmente pode se encontrar ali uma mera representação do histórico. O movimento é evidente: é a história que permite ler a literatura, e não o contrário, minimizando sua capacidade dialética (no sentido que Theodor Adorno pensa a autonomia estética na *Teoria Estética*, por exemplo) de apresentá-la como mero espelho da realidade. Porque a violência política da ditadura já passou, temos obras que só podem ser lidas alegoricamente em termos daquela violência primária que é causa ou origem, mas também o significado final dessas ficções.

A noção de pós-ditadura, precisamente, volta a ser discutida na atualidade à luz dos acontecimentos políticos mais recentes: Analía Gerbaudo faz uma breve revisão da validade do conceito num editorial recentemente publicado na revista *El Taco en la Brea*, escrito no qual ela analisa a circulação do termo à luz do avanço da direita populista em território sul-americano, já com a experiência da presidência de Jair Bolsonaro no Brasil (2019-2022) e diante do surgimento de propostas de direita, partidos de alas que defendem um modo radical de liberdade de mercado e uma concepção repressiva e até negacionista quando se trata de direitos humanos (no caso da Argentina, o progresso de figuras como Javier Milei demonstra isso). Gerbaudo afirma que esse contexto revela:

> [...] a importância heurística do conceito de "pós-ditadura" para dar conta de vestígios no presente da lógica de pensamento consolidada durante o terrorismo de Estado e, no mesmo movimento, da rejeição como manifestação de um obstáculo ideológico.

Essa mesma ideia retoma uma observação de Gerbaudo, no editorial de 2017, "Ante um segundo ciclo da pós-ditadura", no qual defende que o período que diz respeito a esse nome não se limita àquele que vai de 1984 a 2003, em território argentino, mas teríamos também que pensar na possibilidade de uma segunda pós-ditadura, que começaria com a consolidação da figura de Mauricio Macri como um nome significativo na política argentina após sua vitória nas eleições presidenciais que lhe deram o poder em 2015, terminando seu mandato no final de 2019, às vésperas do início da pandemia da doença conhecida como covid-19, enfermidade que levou ao isolamento preventivo e obrigatório em vários países do mundo, com extensão temporal diversificada, de acordo com a determinação das respectivas políticas de saúde. Já naquele editorial se determina a possibilidade de falar de um segundo período da pós-ditadura, identificado por essa nova marcação do passado no presente (voltando a uma ideia de Horácio González que já pode ser encontrada no conceito derridiano de "descanso" ou na caracterização da lógica da espacialidade desenvolvida em *Da gramatologia*), isto é, da insistência do passado em aparecer como uma instância não redimida, cujos problemas não são resolvidos, e continuam a existir no presente, o que leva os países sul-americanos a se referirem a uma pós-ditadura que parece não ter se encerrado, possuindo apenas um movimento de persistência ou um movimento de retorno cíclico... Ou nunca saímos da pós-ditadura ou a pós-ditadura é tratada com a bravata nietzschiana do eterno retorno. Gerbaudo diz, em "Diante de um segundo ciclo...":

> Se em textos anteriores justificamos por que chamamos ao período entre 1984 e 2003 de "pós-ditadura", hoje precisamos perguntar se aquele não foi um primeiro ciclo da pós-ditadura que foi seguido por outro. Um segundo ciclo que começaria junto com as decisões tomadas pelo governo que ocupa o Estado a partir de dezembro de 2015 e que implicariam retrocessos nos direitos humanos, no trabalho, na educação, na saúde, na ciência, na tecnologia, na comunicação, nas relações internacionais, na economia, na segurança etc.

Em determinado momento, a literatura que marca seu pertencimento a um ciclo histórico aberto pela ditadura dialoga com a crítica literária, propondo um conceito para poder pensar a produção literária após a queda dos processos ditatoriais, de alguma forma, ainda vinculada para o surgimento de um mundo que segue sendo nosso. Nesse diálogo, ou melhor, nessa dialética complexa, a literatura avança e a crítica sistematiza-se, a ponto de chegar a esse momento de cristalização em torno das possibilidades de uma literatura pós-ditatorial presente na citada obra de Avelar. Nela, lemos:

> Essa magnetização radical está ligada à experiência da derrota, cuja réplica tropológica é o conceito de alegoria: a derrota histórica, a magnetização dos fundamentos da narrativa e a alegorização de dois

> mecanismos ficcionais de representação seriam teoricamente coextensivos e cooriginários. Demonstra, assim, que a alegoria nada tem a ver com uma simples sobrecodificação de um conteúdo idêntico a si mesmo que se camuflaria para escapar à censura. Em oposição a essa visão instrumentalista, propomos que o giro na direção da alegoria equivale a uma transmutação de época, paralela e coextensiva às impossibilidades de representação, ou ao fundamento último, kantiano: derrota constitutiva da produção literária, da instalação, enfim, do seu objeto de representação como objeto perdido.[2]

Essa percepção de que a literatura da pós-ditadura abrigaria um caráter alegórico e, portanto, melancólico (seguindo as formulações de Walter Benjamin sobre o tema) pareceria capaz de explicar determinada produção, mas, claro, tem seus limites quando se trata de falar sobre outros tipos de escritos que estão ocorrendo na atualidade. Ao contrário do que se supunha ser a ausência da literatura de gênero, mais especificamente da ficção científica em território argentino (algo que levou à ideia de Elvio Gandolfo, presente em *El libro de los géneros*, de que a ficção científica argentina "não existe"), escritores como Martín Castagnet, Yamila Bêgné, Leandro Ávalos Blacha, Michel Nieva ou Juan Ignacio Pisano, só para citar alguns autores renomados e de grande circulação, demonstram que é seguindo esse tipo específico de organização genérica que podemos encontrar respostas mais contundentes a um novo momento da literatura, que se afasta da determinação alegórica de Avelar e que abre, pelo menos, uma disjunção criticamente relevante, desde que consideremos que há novidade em sentido legítimo, e não uma deriva circunstancial de uma espécie de regularidade do comportamento do literário.

Essa disjunção consiste em (1) considerar que a categoria pós-ditadura, apoiada em experiências históricas diretas, nunca foi

---

2 Avelar, 2003, p. 25.

totalmente relevante para pensar a literatura do presente ou evidencia áreas de transbordamento e de transformação que deixam claro um certo esgotamento ou (2) a intuição de Gerbaudo é ratificada pela entrada, pelo menos, na literatura argentina, de um segundo momento da pós-ditadura que apresentaria traços distintivos que permitiriam a oposição de um período a outro. Para avançar nesse problema terminológico, sem necessariamente alcançar resultados decisivos ou cessar a tensão que esse tipo de indecidibilidade abre no seio da literatura argentina (se não sul-americana), analisaremos dois romances publicados recentemente, *El último Falcon sobre la tierra*, de Juan Ignacio Pisano, e *La infancia del mundo*, de Michel Nieva. A partir do trabalho específico sobre esses textos, tentaremos caracterizar dois possíveis movimentos da ficção científica argentina em relação ao tratamento da violência, para caracterizar uma parcela da ficção contemporânea que poderia abrir um novo caminho fora do movimento alegórico-derrotista proposto por Avelar.

Esses movimentos serão os de projeção, no caso da narrativa de Pisano, e de reescrita, no caso da narrativa de Nieva: movimentos ou, seguindo o léxico dos formalistas russos, *procedimentos* que devem ser caracterizados em sua especificidade para que esses termos moldem e sirvam de primeira abordagem à análise de outras escritas do presente, com faturas iguais ou diferentes que ratificariam esse outro momento da escrita literária latino-americana: digamos, uma outra forma de pensar a violência que Bolaño via como inevitável para Ojo Silva, sinédoque de todo sujeito-artista sul-americano.

2

A narradora de *El último Falcon sobre la tierra* vive numa terra de despojos, de restos. Desde o início, ela parece ser uma administradora atenta aos restos que constituem a paisagem cotidiana em que vive:

"O chão, macio, úmido, debaixo dos meus joelhos",[3] diz a primeira frase do romance, propondo um espaço onde a lama e a suavidade acabarão sendo parte constitutiva do ambiente, do horizonte. À maneira de um mundo abandonado, típico do imaginário distópico de filmes, como *Mad Max*, e de ficções como as de Philip K. Dick ou J. G. Ballard, algo aconteceu naquele ambiente que deixa para trás um mundo apocalíptico, despojado, onde não há coisas novas, mas coisas velhas que devem ser protegidas, preservadas e renovadas para serem incorporadas ao presente, à vida cotidiana.

É interessante ver como naquele lugar tudo pode ser reaproveitado ou consertado na ausência de novos bens que possam satisfazer uma demanda: o próprio carro que dá título ao romance se tornará o ponto central da trama, quando o narrador, que cuida de uma sobrinha e de um pai senil trancados em memórias,[4] que mantém como pode uma casa na periferia de uma cidade (ou melhor, de um lugar que em si é todo periferia), deve ser o guardião desse último tesouro, o último dos carros, um Falcon. Autoestima num mundo em duas situações representativas, com figuras no entrelugar da lei que mais parecem criminosos do que qualquer outra coisa e heróis gentis que mal dizem uma palavra, como os personagens enigmáticos do imaginário do Western, que parecem encarnar no personagem Peru, alguém que aparece na vida do narrador como um guerreiro defensor. Essa estrutura arquetípica em que o bem e o mal se distinguem quase sem

---

3 Pisano, 2021a, p. 13.

4 Um personagem que é em si um resquício do passado, que fala apenas com sua imagem de um tempo melhor, em sua demência, e que está literalmente produzindo restos: a fala e a comida mal digerida estão em pé de igualdade na medida em que saem da boca daquele fragmento falante de um mundo perdido. Lemos no romance: "Uma migalha de pão, romba, ficou presa na barba dele, aquele arbusto denso e branco. Eu ouço, mas não consigo parar de olhar para aquela migalha presa ali'. Ele fala."/"*Una miga de pan, contundente, le quedó enganchada en la barba, ese matorral blanco y denso. Lo escucho, pero no puedo dejar de mirar esa miga ahí atrapada'. Él habla*". Pisano, 2021a, p. 17.

sombras, na qual a defesa do passado se torna constitutiva da defesa de uma posição moral, continua a produzir operações interessantes na paisagem pós-apocalíptica.

Podemos dizer, assim, que o elemento dominante na história, o que a torna interessante para a leitura que propomos, é a forma como funciona o cenário, o ambiente em que os personagens desenvolvem as suas aventuras. O conflito central tem a ver, em certo sentido, com a preservação dos restos do passado do seu controlo por um grupo dominante que, num mundo "restificado" (feito um resto, administrador de sobras), exerce a violência, controla a circulação de alimentos, macios e gosmentos como lama,[5] e parece querer extinguir o mínimo de esperança que possa surgir nesse contexto. O avô, trancado em suas visões, acredita que será homenageado na Cidade Alta, em cujo centro tudo é periferia, mais referida do que vista, por isso precisa consertar o Falcão para que esteja pronto no momento da celebração. O conserto lento envolve a busca por peças, seu trânsito e, como consequência, desperta a atenção de Timba, aquele dos "mil olhos",[6] que monitora o conserto para obter o veículo que dá nome ao texto.

O tempo em *El último Falcon sobre la tierra* não acontece, mas gira em torno de si mesmo: o conflito – que é, como dissemos, o conserto do Falcon e a possibilidade de Timba sequestrá-lo, o que levará à defesa final, inacabada, com o carro seguindo sabe-se lá para onde, rendendo-se ao imprevisto, e o Peru, em pose heroica, com seu cavalo sobre duas

---

5 Não devemos perder de vista a forma como o romance opõe a natureza macia e borrachuda da comida, parte da retificação do presente, e o caráter íntegro e inconsciente do avô como resquício do passado. O primeiro capítulo, baseado em uma concentração escatológica na troca de fralda do velho, já predispõe esse tipo de traço oculto e ao mesmo tempo paradoxal do corpo que fala além do referido personagem. O narrador diz ao trocá-lo pela primeira vez: "Desenhei o lençol e tiro o pano que ele usa como fralda, amarelado de urina rançosa. [...] Ele está com isso parado e isso me dá muita impressão"'./"*Corro la sábana y le saco la tela que usa de pañal, amarillenta de meo rancio.* [...] *La tiene parada y me da mucha impresión*". Pisano, 2021a, p. 16.

6 Pisano, 2021a, p. 124.

patas,[7] enfrentando as forças inimigas –, então, é um vetor mínimo que move os acontecimentos rumo a um desfecho não resolvido, um final aberto que não culmina na aventura e que, ao mesmo tempo, evidencia essa circularidade dos acontecimentos. Ou seja: assim como o Falcão é um resquício do passado cobiçado por Timba, outros podem ter outros bens que podem ser arrestados por esse tipo de líder. Onde terminará sua busca violenta? Tudo pode ser controlado por essa figura intermediária que não é o homem poderoso, mas um representante de um poder, sabe-se lá qual, que está no mesmo nível daqueles dominados na periferia, mesmo que a dominação seja um eufemismo deselegante para falar da verdadeira condição daqueles que não vivem na Cidade Alta, dos que estão nesse mais além.

Claramente, seguindo a leitura de Foucault em relação ao nascimento da biopolítica, o que acontece com esses sujeitos é que eles são constituídos a partir de um poder que os "deixa morrer" e faz o mínimo necessário para "fazê-los viver"[8] (como é o fornecimento de recursos deficientes). O que há é a prefiguração, no fundo, das próprias imagens que o capitalismo contemporâneo distribui como único modo de vida possível, no lugar do devedor, do marginal, do

---

7 "O avô acelera e o motor responde. Saltamos sobre os assentos devido às deformações do piso. A barba do avô se move mais devagar, com um atraso em relação aos nossos corpos, e o vento a agita ainda mais. As luzes da moto e das bicicletas agora recortam a figura de Peru sobre o cavalo. Não vejo seu rosto, mas sei que ele nos olha. O cavalo se empina enquanto os outros se aproximam e vão direto ao seu encontro e se mantém assim, nessa posição, até que, pouco a pouco, cavaleiro e animal se tornam menores e desaparecem."/"*El abuelo acelera y el motor responde. Saltamos sobre los asientos por las deformaciones del piso. La barba del abuelo se mueve más lenta, con delay respecto de nuestros cuerpos y el viento los agita más. Las luces de la moto y las bicicletas ahora recortan la figura de Perú sobre el caballo. No veo su rostro pero sé que nos mira. El caballo se pone en dos patas mientras los otros se acercan y van directo a su encuentro y se sostiene así, en esa posición, hasta que poco a poco jinete y animal se achican, y desaparecen.*" Pisano, 2021a, p. 140.

8 "Poder-se-ia dizer que o antigo direito de fazer morrer ou deixar viver foi substituído pelo poder de fazer viver ou de rejeitar para a morte". Foucault, 1998, p. 83.

latino-americano, sendo essa já uma unidade que nos permite pensar sobre condições extremas de miséria e quase-vida. Não é à toa que o próximo romance de Pisano, *El viento de la pampa los vio* (2021b), apresenta um casal em férias que deve fugir de uma invasão zumbi que o poder latifundiário implanta com a criação dessas subjetividades entre a vida e a morte, que atua apenas por uma vontade dirigida por quem quer que seja o poder oculto por trás desses ataques.

Assim como *El último Falcon sobre la tierra* termina com os protagonistas fugindo de carro para lugar nenhum, para o exterior, para o "deserto" (categoria do século XIX argentino que é reintegrada na forma de uma viagem), *El viento de la pampa los vio* nos mostra o casal protagonista saindo de Las Grutas, no rio Negro, pela Patagônia, fugindo da invasão e vendo apenas momentos, amostras, pedaços soltos que poderiam explicar a origem de uma invasão que não se explica intradiegeticamente.

Formalmente, em nenhum dos dois romances há totalidade: ambos operam com o que têm e tentam contar o que podem, aderindo a estruturas narrativas da cultura popular (o faroeste, a ficção científica distópica, a invasão zumbi) que contam o mínimo necessário para mostrar outra coisa: como dissemos, o fundo que é a própria paisagem, o horizonte onde a ação acontece. Horizonte que volta a ser deserto: "restificação", na medida em que tudo é descanso, mas também "desertificação", porque tudo se torna deserto ou volta a ser o deserto do passado, mostrando outro valor desse tempo cíclico, e não sucessivo, que desarma a modalidade de tempo linear de progresso. Não há passado, presente ou futuro: há passado puro em posição de retorno constante; por isso, o sonho último dos personagens não é apenas a fuga da violência, mas também a culminação, o abandono, o silenciamento de um passado, isso não deixa de falar: "Vou fazer qualquer coisa que não tenha a ver com o passado",[9] diz a narradora de *El último Falcon sobre la tierra*, como se evocasse uma visão espectral.

[9] Pisano, 2021a, p. 46.

O movimento em direção ao deserto, que conecta as duas novelas, é a reversão de outra viagem ao deserto que funda a literatura nacional: "La cautiva", poema de Esteban Echeverría, apresentava Brian e María como dois enamorados que devem lutar contra o mal para, finalmente, se libertarem e prevalecerem em um ambiente tão sublime quanto hostil, ambiente que o poema introduz como objeto de desejo de toda uma geração, a de 1937, unida a partir desse momento a um ideário nacional tanto literário quanto político e econômico. Echeverría afirma:

> O Deserto é nosso, é nosso mais rico patrimônio, e devemos empenhar nossos esforços em extrair de seu seio não apenas riqueza para nosso engrandecimento e bem-estar, mas também poesia para nosso deleite moral e fomento de nossa literatura nacional.[10]

Esse valor, tanto literário quanto econômico, do "Deserto" (com maiúscula), se opõe ao "deserto" (com minúscula) que se vai construindo na transição de uma novela para a outra de Pisano. Em princípio, como vemos em *El último Falcon...*, esse cenário de fundo da ação é um lugar já explorado, onde a missão não é prosperar e aproveitar o território, mas sobreviver às suas carências, às suas inclemências (a lama constante que tudo invade) e ao que restou de outros usos: peças para reparar o Falcon, baterias de celulares e *tablets*, comida quase prestes a estragar etc.

Não se pode explorar, está *explorado*. E, em termos literários, volta a ser um fundo produtivo para criar uma literatura sobre ele, mas essa literatura não articula com uma ação específica a possibilidade de representá-lo, como acontece com a peripécia que atravessa Brian e María; em vez disso, é um fundo do qual se sai e ao qual se retorna. A "desertificação" do cenário é um processo que começou antes da ação que a novela narra e não se sabe quando vai terminar, constituindo,

---

10 Echeverría, 2023, p. 141.

em si, um labirinto que implica um movimento no vazio, ou melhor, no deserto sem princípio nem fim.[11]

A abertura do passado para um "perder-se no horizonte", como o Falcon que se entrega a uma travessia sem rumo, como o casal, com sua pequena filha, que foge apenas com o objetivo de sobreviver, responde criticamente à atitude melancólica da ficção da derrota de Avelar: não há acumulação, conservação de uma ausência fundante (a da vitória que poderia ter sido), mas parte-se desse resto para colocá-lo novamente em funcionamento e dissolver-se no fundo, afundando-se na paisagem. O Deserto como conceito é engolido pelo deserto como fundo total da perspectiva construída pelo relato.

Não se possui, não se administra, mas ele mesmo possui, ele mesmo administra. Daí o movimento em direção a uma política molecular de sobrevivência, antes de uma política molar de mudança: a melancolia é a ideia de uma derrota histórica por um projeto que não se concretizou; as novelas de Pisano apresentam outra leitura diante desse tipo de ficção, apresentam um mundo onde o que vale é o fato de poder estar vivo mais um dia, de poder comer, de poder cuidar-se (as práticas paliativas sobre o avô o demonstram), uma micropolítica da vida, em definitivo. Seu gesto político formal é apostar pela indeterminação: não respondem à derrota introjetada com uma nova utopia, mas esse tipo de ficção tenta criar um novo solo, entregar-se ao indecidível, para, ao menos, deslocar a leitura pessimista que Avelar analisa nas ficções da pós-ditadura.

---

11 Parece funcionar, nesse sentido, como o deserto que constitui o labirinto definitivo no conto de Jorge Luis Borges "Os dois reis e os dois labirintos". Lemos ali: "Oh, rei do tempo e substância e cifra do século!, na Babilônia quiseste me perder em um labirinto de bronze com muitas escadas, portas e muros; agora o Poderoso achou por bem te mostrar o meu, onde não há escadas para subir, nem portas para forçar, nem galerias cansativas para percorrer, nem muros que te vedem a passagem. [...] Depois, ele desatou suas amarras e o abandonou no meio do deserto, onde morreu de fome e de sede. A glória seja com Aquele que não morre". Borges, 1974, p. 607.

As novelas de Pisano estão mais próximas da posição de Gerbaudo do que das de Avelar: haveria outro momento da pós-ditadura, contemporâneo em sentido estrito, em que a literatura participa abrindo as possibilidades da indeterminação como estratégia de sobrevivência. Diante da resposta de Pisano, que coloca a ênfase no mundo que constrói sobre a ação que narra, onde a descrição ganha força crítica, a produção de Michel Nieva rompe de ponta a ponta o afã melancólico para construir desmedidamente outra possibilidade a partir de sua escrita contrafactual. Assim como Pisano, ele vira o século XIX argentino de cabeça para baixo, mas não para trocar um Deserto por outro deserto, mas para, diretamente, alterar todo o seu sistema de interpretação e colocá-lo de cabeça para baixo.

3

A última novela de Michel Nieva, *La infancia del mundo*, não pode ser entendida fora de um projeto de escrita que começa em seu primeiro (e, até o momento, único) livro de poesia, *Papelera de reciclaje* (2011), e que continua tanto nas duas novelas publicadas anteriormente, *¿Sueñan los gauchoides con ñandúes eléctricos?* (2013) e *Ascenso y apogeo del Imperio argentino* (2018), quanto em seu livro de artigos *Tecnología y barbarie*: ocho ensayos sobre monos, virus, bacterias, escritura no humana y ciencia ficción (2020). Porém, é em *Ascenso y apogeo del Imperio argentino* que o método que permite falar de um movimento contínuo em sua escrita se manifesta de maneira mais clara, seguindo uma mesma operação. Nieva não escreve novelas focadas apenas em sustentar uma intriga ou contar uma aventura, mas aborda sempre a construção de um mesmo procedimento, mais ou menos refinado, mais ou menos contundente, que é o da literatura contrafactual. Ou seja, uma literatura que opera a partir dos movimentos de recolhimento, de reconcentração e de alteração de esquemas dicotômicos, de lógicas narrativas canônicas na tradição nacional, de tópicos revisados e modificados para sempre. Isto é, intervém, altera e deixa que o construído produza, por si só, algo novo, distinto, uma combinação imprevista que repugna, repele e que também desmantela a maneira como a violência política, no relato nacional, encontrou seu lugar central e calmo.

As ficções de Nieva são *máquinas de expressão*, no sentido que Deleuze e Guattari pensaram a literatura de Kafka em *Kafka: por una literatura menor*,[12] apenas que radicalizam a natureza maquínica e evitam a implementação de qualquer tipo de horizonte em sua fabricação. Ou seja, se a operação da literatura menor falava de um povo por vir, a literatura contrafactual de Nieva *não fala de nada*: é pura máquina, sem intenções, que apenas faz, ou melhor, desfaz, fora de qualquer objetivo. Aqui há uma semelhança com as ficções de Pisano: nas histórias de Nieva, o tempo não passa, não há progresso, mas as histórias sempre terminam em uma volta sobre si mesmas que parece desconsiderar qualquer exterioridade (ou que a apresenta em sua incompletude, como ocorre na página final de *Ascenso y apogeo del Imperio argentino*), como um objeto fechado que fala sem importar quem escuta, como as pedras telepáticas da Antártida que o personagem do Dulce encontra (e com as quais entra em contato perigoso), em *La infancia del mundo*.

Como entender a operação "contrafactual" dessa escrita estendida? Lemos, em *Ascenso y apogeo del Imperio argentino*, as palavras, com ecos borgeanos, de um expositor que postula, no artigo que inicia o texto "El escritor argentino y la tradición – reflexiones sobre una literatura imperial", o seguinte:

---

[12] Lemos no trabalho de Deleuze e Guattari com respeito à literatura kafkiana: "Não estamos, pois, diante de uma correspondência estrutural entre duas espécies de formas, [...] mas diante de uma máquina de expressão, capaz de desorganizar suas próprias formas e de desorganizar as formas dos conteúdos para liberar novos conteúdos que se confundirão com as expressões em uma mesma matéria intensa". Deleuze & Guattari, 1978, p. 45.

> Ocorre, em vez disso, uma espécie de *boutade* engenhosa, digna do melhor *wit* britânico, uma história sarcástica sobre a única região que nosso Império argentino ainda não conquistou: a região dos universos paralelos, potencialmente infinitos, na qual não é um Império. [...] Aventurar um argumento em um mundo contrafactual em que a Argentina não é um grande Império, mas, por exemplo, um triste e periférico paizinho confinado ao sul da América do Sul, uma republiqueta agrícola produtora de soja, carente de indústria e tecnologia próprias, acostumada ao longo do tempo a ser carne de canhão de corporações transnacionais e de outros Impérios, onde seus tolos habitantes se dedicam a encontrar a explicação para tanta mediocridade, golpes de Estado, revoltas políticas e repetição do mesmo em incongruentes megaconspirações paranoicas.[13]

Nieva retoma a estratégia borgiana, de tomar um possível ou condicional para situá-lo no território do efetivo, do concreto e real em uma ficção que, enquanto ficção, atua sempre no "como se". Assim como Piglia lia, em "Tlön, Uqbar, Orbis Tertius", o centro do procedimento de Borges, que consistiria na apresentação de mundos imaginários que irrompem no considerado real, para mostrar a ingerência que a ficção tem sobre a realidade, e não o contrário,[14] assim também Nieva parte de uma ficção na ficção, que inclui nosso mundo como ficção, para aquele mundo, ocasionando um enfrentamento de reflexos que perde de vista o referente: se nosso mundo é ficção para um mundo ficcional, não existirá a chance de que a constituição mesma de qualquer mundo descanse em seu ser ficcional antes que em seu grau de concretização, de efetividade, de existência "real"? Assim como Tlön passa de um mundo imaginado a apoderar-se do mundo real no conto de Borges,

---

[13] Nieva, 2018, p. 12.

[14] A melhor síntese dessa leitura crítica pode ser encontrada nas aulas sobre Borges que Piglia deu na Televisión Pública. No primeiro bloco da primeira aula, Piglia apresenta as características do que ele entende como "literatura não empírica". Disponível em <https://www.youtube.com/watch?v=pKW70kGH_6I&t=965s>. Acesso em 24/7/2023.

assim também o Império contrafactual de Nieva contamina o suposto mundo real, a reconstrução mimética dessa Argentina, para mostrar as possibilidades que toda ficção tem de se impor à realidade.

Em Borges, entretanto, temos um procedimento medido, algo que só funcionava enquanto o referente da parte da trama identificável com a realidade extraliterária é invadido, aquele mundo mimeticamente identificável passaria a ser uma espécie de âncora sobre a qual se desdobrariam as possibilidades da ficção no procedimento borgeano. Em Nieva, a âncora não existe: é uma máquina de alteração constante que não pode parar e que não apenas contamina o possível referente que o leitor constrói ao entrar na obra, mas que invade seus próprios princípios. Em *La infancia del mundo*, por exemplo, os jogos de realidade virtual permitem viagens no tempo, entre 2272 e o século XIX argentino, mediante uma encenação do combate entre índios e cristãos que dispõe, como principal jogo, a Pampatronics, console por todos desejado, mas bem quase exclusivo das classes altas do Caribe Pampeano (novo nome dado a uma Argentina onde a mudança climática devastou tudo para deixar um mundo tropical, filho da poluição e de um capitalismo predador analisado pelo próprio Nieva em *Tecnología y barbarie*). Ou seja, já desde a própria ficção se constrói um mecanismo em que as camadas de ficção, os níveis de ficcionalidade, se complexificam, "desfocando" os limites entre ficção e realidade em cada um desses planos.

A violência tematizada que aparece em vários episódios dessa novela e dos restantes trabalhos de Nieva se complementa com um procedimento que faz da violência menos uma instância de representação, menos um problema da fábula (*fable*), e mais uma questão de disposição, do procedimento construído, do *syuzhet* . É menos uma violência, então, do que um *violentar*: Nieva altera cada plano do relato para incluí-lo em uma estrutura que o contém, assim, em uma cadeia, à maneira de caixas chinesas que vão incluindo e modificando cada plano narrativo anterior. Não é apenas uma questão de um plano estar dentro de outro no texto, pelo contrário, é uma inclusão que modifica ou dá um novo sentido ao anterior, alterando-o em prol de uma subordinação que, metaforicamente, *violenta* o que foi apresentado inicialmente.

Daí, por exemplo, que as modificações do Niño Dengue, personagem protagonista que aparece na primeira história, abrem uma cadeia de nomes em função da aparição de um novo plano de contenção e de modificação: de Niño Dengue a Niña Dengue, de Nada Dengue a Envenenada e Mami Dengue, de lá a La Gran Anarca, último nome dessa espécie de princípio universal que é, ao mesmo tempo, seu próprio devir, sua própria transformação, origem, mas também modificação.

Como poderíamos denominar esse movimento que violenta cada um dos planos da ficção que se apresentam? A ideia que está no fundo dessa operação ou procedimento é a reescrita constante de todo relato: primeiro, do relato fundante da tradição do século XIX e até do XX, algo que podíamos encontrar nos "*haikus* peronistas" de *Papelera de reciclaje*, nos gauchoides da primeira novela, junto ao Sarmiento zumbi, também na paródia da Argentina agroprodutora nos "serdos" (*sic*) de *Ascenso y apogeo...* e no *videogame* oitocentista de *La infancia del mundo*. Mas, se apenas se limitasse a reescrever em tom de paródia esses relatos políticos fundantes da difusa argentinidade, Nieva seria um mero satírico, o que ele é, mas isso não completa todo o perfil da máquina de expressão que funda com essa escrita. Muito pelo contrário, as possibilidades dessa *máquina de reescrita* descontrolada incluem também a realidade extraliterária, o que o próprio relato tenta contar, tudo o que encontra. Esse violentar cada nível do relato é expor o argentino ao fantasma do seu relato fundante: assim como "El niño proletario" e "El fiord", de Osvaldo Lamborghini, constroem uma máquina que também retoma, satiriza e "barroquiza" as bases do próprio relato nacional (na medida em que, por exemplo, "El matadero" é o hipotexto sobre o qual "El niño proletario" se apoia para que sua inversão seja compreensível), assim também as ficções de Nieva retomam elementos de uma certa elusiva mitologia do argentino para submetê-la à sua escrita "desierarquizante", satírica e abstrata.

A ruptura que provoca esse violentar o relato nacional produz como efeito algo que já assinalamos como território comum tanto de Nieva quanto de Pisano: o fato de que o tempo não ocorre, mas se submete a uma espécie de eterno retorno que liberta o temporal da imaginação linear do progresso. Mas o encerramento de *La infancia del mundo* dá um passo além dessa ruptura do linear e da apresentação de um tempo circular. Muito pelo contrário, Nieva apresenta ao final de sua novela uma dissolução do Tempo (com maiúscula) a partir de sua libertação: *La infancia del mundo* é o regresso à origem, que é pura diferença sem cortes. Ou seja, para retomar elementos do léxico derridiano, uma origem tachada, um Tempo que transborda o tempo organizado, um Tempo puro de pura confusão:

> E quando a nada dengue entrou nas fauces primigênias do poço e viu o que ali falava e governava sem forma nem concerto, fundiu-se finalmente com a fonte da anarquia primigênia, com a imemorial inteligência geológica e o um iniciático do qual tudo o que conheciam emanava. [...] Em efeito, o que lograva a anarquia primigênia que governava essa infantil inteligência geológica não só era confundir todas as coisas que são e que não são mas também os agoras e ontens e amanhãs que foram e não foram e são e não são e serão e não serão, e então não só não havia maneira de distinguir uma coisa de outra, mas nem sequer uma mesma de diferentes momentos passados e futuros do vértice cego que é este agora.[15]

Se os romances de Pisano introduziam ao fundo uma leitura ficcional das consequências dos novos modos de poder neoliberal, o que nos permitia pensar em um possível segundo momento da pós-

---

[15] Nieva, 2023, pp. 157-158.

-ditadura, recuperando a linha da proposta de Gerbaudo; a novelística de Nieva faz explodir toda periodização: o anseio da máquina de reescrita sem controle algum que ele dispõe em seus textos é um horizonte complexo, um fim último que não é fim, mas princípio de tudo, magma indiferenciado onde o tempo linear se anula para voltar a ser Tempo (como aparece nessa mesma novela) sem "os gonzos que escravizam".[16] Nesse violentar reescritural há também uma operação que move a possibilidade de qualquer periodização para entrar no terreno da fascinação atual de certa literatura por encontrar um fundo comum, pré-linguístico, que estaria por trás de todo recorte, temporal ou até alfabético.

4

A violência na literatura deve ser pensada muito além de qualquer índice mimético ou de representação. Em Pisano, víamos essa violência se manifestar através de uma paisagem danificada, repleta de vestígios de uma violência não representada, exceto por seus restos, de modo que toda violência posterior na história sucumbia a essa grande sombra de algo que ocorreu, que existiu, mas cuja natureza ou causalidade específica ainda não se pôde entender. Daí que os fragmentos surgem também como restos de um sentido que se quer restituir, como o relato do avô preso nesse constante repetir do mesmo, mas nem assim há sentido ao final do relato. Pareceria que a única possibilidade que resta é a fuga dos sobreviventes, já não a fuga fundadora de "A cativa", que permite entender aquela tumba de Maria como marca do primeiro passo do mundo civilizado sobre a barbárie.

Em diálogo com a novelística de Nieva, a estrutura de final sem desfecho da peripécia de *El último Falcon sobre la tierra* aparece

---

[16] Gerbaudo, 2017, p. 157.

como uma resposta organizada à dureza do cenário. Em contraste, na literatura de Nieva, não há pano de fundo, nem representação organizada, nem sobrevivência: o romance cria um mecanismo que o lança a um nada indiferenciado que sobrevoa todo o relato e que envolve uma complexa estrutura de inclusão de planos narrativos sem fim aparente. Em nenhum dos dois relatos há uma totalidade tranquilizadora, seja porque se foge dela, seja porque se desmancha até a possibilidade dela. A totalidade, enquanto desfecho organizado da peripécia, fica fora do narrativo: o romance contemporâneo entende muito bem que a maneira particular de retornar ao horror do mundo é através de seu grau de inconclusão.

A falta de desfecho não é um acidente, é algo que esses romances introduzem em sua construção como índice de um mundo incompleto, fragmentário, de violências tremendas e preocupantemente totalizantes: uma autêntica *violência total*. Não se pode representar essa violência total, ela é, em si, irrepresentável: pode-se indicá-la mediante procedimentos internos de romances como os analisados, que marcam, em si, suas formas alternativas de fuga ou procedimentos de desmonte "contraviolentos" da violência. Também não se pode presumir que, como romances que discutem com essas violências do relato neoliberal e do relato de fundação do século XIX, ofereçam uma resposta à violência real extraliterária.

Não são romances bem-intencionados, progressistas, *engagés*: são romances que se assumem como romances, que marcam seu campo de ação e que fazem o único que uma obra literária pode fazer com a violência fática: indicá-la por meio de procedimentos específicos. No mais, é patrimônio de outras ordens da práxis a mudança das condições políticas e históricas que nos atravessam. Tudo mais é literatura.

REFERÊNCIAS

AVELAR, Idelber. *Alegorias da derrota*: a ficção pós-ditatorial e o trabalho do luto na América Latina. Belo Horizonte, UFMG, 2003.

BOLAÑO, Roberto. *Cuentos*: "Llamadas telefónicas", "Putas asesinas", "El gaucho insufrible". Barcelona, Anagrama, 2010.

BORGES, Jorge Luis. *Obras completas*. Buenos Aires, Emecé, 1974.

DELEUZE, Gilles & GUATTARI, Félix. *Kafka, por una literatura menor*. Trad. Jorge Aguilar Mora. México, Era, 1978.

ECHEVERRÍA, Esteban. *La cautiva/El matadero*. Introducción y fijación de Alejandro Romagnoli. Buenos Aires, Colihue, 2022.

FOUCAULT, Michel. *Historia de la sexualidad*, vol. I: *La voluntad de saber*. Trad. Ulises Guiñazú. México, Siglo XXI, 1998.

GERBAUDO, Analía. "Ante un segundo ciclo de la posdictadura...". *El Taco en la Brea*, Santa Fe, UNL, ano 4, n. 6, nov. 2017.

____. "¿De qué hablamos cuando decimos 'posdictadura'?". *El Taco en la Brea*, Santa Fe, UNL, ano 9, n. 17, dez.-maio 2023.

NIEVA, Michel. *Papelera de reciclaje*. Buenos Aires, Huesos de Jibia, 2011.

____. *¿Sueñan los gauchoides con ñandúes eléctricos?* Buenos Aires, Santiago Arcos, 2013.

____. *Ascenso y apogeo del Imperio argentino*. Buenos Aires, Santiago Arcos, 2018.

____. *Tecnología y barbarie*: ocho ensayos sobre monos, virus, bacterias, escritura no humana y ciencia ficción. Buenos Aires, Santiago Arcos, 2020.

____. *La infancia del mundo*. Barcelona, Anagrama, 2023.

PISANO, Juan Ignacio. *El último Falcon sobre la tierra*. Rosario, Baltasara, 2021a.

____. *El viento de la pampa los vio*. Rosario, Baltasara, 2021b.

2 REVISITANDO TRAUMAS: VIOLÊNCIA E DITADURA NA NARRATIVA ARGENTINA CONTEMPORÂNEA

Lívia Santos de Souza

INTRODUÇÃO

Os regimes ditatoriais argentinos (1966-1973 e 1976-1983) representam, sem dúvida, um dos períodos históricos mais frequentemente revisitados pela literatura desse país nas últimas décadas. Muitos autores buscaram alternativas para pensar a fratura social caracterizada pelo período dos governos autoritários tanto simultaneamente à sua vigência quanto nas décadas que a eles se sucederam, e esse exercício trouxe à tona alguns dos livros mais representativos da literatura argentina contemporânea. O trabalho com a violência do regime nessas narrativas é um elemento que ganha centralidade, tanto no caso de textos, hoje clássicos, quanto em contos e em romances publicados recentemente.

Beatriz Sarlo, no texto "La novela después de la historia, sujetos y tecnologias", escrito em 2006 e publicado em 2007, na coletânea Escritos de Literatura Argentina, traça um histórico da temática ditatorial na produção ficcional desse país ao longo dos anos 1980 e 1990. Para a socióloga, no momento inicial de resgate do período ditatorial, havia uma preocupação em preencher o vazio em relação ao tema, assim teriam sido escritos alguns dos mais prestigiados, publicados nessa década, *Respiración artificial*, de Ricardo Piglia, *Nadie nada nunca*, de

Juan José Saer, entre vários outros. Nos anos 1990, a temática sofreria uma variação, identificada com nomes como Luis Gusmán e Carlos Gamerro, assim novos pontos de vista seriam explorados e diferentes estratégias adotadas.[1]

Embora afirme que, na primeira década do século XXI, ainda se escreva sobre a ditadura, Sarlo identifica nos autores, reconhecidos como sendo "novos", uma postura mais próxima da etnografia do que da historiografia. Afirma, ainda, que, se "o passado obcecou os anos oitenta, o presente é o tempo da literatura que está sendo escrita hoje".[2]

Nota-se, contudo, não sem alguma curiosidade, que essa temática segue presente na produção literária das primeiras décadas do século XXI. Escritores nascidos nos anos 1970 e 1980 e que, portanto, não viveram o processo ditatorial como adultos, têm, com alguma frequência, escolhido esse período da história para situar suas obras ou dado prioridade a questões a ele relacionadas como elementos fundamentais em seus textos. Embora a etnografia tenha, de fato, ganhado muito espaço na narrativa argentina recente, "la pregunta de la hora", dos anos 1980, para Sarlo, "¿Cómo la ficción entiende la historia?",[3] ainda parece suscitar hipóteses entre os jovens narradores.

Realmente, a relação com a ditadura parece ser fundamental na tentativa de delimitação dessa geração de autores. Elsa Drucaroff (2011), professora da Universidade de Buenos Aires, e uma das primeiras críticas a se debruçar sobre esses escritores, usa, com alguma frequência, o termo popularizado pela mídia especializada para denominá-los: Nova Narrativa Argentina. Entretanto, paralelamente, os identifica como "autores da pós-ditadura", demarcando a importância desse elemento para sua formação. Nesse contexto, o prefixo pós-,

---

1 Sarlo, 2007, pp. 471-472.

2 *"el pasado obsesionó a los ochenta, el presente es el tiempo de la literatura que se está escribiendo hoy". Idem*, p. 473.

3 *Idem*, p. 471.

mais do que marcar superação, evidencia a ligação que ainda pode ser identificada.

Das várias estratégias já utilizadas nas décadas anteriores para falar do processo ditatorial argentino, a que parece ter deixado mais frutos é a que o trabalha como gerador de um tipo bastante específico de trauma. A definição tradicional desse termo, relacionada à psicanálise, aponta para "uma resposta a eventos inesperados que retornam mais tarde".[4] Dessa forma, a violência do regime autoritário vivenciado pela Argentina entre os anos 1970 e 1980 constituiria um trauma histórico, coletivo, e a literatura que se dedica a ele, uma alternativa encontrada pelo corpo social para trabalhá-lo.

As novas gerações de narradores partilham desse trauma, porém processando-o desde um lugar muito específico, um ponto tenso entre memória e esquecimento. Não partilham da ideologia presente nas obras de mesma temática produzidas em décadas anteriores: não necessariamente apresentam comprometimento com noções como direita/esquerda e, mesmo quando o fazem, evidenciam que sua vivência está ligada a novas realidades.

Por essa razão, a tensão entre memória e história se torna um conceito central para compreender a forma como esses jovens autores lidam com esse momento específico. Como afirma Beatriz Sarlo, em seu livro *Tempo passado*:

> O passado é sempre conflitante. A ele se referem, em competição, a memória e a história, porque a história nem sempre pode crer na memória, e a memória desconfia de uma reconstrução que não coloque em seu centro os direitos da recordação.[5]

Tal competição se torna ainda mais acirrada quando se atenta para o fato de que tais autores lidam com uma memória já processada pela

---

4 Seligmann-Silva, 2003, p. 59.

5 Sarlo, 2007, p. 9.

história, com discursos que já foram legitimados de alguma forma. Torna-se necessário, portanto, encontrar novas estratégias de expressão estabelecidas a partir de lugares de fala inviáveis para escritores de gerações anteriores. No presente artigo, pretendo explorar dois recursos, nesse sentido: a dessacralização de monumentos da esquerda, muitas vezes tidos como heróis para gerações anteriores, e um emprego bastante criativo da alegoria como recurso para falar da violência.

Para levar a cabo essa tarefa, parto de alguns contos escritos por autores que se encaixam nas definições de Nova Narrativa Argentina, de Elsa Drucaroff, textos publicados em antologias dedicadas a esse gênero na primeira década do século XXI e de um romance com características semelhantes. Meu principal objetivo, então, é marcar a continuidade da violência dos regimes ditatoriais como tema relevante para a literatura argentina, ao mesmo tempo que evidencio as mudanças que ocorreram no tratamento desse elemento.

REVISITANDO TRAUMAS: VIOLÊNCIA E DITADURA NA NARRATIVA ARGENTINA CONTEMPORÂNEA

É impossível pensar a ditadura argentina sem refletir sobre o que se tornou um dos principais símbolos da violência política do período: o desaparecido. O retrato desses militantes políticos que faziam oposição ao regime autoritário no poder, no país, entre as décadas de 1960 e 1980, e que foram sequestrados, torturados e mortos, tornou-se um lugar comum não apenas na literatura, mas na arte argentina no geral. Filmes como o ganhador do Oscar *La historia oficial*, de 1985, *La noche de los lápices*, também de 1985, e *Un muro de silencio*, lançado em 1993, assim como livros como *La escuelita*, de Alicia Partnoy, e *Preso sin nombre, celda sin número*, escrito por Jacobo Timerman, entre inúmeros outros exemplos possíveis, contribuíram para consolidar a imagem heroica do desaparecido como um monstro sagrado.

Essa abordagem muda significativamente quando entram em cena os relatos de autores que passaram a publicar a partir do início do século XXI. Interessados em questionar e dessacralizar essa figura, autores como Félix Bruzzone, Mariana Eva Pérez e Pola Oloixarac reposicionam o debate sobre desaparecidos e seus filhos, apresentando-os como sujeitos muito mais ambíguos do que nas narrativas anteriores. Ao mesmo tempo, essas narrativas deslocam o discurso sobre violência, tirando o foco das experiências vivenciadas por militantes capturados pelo regime e alocando-o em lugares distintos.

O conto de Felix Bruzzone "Fumar bajo el agua"[6] representa bastante bem essas estratégias. Nessa narrativa curta, que deu origem ao romance *Los topos*, o protagonista, assim como o próprio Bruzzone, é filho de militantes políticos desaparecidos no regime de 1976-1983 e expressa toda a ambiguidade que essa posição incômoda em relação ao passado representa. Longe de idealizar os pais militantes que não chegou a conhecer, quando o personagem se envolve com a entidade HIJOS, pensada por jovens na mesma situação que ele, isso se dá por conta do interesse por uma garota envolvida com a militância, Gaby, e não por uma real identificação com a ideologia defendida por seus pais:

> Mas não sei se a militância em FILHOS era para mim, suponho que não. Além disso, naquela época, ouvi algo sobre as indenizações que o governo iria conceder. Eu não estava certo se deveria iniciar os trâmites, mas assim que o fiz, Gaby, que não concordava com tudo isso, me deixou.[7]

Esse episódio contribui para evidenciar a complexidade da relação com o passado que essa geração vivencia. Estão em competição uma

6 Terranova, 2007, pp. 183-190.

7 "*Pero no sé si la militancia en HIJOS era para mí, supongo que no. Además, por esa época escuché algo de las indemnizaciones que iba a dar el gobierno. Yo no estaba seguro de empezar los trámites, pero en cuanto lo hice, Gaby, que no estaba de acuerdo con todo eso, me dejó*". Terranova, 2007, p. 186.

expectativa de que tais indivíduos recuperem a luta de seus pais e uma imensa dificuldade de identificação com valores que parecem pertencer a uma outra época. Ironicamente, se o protagonista não se identifica com esses valores, sua companheira, que não é filha de desaparecidos, escolhe essa causa como principal objeto de seu engajamento. Como em vários outros textos políticos escritos por autores da mesma geração, há não apenas a preocupação em desconstruir a imagem glamourizada do revolucionário, mas também a intenção de criticar o militante universitário que contribui para a perpetuação desse estereótipo.

Outro elemento marcante do conto, o ato de fumar sob a água, que dá título ao relato e faz referência a uma invenção do protagonista, um cigarro que poderia ser fumado na chuva, reflete alegoricamente essa busca por uma conciliação impossível entre elementos contraditórios ou conflitantes: passado e presente.

A alusão constante a essas tarefas inconciliáveis também aponta simbolicamente para a impossibilidade de se acessar o trauma e a violência a que estiveram submetidos os pais do narrador. *Fumar bajo el agua* é, portanto, um conto em que a violência se inscreve apenas de forma latente, nunca explícita.

A presença de elementos de caráter alegórico nessas narrativas recentes confirma uma tendência já presente na geração anterior. De fato, o texto alegórico configura uma interessante alternativa para se trabalhar um trauma. Entretanto, para compreender esse mecanismo, é preciso enxergar o conceito à luz de uma nova abordagem. Idelber Avelar, em seu livro *Alegorias da derrota*, define alegoria da seguinte maneira: "A alegoria remete antigos símbolos a totalidades agora quebradas, datadas, e os reinscreve na transitoriedade do tempo histórico. Lê tais símbolos como cadáveres".[8]

Dessa forma, pode-se compreender que, para Avelar, o alegórico não é, de forma alguma, uma variedade de mensagem cifrada elaborada

---

8 Avelar, 2003, p. 15.

com o fim exclusivo de driblar a censura em contextos de repressão, até porque o texto em questão não se enquadra nessa descrição, mas, sim, uma forma de dar conta de uma realidade excessivamente complexa.

Outro dos textos selecionados, *Hombre lobo*, de Fernando Montes de Oca,[9] também trabalha no âmbito do alegórico, no entanto sua narrativa mescla elementos do fantástico e do insólito. O conto narra um episódio fictício que teria ocorrido durante o Mundial de Futebol que teve a Argentina como sede em 1978, a visita de um biólogo escocês que teria estudado o caso do monstro do lago Ness e de uma equipe de colaboradores composta também de profissionais europeus dessa área. Tais cientistas resolvem investigar o aparecimento do "homem lobo", um ser monstruoso noticiado por um jornal sensacionalista de Córdoba. As buscas relacionadas a esse ser se aproximam perigosamente de um quartel do Exército, os cientistas são confundidos com revolucionários planejando um golpe e acabam assassinados sem a menor possibilidade de defesa. Depois de descoberto o erro, os militares resolvem forjar um ataque do tal homem lobo, para, dessa forma, evitar o problema diplomático proveniente do assassinato de 20 estudiosos europeus.

O enredo do conto, claramente inspirado nas narrativas de qualidade duvidosa veiculadas por pequenos jornais que tentam aumentar suas vendas com base em notícias fantásticas, permite observar as mudanças ocorridas na representação da violência cometida pelo Estado nas últimas décadas. Não há mais espaço para qualquer tipo de sacralização da militância política. O autor se permite representar a violência da ditadura de um outro ângulo, menos sério e desprovido de grandes pretensões de denúncia. No entanto a existência desse tipo de narrativa configura um indício de que esse recurso se refere, na verdade, a um novo estágio de tratamento do trauma. O conto pode ser lido, então, como a representação de uma memória já processada por uma geração de escritores anterior à de Fernando

---

9 Lardone, 2009, pp. 35-46.

Montes de Oca. O sentido alegórico do conto residiria nesse fato, e não necessariamente na interpretação de elementos ambíguos na narrativa.

O conto de Leonardo Oyola "El fantasma y la oscuridad", publicado em *Un grito de corazón*,[10] corrobora essa ideia, por meio da construção de uma trama que remete diretamente ao passado político argentino e que também incorpora estratégias ligadas ao fantástico. Na narrativa, um militante montonero se esconde em uma fazenda, assumindo o disfarce de trabalhador rural, e é denunciado por um companheiro de trabalho. Ao tentar escapar, depara-se com o "Familiar" do engenho, um cão enorme que seria um presente de satanás aos donos de latifúndios como garantia de sucesso das colheitas. A lenda referente a esse animal, disseminada pelo delator, que, inicialmente, parecia servir apenas como máscara para justificar o desaparecimento iminente de um dos trabalhadores, torna-se real quando o protagonista militante precisa enfrentá-lo para fugir dos repressores.

A utilização do fantástico como recurso para a abordagem de temas traumáticos não é, de fato, inédita. No entanto, Oyola, assim como Montes de Oca, inova ao acessar esse universo por meio de suas faces menos prestigiadas, o cinema de terror ou as histórias em quadrinhos derivadas da literatura *pulp*. Sobre a questão do realismo, Drucaroff[11] afirma que os jovens narradores o constroem a partir do fragmento, abrem brechas, *grietas* pelas quais entram "fantasmas": "O realismo tem uma certeza: há um mundo além das palavras, e elas servem para compreendê-lo, até mesmo transformá-lo. O melhor da literatura nova que conheço rejeita essa segurança".[12] *El fantasma y la oscuridad* se constrói mais como um *thriller* de ação do que como uma narrativa

[10] Oyola, 2009, pp. 12-23.

[11] Drucaroff, 2007.

[12] *"El realismo tiene una certeza: hay un mundo afuera de las palabras, y ellas sirven para comprenderlo, incluso transformarlo. Lo mejor de la literatura nueva que conozco rechaza esta seguridade". Idem, ibidem.*

de denúncia. Diferente de autores da geração imediatamente anterior à sua, o jovem escritor já elabora uma versão própria a partir de um lugar mais afastado, sem a pretensão de construir um retrato fiel desse personagem.

Merece destaque, nesse sentido, a postura adotada por Pola Oloixarac em seu polêmico romance *Las teorías salvajes* (2011), que vai ainda mais além na desconstrução da figura heroica do indivíduo politicamente engajado. Na obra é reproduzido o diário de uma jovem militante que seria tia da narradora e que teria desaparecido durante o auge do período da repressão. Em suas confissões, mais do que bravura ou heroísmo, o que se observa é uma adolescente angustiada com as demandas de um relacionamento amoroso complicado e que acaba por tornar ridículo o universo de esquerda que a cerca.

No entanto é o jogo de *videogame*, desenvolvido no Capítulo 5 da Terceira Parte, que mais chama a atenção para a representação do período ditatorial realizada pelas novas gerações. Nesse trecho, que pode ser lido praticamente como um relato isolado, é apresentado o Dirty War 1975, um jogo eletrônico que teria como possibilidades de "avatar" tanto personagens clássicos da esquerda argentina, como Che, uma militante peronista, um padre revolucionário e o escritor engajado, quanto figuras ligadas à repressão, militares de diversas patentes e funções, uma oficial de polícia ou um padre ligado às alas mais conservadoras da igreja.

Grande sucesso entre os jovens, no romance, o jogo é representativo do quão dessacralizante pode ser a leitura desses autores em relação a tal momento da história argentina. Um dispositivo embutido no arquivo que o veicula permite aos seus idealizadores ter acesso a informações sobre os hábitos de quem o joga. Descobre-se, então, que os jogadores alternam, sem o menor pudor, personagens representativos de cada um dos dois lados. Em um exercício de reflexividade, descrito por Bourdieu como recorrente em campos muito desenvolvidos, a autora se volta a episódios que já foram trabalhados na literatura local e que fazem parte do imaginário intelectual argentino e os banaliza, esvaziando-os de qualquer resquício de aura que possa haver sobrevivido.

A necessidade de elaboração desse tipo tão agressivo de enfrentamento e as respostas apaixonadas que ele gera (houve quem dissesse em meios midiáticos que a autora deveria pedir desculpas publicamente pelo que escreveu sobre a militância política nos anos 1970), presentes não só nos textos de Oloixarac ou de Félix Bruzzone, mas também em declarações à imprensa feitas por novos escritores, como Juan Terranova (escritor e organizador das antologias *Hablar de mí* e *Buenos Aires/Escala 1:1*), que diz: "o tema dos desaparecidos virou lugar comum, a verdade é que eles chupam meu saco",[13] se manifestam também como uma maneira de lidar com o trauma.

O reconhecimento desse enfrentamento duro como estratégia de representação do período histórico em questão é um dos únicos pontos de contato entre as formulações críticas de Elsa Drucaroff e de Beatriz Sarlo sobre narradores recentes. Para Drucaroff, Oloixarac é fundamental nesse sentido, já que seu romance

> [...] marca um marco, pela primeira vez nossa literatura consegue falar do passado recente em termos que não pertencem a nenhum dos discursos codificados: nem o que ganhou certa hegemonia a partir do kirchnerismo, nem o que era manejado antes por muitas organizações de direitos humanos (as vítimas inocentes), nem o dos nostálgicos da ditadura que reivindicam o genocídio perpetrado pelas forças armadas.[14]

---

13 "*el tema de los desaparecidos se transformó en un lugar común, la verdad es que me chupan un huevo*". Terranova, 2007, p. 58.

14 "*marca un hito, por primera vez nuestra literatura logra hablar del pasado reciente en términos que no pertenecen a ninguno de los discursos codificados: ni el que ganó cierta hegemonía a partir del kirchnerismo, ni el que manejaron antes muchas organizaciones de derechos humanos (las víctimas inocentes), ni el de los nostálgicos de la dictadura que reivindican el genocidio perpetrado por las fuerzas armadas*". Oloixarac, 2011, p. 299.

Já Sarlo enxerga, em *Los topos*, essa virada, quando afirma que o romance de Félix Bruzzone "se afirma o direito de falar de qualquer maneira sobre a ausência de pais desaparecidos; é o direito da literatura",[15] evidenciando que o autor é capaz de abordar o tema a partir de um novo ponto de vista, livre do politicamente correto: "Quando um tema grave finalmente consegue se libertar do moralismo convencional, torna-se algo que a literatura pode abordar",[16] afirmação que se aplica também a várias obras publicadas nesse mesmo período que tratam do tema.

Outra estratégia se projeta não apenas no plano das representações ficcionais, mas também no âmbito das práticas sociais: consistiria no ato performático ("escrache" 112) de buscar, por meio da ação direta que transcende os mecanismos institucionais, um acerto de contas com um passado que continua se fazendo presente e ainda se mostra fundamental para a compreensão da vida social.

Esse recurso aparece, ainda que de forma tangencial, em "Animetal", de Leonardo Oyola.[17] Sua representação se dá por meio de um cartaz, na realidade, um conjunto de fotocópias coladas nos muros do bairro coreano, que veicula essa estratégia:

> Na rua Robertson, número 71, vive um genocida.
> Jorge Hector Vidal. Médico e torturador.
> Mesa de protesto popular.[18]

---

15 "*se afirma en el derecho de hablar de cualquier modo sobre la ausencia de padres desaparecidos, es el derecho de la literatura*". Bruzzone, 2012, pp. 51-52.

16 "*cuando un tema grave logra, finalmente, liberarse del bienpensantismo, se convierte finalmente en algo que la literatura puede tocar*". *Idem*, p. 51.

17 Terranova, 2007.

18 "*En la calle Robertson, 71 vive un genocida./Jorge Hector Vidal. Médico y torturador/Mesa de escrache popular*". Terranova, 2007, p. 32.

A partir dessa breve referência, sem maiores consequências para o enredo do conto, a narrativa integra esse recurso de trabalho do trauma ao espaço urbano. A ocorrência desse tipo de manifestação e sua representação literária revelam que o tema continua latente para a sociedade argentina e que ainda se faz necessário encontrar estratégias para superá-lo.

Mesmo tomando como base um número reduzido de obras, as análises de textos que representam, de alguma forma, fatos ligados ao imaginário dos governos militares na Argentina permitem observar o quão diversificados são os recursos utilizados na abordagem do trauma histórico e da violência que marcou o período.

Resta, também, um ponto razoavelmente comum: a adoção de uma postura questionadora, muitas vezes cínica, a única possível, para Drucaroff, em um presente em que:

> É difícil ser trágico em um ambiente estagnado e resignado, é difícil ficar sério e solene quando o mundo não oferece nada seguro para se apoiar. É difícil ser realista ao contar um presente sem raízes, onde, no entanto, o passado espreita (esse passado inimaginável, desde 1976) e a realidade fugidia, insegura, está suspensa no nada. Essa é a hipótese: o passado espreita esses novos escritores. Pesa, espreita e atormenta.[19]

CONSIDERAÇÕES FINAIS

Fica claro, dessa forma, que qualquer discurso que tente atestar a apatia política da narrativa argentina da primeira década do século XXI

---

[19] "*Es difícil ser trágico en un entorno detenido y resignado, es difícil ponerse serio y solemne cuando el mundo no ofrece nada seguro donde apoyarse. Es difícil ser realista cuando se trata de contar un presente sin raíces donde sin embargo el pasado acecha (ese pasado inimaginable, detrás de 1976) y la realidad huidiza, insegura, está suspendida en la nada. Ésa es la hipótesis: el pasado acecha a estos escritores nuevos. Pesa, acecha y atormenta*". Drucaroff, 2007.

tem como base outra fonte que não os textos literários escritos nesse período. As obras trabalhadas no presente artigo são apenas amostras da extensa produção referente a questões políticas colocada em circulação nas duas últimas décadas. Romances como *El grito*, de Florencia Abbate, *Una vez Argentina*, escrito por Andrés Neuman, e *El año del desierto*, de Pedro Mairal, são evidências de que, desde novos lugares, problemas e questões antigas ainda podem e devem ser debatidos.

Elsa Drucaroff, reproduzindo a fala de Andrés Neuman em um evento que reuniu escritores de diversas gerações, aponta uma das mais significativas diferenças entre as gerações mais recentes e as formadas por autores que viveram o processo ditatorial, caracterizando esse novo lugar de fala: "A diferença residia no fato de que aquela geração tinha certezas absolutas, enquanto as gerações mais novas lidam com a dúvida, que nada tem a ver com a desinformação, a resignação ou a falta de interesse".[20] E é a dúvida, portanto, a instabilidade, a principal estratégia de representação do político nessa literatura.

Assim, mais do que apáticos ou apolíticos, tais autores parecem querer colocar o dedo em feridas antigas de uma outra maneira, muitas vezes provocativa. Acredito que o trabalho com a violência passa exatamente por esse eixo: em vez de revisitar os horrores da tortura diretamente, escritores como Felix Bruzzone e Pola Oloixarac deslocam a crueza e o horror desse período para elementos insuspeitos e até mesmo absurdos, como a impossibilidade de fumar na chuva ou um jogo de *videogame*.

Já em textos como os de Montes de Oca e Loyola, leva-se a violência do regime para um outro lado, flertando com o fantástico, com o mágico, mas também no terreno do absurdo. Esses escritores também nos convidam a pensar sobre a impossibilidade de seguir tratando o trauma da violência de Estado nos regimes ditatoriais argentinos a

---

20 "*La diferencia pasaba porque aquella generación poseía certezas absolutas, y las generaciones nuevas se manejan en la duda, que nada tiene que ver con la desinformación, la resignación o el desinterés*". Drucaroff, 2011, p. 158.

partir dos mesmos lugares. Ainda que essa seja uma breve reflexão, fica a certeza de que o trauma da violência de Estado argentina segue um tema relevante e produtivo para a ficção desse país.

REFERÊNCIAS

AVELAR, Idelber. *Alegorias da derrota.* Belo Horizonte, Editora UFMG, 2003.

BECKER, Howard. *Falando da sociedade.* Rio de Janeiro, Jorge Zahar Editor, 2009.

BLATT, Mariano & RÍOS, Damián. *Un grito de corazón.* Buenos Aires, Mondadori, 2009.

BRUZZONE, Félix. *Los topos.* Buenos Aires, Mondadori, 2008.

DRUCAROFF, Elsa. *Los prisioneros de la torre:* política, relatos y jóvenes en la postdictadura. Buenos Aires, Emecé, 2011.

____. "Fantasmas en carne viva: narrativa argentina joven". *Boletín de Reseñas Bibliográficas*, Buenos Aires, n. 9/10 (número dedicado a la narrativa latinoamericana actual), 2007. Disponível em <http://ilh.institutos.filo.uba.ar/sites/ilh.institutos.filo.uba.ar/files/13%20Fantasmas%20en%20carne%20viva%2C%20Drucaroff.pdf>. Acesso em 22/5/2023.

GRANTA, 7: *los mejores narradores jóvenes en español.* 3. ed. Barcelona, Duomo, 2011.

LARDONE, Lilia. *Es lo que hay.* Córdoba, Babel, 2009.

OLOIXARAC, Pola. *As teorias selvagens.* São Paulo, Benvirá, 2011.

SARLO, Beatriz. *Tempo passado.* São Paulo, Companhia das Letras, 2007.

____. "La novela después da historia". *Escritos sobre literatura argentina.* Buenos Aires, Siglo XXI, 2007.

____. *Ficciones argentinas.* Buenos Aires, Mardulce, 2012.

SELIGMANN-SILVA, Márcio (org). *História, memória e literatura:* o testemunho na era das catástrofes. São Paulo, Companhia das Letras, 2007.

TERRANOVA, Juan (org). *Buenos Aires Escala 1:1* – los barrios por sus escritores. Buenos Aires, Entropía, 2007.

3

UMA LITERATURA INTERROMPIDA: REVERBERAÇÕES DA VIOLÊNCIA NA OBRA DE LAURA ALCOBA*

Natalia Lorena Ferreri

INTRODUÇÃO

O terror como dispositivo de controle exibe seus primeiros atos no nascimento da nação moderna francesa no final do século XVIII: a morte do rei funda a República, declara Daniel Arasse em *La guillotine et l'imaginaire de la Terreur*.[1] A guilhotina constituiu a forma mecânica daquela expressão simbólica de poder; por seu didatismo e sua função igualitária, como adverte Arasse, e esse dispositivo tornou-se uma máquina política da Revolução Francesa. Embora essa violência tenha baseado seu propósito disciplinador a partir da exibição dessa mecânica, o mundo moderno encontrou formas de *revesti-la*; é o que Michel Foucault (1976) chama de *anatomopolítica do corpo* e, mais adiante, na história, *biopolítica da população*. O que essas formas de poder conseguem é afastar da vida cotidiana as cenas de violência ou acaso, ao se tornarem imperceptíveis, naturalizá-las:[2]

---

* Tradução: Andre Rezende Benatti.

1 Arasse, 1987, p. 120.

2 Simon Lemoine define as microviolências a partir do uso de dispositivos que ele designa como imperceptíveis e discretos, a tal ponto que o sujeito receptor dessas microviolências não as percebe como tais, já que "ele tem a ilusão de que elas são 'da ordem das coisas', 'naturais', necessárias ou fortuitas, ou mesmo que elas

> A ilusão de que a violência diminuiu permite que esqueçamos, na vida cotidiana, o modo como esta aninha em potência a todo momento, posto que o poder soberano projeta esse exercício como ameaça para o conjunto da população. Se o poder do soberano se caracteriza por poder excepcionar-se da lei, [...] essa violência pode ser suscitada a qualquer momento e contra qualquer cidadão. Todo indivíduo é, potencialmente, *homo sacer*: uma figura do antigo direito romano que designa quem pode ser morto sem que esse fato seja considerado um delito nem seja aceito como sacrifício. [...] A concentração da violência pacifica a sociedade apenas ao custo de dispersar a ameaça de converter qualquer um, discricionariamente, em *vida nua*. Se esquecemos isso é precisamente porque o exercício explícito da violência é ocultado e deslocado. Nas sociedades modernas, os corpos sangrando, destroçados, agonizantes, são sistematicamente retirados da vista do público.[3]

À luz dessas declarações, é notável que o repertório conceitual em torno da noção de biopoder não seja suficiente para abarcar, compreender, narrar e tornar transmissível a experiência da violência que os Estados nacionais latino-americanos perpetraram em seus territórios e sobre seus próprios cidadãos. Isso responde ao fato de que as ditaduras latino-americanas articularam tecnologias de poder pelas quais o extermínio seletivo de cidadãos foi intencional e cuidadosamente ocultado do resto da sociedade civil.

Na Argentina, especificamente, durante a última ditadura cívico-militar, o terror estatal não foi resultado da propagação da exibição dos mecanismos de aniquilação, diante de nossa sociedade, como foi a espetacularização das guilhotinadas na França. Ao contrário, como explica Eduardo Luís Duhalde, na Argentina, esse processo consistiu em controlar o Estado, desarticular a sociedade civil e, sobretudo,

---

são de sua própria responsabilidade (natureza fraca, falta de vontade, problema psicológico etc.)" Lemoine, 2017, p. 330.

3 Schindel, 2021, p. 20.

implementar "a face clandestina do Estado".[4] O terrorismo de Estado refere-se, então, "a uma metodologia, uma técnica de exercício da violência estatal caracterizada por práticas repressivas ilegais que têm por objetivo *infundir* terror".[5]

Considero oportuno interpretar essas noções de maneira análoga à metáfora de *autoimunidade* que Jacques Derrida constrói sobre o conceito de *terrorismo*, após o atentado às Torres Gêmeas, em 2001:

> [...] sintoma de uma desordem autoimune que ameaça a vida da democracia participativa, o sistema legal que a sustenta e a possibilidade de uma separação clara entre as dimensões secular e religiosa. As condições autoimunes implicam o suicídio espontâneo do mecanismo defensivo que, supostamente, deve proteger o organismo das agressões externas.[6]

Interpretar o terrorismo de Estado como uma doença autoimune significa compreender que a cidadania ou, para ser mais exata, uma população determinada dessa cidadania, era atacada por quem deveria garantir seus direitos civis. Um dos efeitos do que implicou a desordem autoimune que instalou o terrorismo de Estado na Argentina foi, como ato de sobrevivência, o *exílio*. No *Diario de la Memoria* n. 6, publicado pela Comissão e Arquivo Provincial da Memória da província de Córdoba, Ludmila da Silva Catela explica:

---

4 Duhalde, 2023, p. 29.

5 Jemio, 2023, p. 110. Grifo nosso. Os cadernos publicados pelo Ministério da Justiça e Direitos Humanos da Nação Argentina, em sua quarta edição, intitulada *Nombrar la dictadura* (2023), abordam, de uma perspectiva histórica, jurídica e discursiva, o conceito de *ditadura* vinculado ao processo particular da Argentina e o relacionam com outros termos que compõem um amplo campo semântico sobre a violência institucional, tais como Estado terrorista, terrorismo de Estado e genocídio. Embora este trabalho não se ocupe desse problema, parece-me importante assinalar que esses debates continuam e estão ocorrendo atualmente na Argentina. Para este artigo, partimos das definições que citamos e que articulamos com outros conceitos.

6 Borradori, 2004, p. 48.

> É importante sublinhar que foi a violência de Estado que tornou impossível a sobrevivência sob as condições de luta política que se sustentavam. Enquanto nação moderna, o território é um assunto resguardado por um Estado centralizador com base em categorias como soberania, fronteira, gendarmaria, documentação e uma longa cadeia de tecnologias de vigilância populacional. Apenas esse aparato institucional monopoliza o poder de decidir quem pode ou não viver sob sua jurisdição.[7]

Estima-se que entre 300 mil e 500 mil cidadãs e cidadãos argentinos ou deixaram seu país ou tiveram que se esconder durante a última ditadura cívico-militar. O exílio deixa de ser, pela magnitude do fenômeno, um simples efeito do terrorismo de Estado; perde, nessa proporção, seu sentido de experiência individual. O exílio opera como uma tecnologia a mais dentro do sistema de aniquilação implementado durante a ditadura argentina porque constitui uma das peças sobre as quais funciona a violência institucional. Como explica lucidamente Lucas Crisafulli, a ditadura na Argentina constituiu "uma prática social genocida".[8]

> [...] a violência sistemática desdobrada teve como destinatários não apenas os mortos que aniquilou, mas, sobretudo, os que deixou vivos, pois a violência genocida desde essa perspectiva é uma violência instrumental que visa, no caso particular argentino, destruir relações sociais, impor o terror e a delação generalizada e impor novas subjetividades que permitissem a aplicação de políticas neoliberais.[9]

Apesar da destruição e da fragmentação dos vínculos sociais, as *experiências de exílio*, como as chama Roberto Martínez, retornam

---

7 Da Silva Catela, 2012, p. 2.

8 Crisafulli, 2022, p. 192.

9 *Idem, ibidem.*

em ondas para dizer a ausência, para repor as palavras onde houve silenciamento. Com essa proposta, sugiro que leiamos Laura Alcoba, autora de uma literatura desterritorializada pelo exílio, pela violência e pela mudança de língua.

CALAR EM ESPANHOL, CONTAR EM FRANCÊS

Em 1969, nasce, em La Plata, na Argentina, Laura Alcoba. Sua infância foi prematuramente interrompida pelo terrorismo que precedeu e se intensificou durante a ditadura cívico-militar, pela clandestinidade, pelo exílio e, uma vez em terra de asilo, por cenas de violência que chegavam transportadas na linguagem; sua adolescência foi bifurcada por duas línguas e pelo vínculo parental cindido; seu presente, que retoma em francês fragmentos de seu passado em espanhol rioplatense, constitui, em sua complexidade, uma escrita sempre situada entre duas histórias, pátrias, línguas e memórias.

Calar em espanhol e contar em francês funda o movimento pelo qual aquelas experiências de exílio são postas em palavras em outro tempo, de outro espaço, em outra língua, nesse caso, o que não foi dito, e voltam diferidas ao lugar de onde vieram. Esse movimento é o que acontece com a obra de nossa escritora. Laura Alcoba escreve em francês as histórias dispersas dos exilados e perseguidos políticos argentinos.[10]

Manèges: petite histoire argentine, publicada em 2007, inicia o relato íntimo que se seguirá em outras novelas; aqui, uma voz infantil narra,

[10] Para este artigo, o *corpus* que formei responde à premissa de reunir as obras em que a autora recupera as histórias não contadas durante e após a ditadura, por isso não consideramos para a presente análise as obras *Jardin blanc* (2009) e *Les passagers de l'*Anna C. (2012), ambas publicadas pela Gallimard. No entanto, é oportuno assinalar que, até aqui, todos os romances de Laura Alcoba orbitam em torno da violenta história política latino-americana. Nesse sentido, proponho ler sua obra como "fragmentos de uma mesma história". Remeto ao artigo publicado no n. 10 da revista *C'est-à-lire*.

diante da História, os fatos da vida clandestina da pequena Laura, na casa dos coelhos, em La Plata. A diegese, ostensivamente autoficcional, transborda para o paratexto, e nos deparamos com uma dedicatória e uma carta que instrumentalizam a ação reparadora; os fragmentos da história argentina dispersos começam a se aproximar, cruzam o Atlântico e unem tempos, vozes e lembranças.

Tanto a dedicatória quanto a carta inicial que precedem a novela estão dirigidas a Diana E. Teruggi,[11] vítima do terrorismo de Estado que teve sua filha Clara Anahí sequestrada e, até hoje, desaparecida, no mesmo dia em que Diana e seu marido foram assassinados. Dessa forma, a primeira novela de Laura Alcoba excede suas próprias fronteiras e ingressa no fio de discursos sobre a recuperação de netas e de netos desaparecidos e apropriados. A história argentina não é escrita apenas nos discursos documentais, mas também na literatura.

Em 2013, aparece *Le bleu des abeilles*, a novela que retoma a vida da pequena Laura, ainda em La Plata, antes de empreender sua viagem de exílio para a França, onde sua mãe a espera. Uma vez em

---

[11] "Diana Esmeralda Teruggi, conhecida como Didi, nasceu em 3 de dezembro de 1950 na cidade de La Plata. Ingressou no curso de Letras da Faculdade de Humanidades e Ciências da Educação em 1970. Diana foi designada auxiliar aluna na Cátedra de Literatura e Cultura Latino-Americana a partir de 1º de maio de 1974, e seu cargo foi limitado em dezembro do mesmo ano, no contexto da intervenção. Diana militou na Juventude Universitária Peronista e nos Montoneros, na área de imprensa, e era casada desde junho de 1972 com Daniel Mariani. Em sua casa na Rua 30 funcionou uma gráfica da organização desde o final de 1975 até 24 de novembro de 1976. Nesse dia, as Forças Conjuntas da ditadura atacaram o local e a assassinaram, junto com outros companheiros que militavam com ela. Sua filha Clara Anahí, de 3 meses de idade, foi sequestrada com vida e desde então é procurada como uma das mais de 400 vítimas da prática sistemática de apropriação de meninas e meninos. Pelo seu caso, foi condenado Miguel Osvaldo Etchecolatz no primeiro julgamento realizado após a reabertura dos casos, em 2006, e numerosos repressores em 2012, no processo denominado 'Circuito Camps'. Diana, Daniel e Clara Anahí permanecem desaparecidos". Disponível em <https://www.huellasdelamemoria.com.ar/diana-esmeralda-teruggi/>. Acesso em 24/7/2023.

Paris, a menina e seu pai, que está preso em Buenos Aires, mantêm uma correspondência transatlântica. O mundo da pequena que, em *Manèges*, se dividia entre a vida clandestina e a pública, em *Le bleu des abeilles*, começa a se dividir entre dois lares, duas línguas, dois núcleos afetivos, duas histórias políticas contrastantes.

Em 2017, época da publicação de *La danse de l'araignée*, a narradora Laura já não era mais criança, e sua adolescência transcorre na língua de acolhida e no país que a hospedou. Da Argentina, continuam chegando notícias de morte, de pavor, de fugas clandestinas e de sobrevivência. As vidas cindidas de Laura parecem se tornar uma só, quando, finalmente, o pai da narradora vem ao encontro de sua filha, na França.

Essas três novelas na Argentina foram reunidas e publicadas como *Trilogía de la casa de los conejos*, que contém três momentos da vida da narradora,[12] três momentos provocados por uma mesma causa: o terrorismo de Estado. Em outro artigo de minha autoria, proponho ler essas três novelas a partir da analogia das ondas expansivas provocadas por uma pedra quando é lançada em um espelho d'água calmo: a pedra, a violência da última ditadura cívico-militar argentina; as ondas, cada história contada resultante daquela.[13]

Em 2022, Laura Alcoba publica *Par la forêt*, que também podemos ler a partir daquela analogia da pedra. Aqui, a narradora é a escritora da história; o que desencadeia o relato é a lembrança turva de um filicídio no seio de uma família de argentinos exilados em Paris. Um fato funesto ao ponto do inenarrável, ao qual Laura Alcoba consegue atribuir não só palavras, mas entendimento. No início do relato, lemos sobre o infanticídio que Griselda comete contra seus dois filhos menores. Na sequência, surgem analepses que nos levam para dentro da mente

---

[12] *Trilogía de la casa de los conejos* foi publicada em 2021, pela editora espanhola Alfaguara, precedida por um prólogo a cargo de Daniel Pennac.

[13] Remeto ao artigo intitulado "Continuidade da memória (sobre *La danse de l'araignée* de Laura Alcoba)" (2018), publicado no n. 1 da revista *C'est-à-lire*.

e da vida passada de Griselda, que, de alguma maneira, pressagiam retrospectivamente o trágico desfecho: "a falta de amor materno, o abuso sexual infantil, uma personalidade depressiva precipitada pelos acontecimentos, uma história de amor encoberta, uma bala inserida em seu crânio após uma das tentativas de suicídio fracassadas, uma fuga clandestina, a perseguição política, a mudança de identidade e, finalmente, o exílio".[14] Essa trágica história intrafamiliar transborda sua própria esfera íntima e adquire um sentido coletivo. O que *Par la forêt* conta é o filicídio, mas também a narração do exílio: "Essa história de paixão, de loucura, de violência e de morte – também de exílio".[15]

A última obra de Laura Alcoba que considero para este trabalho é sua publicação mais recente, *Les rives de la mer Douce* (2023): relato de filiação, álbum familiar, memória, caderno de notas, autorretrato, esse livro abriga fragmentos da infância daquela menina da trilogia. As imagens e os relatos trazidos por *Les rives de la mer Douce* retornam ao lugar de origem dos fatos e, assim, dão nitidez ao cenário da casa dos coelhos, atribuem um silêncio sonoro à violência que atravessou essa infância e montam retalhos de memória dispersos. A origem da violência nasce nos fatos vivenciados durante a última ditadura cívico-militar argentina, que, como síntese simbólica e cínica, o último livro de Alcoba representa no *mar doce*, o rio da Prata.[16]

---

14 Ferreri, 2022, p. 5.

15 "*Cette histoire de passion, de folie, de violence et de mort – d'exil aussi*". Alcoba, 2022, p. 160.

16 Embora *Les rives de la mer Douce* não faça referência direta aos chamados "voos da morte" ocorridos no rio da Prata durante a última ditadura cívico-militar na Argentina, a evocação desse espaço no contexto da violência estatal que o livro de Alcoba retrata ativa de forma inevitável os vínculos que existem no imaginário argentino entre o rio e o macabro plano de aniquilação de pessoas e de ocultação de provas. De maneira extremamente sensível, esse espaço está associado à morte, especialmente porque, no último mês de junho de 2023, o governo nacional argentino repatriou um dos aviões que, como evidência jurídica, histórica e discursiva, prova de maneira incontestável aqueles fatos nefastos.

REVERBERAÇÕES DA VIOLÊNCIA

> *"Eu pensava que sua mãe e você estavam mortas". Acho que meu primeiro livro nasceu da leitura dessa frase.*
> Laura Alcoba, *Les rives de la mer Douce.*[17]

O *corpus* constituído para este artigo é composto por *Manèges*: petite histoire argentine, *Le bleu des abeilles, La danse de l'araignée, Par la forêt* e *Les rives de la mer Douce*. Cada obra aqui mencionada orbita em torno da última ditadura cívico-militar argentina, de forma mais próxima ou, em outros casos, de maneira tangencial. Falar sobre violência nessas obras abre diversas possibilidades semânticas, no entanto, em consonância com as propostas que antecedem este trabalho de interpretar esses relatos como fragmentos de uma mesma história ou como as ondas expansivas provocadas por uma pedra ao ser arremessada na água, centrarei a análise em um eixo transversal, abordando as reverberações que a violência do terrorismo de Estado projeta em relação ao silêncio. Este, como efeito da ação de calar, pode ser interpretado como coerção, se observado em seu funcionamento dentro de espaços simbólicos determinados pelos quais transitam narradores e personagens das obras. Assim, no *corpus*, analisaremos o

---

(Você pode encontrar mais informações sobre a repatriação do avião usado nos "*vuelos de la muerte*" em <https://www.argentina.gob.ar/noticias/el-gobierno-nacional-presento-el-avion-recuperado-que-fue-utilizado-para-los-vuelos-de-la>. Acesso em 24/7/2023). "Os voos da morte" constituíram um dos muitos dispositivos de extermínio em massa utilizados pela última ditadura cívico--militar e consistiam na partida de aviões ou helicópteros com pessoas privadas ilegalmente de liberdade, lançadas vivas ou mortas no rio da Prata ou no mar, nos chamados voos fantasmas e, posteriormente, voos da morte. Disponível em <https://www.argentina.gob.ar/derechoshumanos/juicios/causavuelosdelamuerte>. Acesso em 24/7/2023.

17 *«'Je pensais que ta mère et toi, vous étiez mortes'. Je crois que mon premier livre est né de la lecture de cette phrase »*. Alcoba, 2013, p. 95.

silêncio em relação ao espaço da clandestinidade, do encarceramento e da intertextualidade.

A gestão dos corpos constitui o fundamento da micropolítica, do biopoder. É a partir desse governo da vida que se exerce a violência, *se faz fazer*, se *faz ser*. Disciplinamento e subjetivação se instituem como as tecnologias que permeiam os corpos, que afetam as vidas.[18] Essas formas de micropolítica adquirem características singulares em cada obra de Alcoba em relação ao silêncio, já que este se constitui como violência porque é provocado pelo medo. Como explica Sara Ahmed, em relação à política espacial do medo, quando o objeto portador dessa emoção não pode ser identificado, o "medo transforma o próprio mundo em um espaço de perigo potencial, um espaço que se antecipa como dano ou ferida na superfície do corpo que teme". A partir dessa perspectiva, o medo traça linhas que delimitam espaços simbólicos; é dentro deles que o silêncio reverbera a violência do terrorismo de Estado.

O espaço da clandestinidade no *corpus* está associado à ocultação da identidade, a viver em uma casa que não é própria, a realizar atividades ilegais no contexto da ditadura. Ocultar, simular, omitir. Esse espaço está envolto e sustentado pelo silêncio coercitivo, pela prescrição da palavra. Em termos simbólicos e materiais nas obras de Alcoba, o chamado *embute*, que aparece sempre em espanhol no meio da narrativa em língua francesa, constitui a síntese de um universo contratado à violência da clandestinidade. O *embute* é o lugar oculto dentro da esfera da clandestinidade; escondido em um setor da casa dos coelhos, funcionava como gráfica da revista *Evita Montonera*. A casa oculta o embute, o silêncio esconde a casa e as pessoas que nela habitam, também à menina. Tanto em *Manèges* como em *Les rives de la mer Douce* são narrados fragmentos daquela infância clandestina da pequena Laura, mas os efeitos de sentido que aquela narração suscita

[18] Giorgi, 2014.

são singulares. Em *Manèges*, a seguinte cena exibe uma violência latente, ameaçadora:

> Agora que Diana conta esse episódio, sim, parece-me que a vizinha me perguntou meu nome, antes ou depois da cena dos sapatos, quando estávamos no quarto dela. Antes, imagino. Sim, acho que ela me perguntou. Respondi: "Laura". Apenas disse meu nome porque sei que é a parte do meu nome que vou manter. Depois, acho que ela me perguntou: "E o seu sobrenome?". Sinceramente, não me lembro mais do que aconteceu depois. Devo ter entrado em pânico, porque sei muito bem que minha mãe está sendo procurada e que estamos esperando que nos deem um novo nome e documentos falsos. Também estou sendo procurada? De certa forma sim, sem dúvida, mas sei que estou aqui por acaso.[19]

O medo está contido no próprio silêncio, esse espaço insonorizado extremamente suscetível de ser violado é o que delimita a esfera da clandestinidade. A lembrança dessa mesma etapa de sua vida, em *Les rives de la mer Douce*, recupera os fragmentos da infância na casa dos coelhos, das outras casas em que se hospedou até chegar ao exílio que a encontrou com sua mãe na França, a correspondência com seu pai, preso na Argentina, entre muitas outras lembranças. O silêncio se configura aqui como um fio com o qual se tecem e unem esses relatos; o contraste entre o não dito antes e o escrito agora é comovente. O esplendor das palavras confere nitidez à lembrança da vivência. Nessa narrativa, o espaço onde reside o medo limita-se ao corpo da menina que agora conta a história desde a idade adulta. Imagens desse corpo silenciado se sucedem uma após a outra no relato: "Para passar de um espaço a outro, eu pegava grandes túneis silenciosos e não importava nada do outro lado".[20]

---

[19] Alcoba, 2007, p. 74.

[20] "Pour *passer d'un espace à l'autre, je prenais de grands tunnels silencieux et n'importais rien de l'autre côté*". Alcoba, 2023, p. 127.

O silêncio no espaço do encarceramento está demarcado pela vigilância, pelo controle e pelo zelo, vinculado ao cumprimento de certas regras; seu efeito na narradora se traduz como *disciplinamento*. Conhecemos o espaço carcerário nos romances pelo fato de que o pai da menina narradora está, inicialmente, preso em La Plata, e em Sierra Chica depois; enquanto ela está vivendo na clandestinidade primeiro e, mais tarde, no exílio. Em uma correspondência transatlântica entre pai e filha, o silêncio se apresenta como omissão e evasão; o medo está associado à censura ou ao castigo e é identificado se não em um objeto, no *processo de controle*. Corpo e palavra se ajustam a ele:

> Meu pai foi meu pai por escrito, nessa troca que ainda assim estava sujeita às regras da linguagem sob a ditadura, ao controle e à autocensura. [...] Porque nossas cartas eram lidas por outros. Como nos tempos em que eu o visitava na prisão, tínhamos que passar pelos controles. Da mesma forma que meu corpo foi revistado, nos tempos em que eu estava na Argentina, toda quinta-feira, para que eu pudesse ver meu pai, desde que vivia na França com minha mãe, no exílio, eram as palavras que trocávamos que eram inspecionadas. [...] Eu havia internalizado tão bem as regras, as proibições.[21]

Trechos dessas cartas podem ser lidos em *Le bleu des abeilles* e em *La danse de l'araignée*. Também é possível observar em fotografias a correspondência manuscrita em *Les rives de la mer Douce*. Nessas trocas postais, como um recurso da linguagem, os intertextos funcionam como artifícios para que pai e filha possam falar fora dos mecanismos de controle. Assim, são evocadas leituras literárias de autores de língua francesa, nelas estão as palavras, as ideias e as formas de ver o mundo dos outros: Victor Hugo, Maurice Maeterlinck, Raymond Queneau, Paul Verlaine, Théophile Gautier. Ainda assim, o espaço textual da correspondência é vigiado:

---

[21] *Idem*, pp. 133-134.

> Para que minha nova carta passe pelos controles, tive que explicar como pude, em espanhol, o pequeno sinal que Gautier nos fazia – se eu queria que a surpresa chegasse até meu pai, não tive escolha. O resultado não foi nada famoso, eu sei, mas de uma língua para outra, apesar das pessoas que metem o nariz no que escrevemos e essas regras que devemos respeitar, acredito que algo permaneceu. De qualquer forma, em sua próxima carta, meu pai estava contente.[22]

Os intertextos restituem as palavras silenciadas, omitidas, por um lado; mas também chegam à diegese para oferecer palavras a experiências que não puderam ser expressas em linguagem: a clandestinidade e o desenraizamento linguístico. Em *Manèges*, o personagem do Engenheiro, que é quem constrói o *embute* na casa dos coelhos, confessa à menina que, para sua criação, se inspirou no conto "A carta roubada", de Edgar Allan Poe. A premissa da *evidência excessiva* é o que funciona como artifício para esconder o embute na clandestinidade.

No final do romance, a narradora, já adulta, entende, não sem resistência, que a evocação do conto de Poe age da mesma maneira: o *embute* e a carta roubada revelam o oculto, o silenciado. Por outro lado, a voz narrativa de *Les rives de la mer Douce* recorre à figura de Héctor Bianciotti e do seu romance *Ce que la nuit raconte au jour*, para relatar a mudança linguística que é, ao mesmo tempo, confirmação da experiência migratória, do exílio. Talvez dizer, mesmo com palavras alheias, seja melhor do que calar e condenar a experiência ao esquecimento.

> Então, no consultório médico, naquele dia, diante do homem pedindo ajuda no meio da água, "conheci a angústia de nomear ignorando e senti o pânico de estar, por falta de palavras, prisioneiro em mim mesmo", escreveu ele. [...] Essa cena, uma das primeiras lembranças de Hector, é uma de suas primeiras experiências de angústia. Uma angústia linguística

[22] Alcoba, 2017, p. 69.

> e física ao mesmo tempo: não saber reconhecer, não ter as palavras, para sempre associadas ao anel e ao dedo dolorido.[23]

Em *Par la forêt*, as ondas expansivas da violência chegam à história de um modo apenas perceptível, mas não menos impactante, nos fatos narrados. Isso me obriga a me distanciar do tema do silêncio na construção espacial do medo e apontar outra forma pela qual a coação implementada pelo terrorismo de Estado permeia a história de Griselda e Claudio. Os eventos que antecedem o filicídio que Griselda comete sobre seus dois filhos mais novos vão se acumulando até o extremo, onde ocorre o transbordamento. Essa esfera de violência envolvente é composta também da experiência que Griselda sofre antes e durante a instauração da ditadura cívico-militar: perseguição, exílio, clandestinidade, fuga, solidão pulsam sobre uma mente frágil martelada desde a infância.

> Griselda falava da repressão de 1974 e 1975, da violência que então se intensificou na Argentina, da escalada entre grupos de extrema-esquerda e de extrema-direita. [...] Griselda falava do amor, também. Ela falava de Claudio. Griselda falava da violência e do amor, ao mesmo tempo. De repente, Griselda levantou os olhos e me olhou, ela tinha uma data específica para me dar. – 8 de outubro de 1974, anote esta data, você anotou corretamente?[24]

Esse fato, pertencente à violência que antecedeu à ditadura, é apenas um dos muitos atos aterrorizantes que se acumulam na vida de Griselda.[25] *Par la forêt* narra, portanto, a história coletiva a partir

---

[23] Alcoba, 2023, p. 19.

[24] Alcoba, 2022, p. 81.

[25] "Mario Villani foi sequestrado em 1977, mas esteve perto de ser sequestrado antes, em 1974, quando era secretário acadêmico de Ciências Exatas da Universidade Nacional de La Plata (UNLP). Naqueles dias, Mario tinha uma

do drama familiar: exílio, loucura e morte moldam subjetividades até o ponto de ruptura.

UMA LITERATURA INTERROMPIDA

> – N*a verdade, não tenho terreno.*
> *Eu fiz do livro o meu lugar.*
> *E você sabe.*
> Edmond Jabès, *El libro de la hospitalidad.*[26]

A violência como dispositivo que *faz fazer*, que molda comportamentos e almas, estende seus efeitos muito além do que seus perpetradores planejaram. A literatura, produto do exílio, é um exemplo disso. Roberto Martínez explica:

> Os exílios provocados pela última ditadura militar argentina, suas experiências, inevitavelmente, atravessam diferentes aspectos e níveis do discurso sobre nossa história recente. Através de diferentes procedimentos linguísticos, estéticos, formais, os exílios produzem suas inscrições, deixam suas marcas sobre a superfície discursiva, fazem parte da totalidade das narrativas que buscam entender, compreender, como foi possível o terrorismo de Estado.[27]

---

reunião à qual não pôde comparecer, e em seu lugar foi seu colega Carlos Miguel, secretário técnico da UNLP, acompanhado por Rodolfo 'El Turco' Achem, chefe do Departamento Central de Planejamento da UNLP. Ambos foram assassinados em 8 de outubro de 1974 por um grupo paramilitar enquanto se dirigiam da sede da Associação de Trabalhadores da Universidade Nacional de La Plata (Atulp) para uma reunião com líderes da FUBA". Disponível em <https://www.argentina.gob.ar/noticias/fernando-reati-sobreviviente-del-horror-y-coautor-junto-mario-villani-del-libro>. Acesso em 24/7/2023.

26 "– En realidad, no tengo tierra. / He hecho, del libro, mi lugar. / Y tú lo sabes". Jabès, 2014, p. 56.

27 Martínez, 2012, p. 8.

A obra de Laura Alcoba, que recupera em sua diegese a história política argentina e latino-americana, está escrita em francês, publicada em Paris. É inevitável questionar de onde lemos sua obra, e essa questão não interessa apenas às discussões literárias, acadêmicas ou editoriais, é um questionamento que permeia as dimensões política, histórica, da memória de um povo, de direitos humanos, do patrimônio artístico e cultural de uma nação. Sabemos que há autores que, durante o exílio, continuaram escrevendo, mesmo em países de língua estrangeira, em seu idioma nativo, materno, como é o caso de Juan José Saer. No entanto, mesmo quando a mudança de idioma não ocorre, a tematização do exílio é evidente, como vemos em Tununa Mercado, Daniel Moyano ou Sylvia Molloy, apenas para citar alguns.

Entretanto, quando a mudança de idioma ocorre como um efeito direto da violência e do exílio, uma fenda se abre no local de origem, o que resulta em uma perda, um patrimônio negativo, uma dívida. Outra forma de clandestinidade. A ditadura cívico-militar, além de perseguir, de sequestrar, de prender e de assassinar escritores e pensadores, censurou, proibiu, destruiu livros e exibiu a queima pública deles.

O extermínio cultural também fez parte do plano de aniquilação, assim como fizeram outros totalitarismos na história. Os efeitos desse plano se estendem até os dias atuais: a obra de Laura Alcoba fica fora da órbita da literatura argentina, com tudo o que isso significa, por estar escrita em francês e publicada na França. Não somos, então, clandestinos de uma literatura que nos interpela porque fala de nossa história recente, porque descreve os lugares que conhecemos, porque as palavras *em argentino* piscam no meio da maré idiomática francesa? Os romances de Alcoba operam em ambos os sentidos da tradução: a passagem idiomática do francês para o espanhol permite uma ação reparadora no campo literário de destino, repõe as palavras onde houve silêncio, restitui o patrimônio da memória; a tradução simbólica da experiência vital para a experiência escrita constrói signos estéticos que tornam aquela experiência legível, visível.

Nesse sentido, o *corpus* proposto aqui – mas essa sugestão é capaz de abranger também toda a obra de Alcoba e daqueles autores que tiveram que se exilar e trocar de idioma – constrói uma poética da violência, não apenas porque ela está presente como tema na narrativa, mas porque, a partir dela, são ordenados os modos de tornar o mundo inteligível ou, como resume Rancière, cria-se uma estética da política:

> A política consiste em reconfigurar a distribuição do sensível que define o comum da comunidade, introduzir sujeitos e objetos novos, tornar visível o que não era e fazer com que aqueles que antes eram percebidos apenas como animais barulhentos sejam entendidos como falantes. Esse trabalho de criação de dissidências constitui uma estética da política.[28]

A violência do terrorismo de Estado na Argentina impactou e ainda incide nas formas de organizar os campos literários, criando uma escrita à deriva "localizada em um fora simbólico, produzida por um sujeito que saiu de uma língua, de uma cultura e de um lugar, mas que escreve inevitavelmente em uma língua, em uma cultura e em um lugar".[29] A literatura durante e após a ditadura, criada longe de seu país, fora de sua língua, adiada da história que a gerou, desvinculada das escritas contemporâneas, gera uma literatura interrompida. Corrigir esse intervalo, unir os fragmentos, criar maneiras de conectar essa literatura com o que foi deixado separado constitui, também, uma tarefa arqueológica para a memória e uma responsabilidade política.

---

28 Rancière, 2011, p. 35.

29 Ferreri, 2019, p. 92.

REFERÊNCIAS

AHMED, S. *La política cultural de las emociones*. Trad. Cecilia Olivares Mansuy. Ciudad de México, Universidad Autónoma de México, 2014.

ALCOBA, Laura. *Manèges*: petite histoire argentine. Paris, Gallimard, 2007.

____. *Le bleu des abeilles*. Paris, Folio, 2013.

____. *La danse de l'araignée*. Paris, Gallimard, 2017.

____. *Par la forêt*. Paris, Gallimard, 2022.

____. *Les rives de la mer douce*. Paris, Mercvre de France, 2023.

ARASSE, Daniel. *La guillotine et l'imaginaire de la Terreur*. Paris, Flammarion, 1987.

BORRADORI, Giovanna. *La filosofía en una época de terror: diálogos con Jürgen Habermas y Jacques Derrida*. Trad. Juan José Botero y Luis Eduardo Hoyos. Buenos Aires, Taurus, 2004.

CRISAFULLI, Lucas. "Ponerle el cascabel al gato o el desafío de controlar la violencia institucional". *In*: COPPOLA, Patricia & CRISAFULLI, Lucas. *Sistema penal y derechos humanos: interpelaciones al poder*. Buenos Aires, Editores del Sur, 2022.

DA SILVA CATELA, Ludmila. "El círculo del exilio". *Diario de la Memoria: publicación de la Comisión y Archivo Provincial de la Memoria*. Córdoba, año 5, n. 6, dic., 2012, p. 2. Disponível em <https://apm.gov.ar/?q=apm/exilios-destinos-experiencias-relatos>. Acesso em 28/6/2023.

DUHALDE, Eduardo Luis. "Estructuración de la faz clandestina del Estado". *Nombrar la dictadura*. Buenos Aires, Ministerio de Justicia y Derechos Humanos de la Nación, 2023.

FERRERI, Natalia. "Escrituras a la intemperie en la literatura de expresión francesa". *REVELL* – revista de estudos literários da UEMS, vol. 1, n. 21, 2019, pp. 87-113. Disponível em <https://periodicosonline.uems.br/index.php/REV/article/view/3521>. Acesso em 10/7/ 2023.

____. "Casas narrativas: al amparo de la literatura (sobre *Par la forêt* de Laura Alcoba)". *C'est-à-lire*, Mar del Plata, n. 10, 2022, pp. 3-6.

FOUCAULT, Michel. *Histoire de la sexualité*, vol. I: *La volonté de savoir*. Paris, Gallimard, 1976.

GIORGI, Gabriel. *Formas comunes: animalidad, cultura, biopolítica*. Buenos Aires, Eterna Cadencia, 2014.

JABÈS, Edmond. *El libro de la hospitalidad*. Trad. Sarah Martín López. Madrid, Mínima Trotta, 2014.

JEMIO, Ana Sofía. "Una revisión crítica del concepto 'Estado terrorista'". *Nombrar la dictadura*. Buenos Aires, Ministerio de Justicia y Derechos Humanos de la Nación, 2023.

LEMOINE, Simon. *Micro-violences: le régime du pouvoir au quotidien*. Paris, CNRS, 2017.

MARTÍNEZ, Roberto. "Interrupciones: los exilios en la lengua". *Diario de la Memoria:* publicación de la Comisión y Archivo Provincial de la Memoria, Córdoba, año 5, n. 6, dic. 2012, pp. 8-10. Disponível em <https://apm.gov.ar/?q=apm/exilios-destinos-experiencias-relatos>. Acesso em 3/7/2023.

RANCIÈRE, Jacques. *El malestar en la estética*. Trad. Miguel Angel Petrecca, Lucía Vogelfang y Marcelo G. Burello. Buenos Aires, Capital Intelectual, 2011.

SCHINDEL, Estela. *Frontera y violencia*: notas desde los bordes de Europa. Rosario, UNR Editora, 2021.

4
DA LITERATURA VIOLENTA: UMA PERSPECTIVA SOBRE AS NARRATIVAS LATINO-AMERICANAS CONTEMPORÂNEAS

Andre Rezende Benatti

UMA LITERATURA VIOLENTA?

Na contemporaneidade, percebemos uma visão única sobre as formas narrativas escritas por autores nascidos a partir dos anos 1960, herdeiros de uma tradição de peso em toda a América Latina. Esses escritores vêm desenvolvendo seus textos, especialmente nos últimos 20 anos, e têm, como antecedentes na literatura latino-americana, nomes que firmaram e desenvolveram narrativas com características próprias do subcontinente.

Também é certo que tais escritores constituíram um novo paradigma altamente heterogêneo e saudavelmente original durante todo o século XX, seja na abordagem de temáticas contemporâneas, seja no tratamento estético dado às narrativas. No século XX, os escritores latino-americanos, assim como diversos outros ao redor do mundo, "introduziram, na narrativa, a exploração psicológica, a reflexão filosófica e a estética, e inventaram novas técnicas, como o monólogo interior, a mescla entre vários segmentos temporais, as digressões ensaísticas e [...] a experimentação linguística".[1]

---

1 Perrone-Moisés, 2016, p. 85.

Pela própria extensão territorial da América Latina, assim como por sua diversidade, a crítica literária ainda não conseguiu filtrar por completo o fenômeno das narrativas contemporâneas, tampouco estabelecer uma estrutura operativa no interior de tal literatura. Assim, os grupos não se encontram totalmente definidos, e as características são muitas.

Josefina Ludmer, em *Aqui América Latina: uma especulação*, refletindo acerca do conceito de literatura pós-autônoma, afirma que, com a virada do século XX para o século XXI, houve uma grande mudança no que concebemos como literatura: "Muitos textos dos 2000 atravessaram a fronteira da literatura (os parâmetros que definem o que é literatura) e se colocam fora e dentro, como numa posição diaspórica; estão fora, mas presos a seu interior. É como se estivessem 'em êxodo'".[2] Esses textos seguem sendo vistos como literários, se definem como tal, têm o formato de livro, mantêm o nome do autor, sua catalogação os define como literatura. Apesar disso, seu conteúdo e sua estruturação transitam entre o que, antes, não chamávamos de literário e o que, agora, inevitavelmente, faz parte do sistema.

> Aparecem como literatura, mas não podem ser lidos com critérios ou categorias literárias, como autor, obra, estilo, escrita, texto e sentido. Não são lidos como literatura porque aplicam à literatura uma drástica operação de esvaziamento; o sentido (ou o autor, ou a escrita) fica sem densidade, sem paradoxo, sem indecidibilidade, [...] sendo totalmente ocupado pela ambivalência: são e não são literatura, são ficção e realidade.[3]

Quando nos colocamos diante desses textos contemporâneos, fica claro que os pontos de vista são inéditos e inovadores; os temas

---

2 Ludmer, 2013, p. 128.

3 *Idem, ibidem.*

tradicionais, como a família, o casamento, o corpo, a violência, a morte e a opressão, são relidos e reescritos sob outros entendimentos; as modalidades genéricas, sitiadas e reformuladas; o realismo, muitas vezes, contestado e/ou transfigurado por aberturas imprevistas, perspectivas inusitadas ou rupturas estratégicas. Ou, pelo contrário, a narração implica uma forma de auscultação – do entorno, da família, da violência, da opressão, do corpo e de suas anomalias – minuciosa, obsessiva, mais perto da crônica que da ficção, mas articulada como um gesto próprio a uma subjetividade ou a algumas subjetividades outra(s).

O surgimento de universos mais ou menos distópicos, claustrófobos, mágicos, ameaçadores, aterrorizantes ou fantásticos em um mundo que, muitas vezes, está prestes a acabar ou já se encontra totalmente devastado, onde o assédio, o abuso, a violência, o silêncio são os materiais com os quais se constroem armadilhas sociais e familiares, é, sem dúvida, uma das características marcantes desses textos, embora as variedades sejam múltiplas e o espectro tão amplo que é difícil privilegiar um aspecto sem negligenciar os outros.

> Esses textos diaspóricos não só atravessam a fronteira da "literatura", mas também da "ficção", permanecendo fora-e-dentro das duas fronteiras. Isso ocorre por que reformulam a categoria da realidade, daí não poderem ser lidas como mero realismo, em relações referencias ou de verossimilhança. Assumem a forma do testemunho, da autobiografia, da reportagem jornalística, da crônica, do diário pessoal e até mesmo da etnografia. [...] Saem da literatura e entram na "realidade" e no cotidiano, na realidade do cotidiano, sendo que o cotidiano é a TV e os meios, os blogs, o e-mail e a internet. Produzem presente com a realidade cotidiana e essa é uma de suas políticas. A realidade cotidiana não é a realidade histórica e referencial verossímil do pensamento realista, de sua história política e social (realidade separada da ficção), mas uma realidade produzida e construída pelos meios, pelas tecnologias e pela ciência. É uma realidade que não se quer representada, porque já é pura representação;

> uma urdidura de palavras e imagens de diferentes velocidades, graus e densidades, interiores-exteriores a um sujeito, que inclui o acontecimento, mas também o virtual, o potencial, o mágico e o fantasmático.[4]

Em todo caso, o fenômeno já alcançou grande dimensão dentro da literatura produzida no subcontinente latino-americano. Observamos, assim, escritores, como María Fernanda Ampuero, Samanta Schweblin, Joca Reiners Terron, Fernanda Melchor, Michel Laub, Itamar Vieira Júnior, que criam narrativas extremamente marcadas por violências e hostilidades, mas que não as espetacularizam. Todo o processo representacional das agressões em suas obras obedece a um princípio "reflexivo", talvez.

Dentro do texto literário, a representação da violência ganha, então, novos olhares pelos leitores, mais atentos a seu processo de construção.

> O reconhecimento do problema social da violência pode surgir de modo muito nítido em momentos posteriores a episódios de genocídios. Quando vemos, em um cinema ou pela televisão, ou pessoalmente, as ruínas e os cadáveres de um ato de extermínio assombroso, a violência pode dar lugar a uma forma de melancolia coletiva. A não aceitação da perda pode levar a uma rejeição da realidade imediata, e a uma relação tensa da sociedade consigo mesma. Em alguns escritores, encontramos construções que permitem observar os dois elementos. A configuração da violência como irrupção de agressividade, tensão, que constitui uma situação na qual o sentido é incerto, problemático, indeterminado. É a configuração da melancolia como fragilização, perda de referências.[5]

Aventamos a literatura latino-americana, congregando um espaço de revisitação das estruturas narrativas como um espaço no qual tal sociedade é permeada por uma violência visceral desde a sua criação e

---

4 *Idem*, p. 129.

5 Ginzburg, 2013, p. 27.

que, de tal forma, influi na construção estética dessas narrativas. Há uma violência sistemática ocorrendo na literatura produzida na América Latina ao longo de sua história e que perdura até a contemporaneidade.

Essa violência interfere de diversos modos na estruturação das histórias contadas. Pela heterogeneidade característica da América Latina, percebemos obras literárias que "parecem compartilhar um mesmo desconforto em face de qualquer definição específica".[6] Há um princípio violento que compõe o próprio território colonizado, que, desde sempre, é múltiplo. Esse mesmo princípio se revela, contemporaneamente, em obras que parecem "estar sempre fora de si, fora de um lugar ou de uma categoria próprios, únicos, fechados, prístinos ou contidos",[7] contudo é essa multiplicidade que permite que a literatura contemporânea possa assumir as mais diversas formalidades.

Para Jaime Ginzburg, em *Literatura, violência e melancolia*:[8]

> Assumir a perspectiva mimética em um campo que diz respeito à violência traz à tona um conjunto de pressuposições. Para que possamos viabilizar a chance de um reconhecimento da realidade, precisaríamos assumir as seguintes condições: a realidade deve ser previamente entendida; a obra literária deve ser também previamente entendida; as relações de analogia e os pontos de vínculo entre as duas materialidades concretas, realidade e literatura, devem ser devidamente estabelecidas.

Apesar de ponderarmos que a realidade representada em uma obra literária não é, e jamais será, a mesma realidade social que existe fora dela, visto que, se há um objetivo da literatura, esse objetivo não é representar o mundo empírico, o que há na obra literária é a construção de um novo mundo, capaz de pensar parcial e opacamente a realidade

---

6 Garramuño, 2014, p. 12.

7 *Idem, ibidem.*

8 Ginzburg, 2013, p. 49.

externa ao texto, porém seguindo seus próprios padrões e estruturas narrativas.

Nesse sentido, é compreensível que as antigas estruturas canonicamente estabelecidas e modelares dos próprios gêneros literários não mais consigam dar conta da representação de vida contemporânea. Vivemos, atualmente, uma realidade fragmentada, rápida, informativa, midiática; ela é o palco da inspiração para a construção literária, mas como analisamos esses textos com técnicas que já não os representam? Se o analista literário se importa com a realidade que desempenha algum papel na estrutura textual, lembrando Candido, em *Literatura e sociedade* (2000), para qual realidade nos voltaremos ao refletir sobre as narrativas romanescas latino-americanas, como essa literatura a internaliza e elege como estética narrativa a sociedade do século XXI?

> [...] o que interessa é averiguar que fatores atuam na organização interna, de maneira a construir uma estrutura peculiar. Tomando o fator social, procuraríamos determinar se ele fornece apenas matéria (ambiente, costumes, traços grupais, ideias), que serve de veículo para conduzir a corrente criadora (nos termos de Lukács, se apenas possibilita a realização do valor estético); ou se, além disso, é elemento que atua na constituição do que há de essencial na obra enquanto obra de arte (nos termos de Lukács, se é determinante do valor estético).[9]

Quando percebemos o fenômeno literário como algo próximo e/ou decorrente do real externo a ele, oscilando entre dependência e desafio à realidade, Ronaldo Lima Lins, em *Literatura e violência* (1990), nos demonstra que, ao compreender a natureza da literatura, devemos aceitar que o princípio dela, enquanto arte, é uma mudança em seu apreciador. Essa mudança somente acontece quando o apreciador compreende o texto a partir de seu próprio mundo. O texto em prosa,

---

[9] Candido, 2000, p. 6.

mimético por natureza, aproxima-se do leitor, que o compreende como verossímil, quando ele o é, a partir do mundo externo.

Quando nos valemos das apreciações relativas à forma com que o real é representado na literatura, fica claro, inevitavelmente, que o mundo sempre é anterior e muito diverso à obra de arte literária, mas, também, que somente o percebemos devido ao reconhecimento dos signos literários, dos elementos literários, dos referenciais externos à própria obra. Um dos efeitos que nos faz reconhecer os referentes dentro do texto literário é a *mimesis*, conceito que tem seu significado ligado à capacidade de o homem de "imitar".

O conceito da literatura como "imitação" foi largamente discutido pela crítica literária e teve seu aporte estético no pensamento de teóricos e críticos basilares para pensar a obra literária. Referências como Platão, Aristóteles, Auerbach, Barthes e Luiz Costa Lima discutiram o conceito mimético, levando o analista literário a conceituar de formas distintas o que é representado pela literatura.

Pensando dessa maneira, a obra de arte é algo posterior à realidade; é no intervalo entre o real e a teoria que a obra se posiciona. Podemos imaginar também que, na mesma obra, assim como Aristóteles coloca com seu conceito de *mimesis*, que será posteriormente revisto, revisitado, reestruturado por Auerbach, há uma "imitação", uma representação do real, uma "imitação" que não é uma imitação/cópia, mas sim uma criação. Logo, se faz possível que uma obra "retrate" a sociedade que lhe é contemporânea. Entretanto, o que podemos pensar quando tal contemporaneidade presente em determinadas obras se entrelaça com o cânone de um século passado?

Luiz Costa Lima, ao postular sua compreensão do que vem a ser o conceito de *mimesis*, o delineia a partir do lugar em que pensamos tal efeito no texto literário. Recuperando Platão, Costa Lima (2000) nos relembra do "perigo" posto, afirmado pelo filósofo em relação aos seus alunos, pois, ao expulsar os poetas da República, Platão nos assevera sobre sua capacidade de dissimular a realidade. Assim, se seus alunos seguissem as afirmações tal qual os poetas a construíram, eles não chegariam à representação da realidade. Platão, como afirma Costa Lima,[10] nega a capacidade de o texto poético ser considerado *mimesis* se for imitativo.

Contrariando Platão, Aristóteles nos propõe pensar que o objetivo do escritor de literatura é fazer com que seu público reaja às representações. Para que tais reações pudessem ocorrer, haveria de se pensar em uma construção textual literária que pudesse fazer com que o público chegasse ao sentimento catártico. A compreensão aristotélica de *mimesis* afirma "que é preciso aprender a viver sobre dupla via e não sobre a via única da verdade alcançada pelo pensamento".[11] Assim, para que as ideias filosóficas conseguissem ser absorvidas por determinado público, utilizando o texto poético, o escritor necessita coordenar a experiência do público assistente por meio da compreensão imaginativa que seria baseada no mundo empírico, referente para todos. A obra de arte literária mimética deveria ter "parâmetros que possibilitam seu reconhecimento e aceitação".[12]

Ao reconsiderar a noção de *mimesis*, Costa Lima, partindo do princípio kantiano de valor cognitivo, afirma que há uma necessidade da compreensão e de participação do público leitor na apreensão mimética, pois é nela que os juízos se fazem determinantes, "onde explicam o modo de atuar dos objetos a que visam".[13]

Dessa forma, nos valemos do conceito de Costa Lima para pensar a literatura contemporânea, especialmente o romance contemporâneo. Assim, é inevitável pensar na criação do que o crítico chamou de Sujeito Fraturado, que é a própria fonte, o centro e o que coordena ou comanda as representações de si próprio. O Sujeito Fraturado tem o objetivo de

---

[10] Lima, 2000, p. 31

[11] Idem, p. 32.

[12] *Idem, ibidem.*

[13] *Idem*, p. 14.

fazer com que não se descarte o sujeito "de uma consideração crítica, como hoje é ordinário fazer-se, em nome de fluxos, intensidade e sensações despertadas por cenas não 'representativas'".[14] Com isso, assinala-se a importância que a "posição do sujeito" assume em detrimento do sujeito como centro e sol, pois aquele se encontrará sempre variável e quase nunca harmônico com suas outras posições. Por ele ser fraturado, como afirma Costa Lima, não terá uma posição *a priori* que seja definida. Essa posição poderá ser assumida a partir do meio em que esse sujeito se encontra, ou seja, em se tratando do romance contemporâneo, na América Latina, o próprio fato de ele dialogar com a contemporaneidade.

Diante disso, tomamos como hipótese desta pesquisa, baseados nas premissas de Florência Garramuño (2014), que a literatura latino-americana contemporânea, especificamente o romance, está passando por uma profunda redefinição de seus próprios padrões. Tendo como modulares os textos de um passado recente da tradição literária moderna na América Latina, o romance contemporâneo explora os limites do gênero, recusando-se a permanecer como a forma canonizada dos grandes mestres latino-americanos do século XX.

O verbete dicionarizado da palavra "contemporâneo" gira, *grosso modo*, em torno de adjetivo que faz referência ao que é do mesmo tempo, que viveu na mesma época, por exemplo: uma literatura contemporânea seria uma literatura de nosso tempo, que é escrita na mesma época em que vivemos, temporalmente. Se observarmos a multiplicidade, a rapidez informacional e a fragmentação que nosso texto vive, podemos fazer um paralelo com as mesmas características que giram em torno da literatura.

Giorgio Agamben, em um de seus ensaios, "O que é contemporâneo?", afirma que a atenção ao não vivido é a vida do contemporâneo, ou seja, o presente está inteiramente marcado pelo passado; e que a

---

[14] *Idem*, p. 23.

"origem" não está situada em um passado somente cronológico, que entre o passado e o presente existe um compromisso secreto.

Encontram-se dentro dessas características do contemporâneo as literaturas produzidas na América Latina no século XXI. Elas versam, em sua grande maioria, sobre sujeito atormentado por seus demônios, condição exclusiva dos seres humanos, oriundos de uma realidade social bastante perturbadora e, como afirma Beatriz Resende[15] sobre a literatura brasileira, mas que pode ser aplicado à literatura latino-americana como um todo, "em praticamente todos os textos de todos os autores que estão surgindo releva-se, ao lado da experimentação inovadora, a escrita cuidadosa, o conhecimento de muitas possibilidades de nossa sintaxe e uma erudição inesperada, mesmo nos autores muito jovens deste início de século". Percebemos, nesses escritores, que a base crítica e de estilo literário, se podemos dizer assim, foi muito bem assentada por autores canônicos do *boom* literário latino-americano, mas que, hoje, buscam novas formas de tomarem para si o protagonismo da literatura. Talvez, a forma seja a própria "deformidade" dos modelos.

Em *Frutos estranhos*, a principal contribuição de Garramuño para pensar a estética contemporânea, e aqui podemos expandir e delimitar esse pensamento para o gênero romanesco, seja o esboço de uma nova categoria descritiva, a da "inespecificidade", a qual, inclusive, integra o subtítulo do ensaio da crítica.

Como demonstrar, para usar a expressão de Barthes em *Aula* (2013), o real de um sujeito fragmentado latino-americano que não através da própria forma fragmentada do texto? Adorno afirma que "as modificações históricas da forma acabam se convertendo em suscetibilidade peculiar dos autores, e o alcance de sua atuação como instrumentos capazes de registrar o que é reivindicado ou repelido é um componente essencial para a determinação de seu nível artístico".[16]

---

15 Resende, 2008, p. 17.

16 Adorno, 2003, p. 58.

O estranhamento da forma em si, nas narrativas contemporâneas, nos causa incômodo e, por várias vezes, o leitor precisa identificar sozinho o que está acontecendo, como em um roteiro cinematográfico no qual a cena fica por conta da imaginação, em casos específicos, da própria filmagem e principalmente da câmera; que Anatol Rosenfeld afirma ter como "uma função nitidamente narrativa. [...] Focaliza, comenta, recorta, aproxima, expõe, descreve".[17]

Buscamos, então, contemporâneo como "presença" na construção (estruturação) da narrativa. Afirmar a forma "diferente" do mundo que vivemos, hoje, necessita de uma revisitação das estruturas que compõem a narrativa. Leyla Perrone-Moisés, em *Mutações na literatura do século XXI*, afirma que, "atualmente, não interessa mais comparar o romance com a epopeia, mas interessa saber a quantas anda o romance no século XXI, em comparação ao romance de dois séculos anteriores",[18] podemos completar, quando o gênero se estabelece e seus grandes cânones são criados. Talvez possamos nos aventurar em postular algo semelhante à narrativa contística também. Porém, como forma, as narrativas da América Latina contemporânea carregam, ainda, as marcas de seu próprio povo, de suas opressões e sua fragmentação.

Ainda de acordo com Perrone-Moisés:

> O romance foi muitas vezes declarado morto, mas o que vemos, na atualidade, é que ele sobreviveu a todas as transformações sociais e artísticas do século XX. O romance sobreviveu por ser um gênero plástico e onívoro, capaz de incluir outros gêneros, da narrativa de aventuras ao ensaio filosófico, do diário íntimo ao relato histórico, das representações realistas do mundo em que vivemos à invenção fantástica de outros mundos, do testemunho político à reportagem jornalística, capaz enfim de absorver todo tipo de estilo, prosaico ou poético, e de

[17] Rosenfeld, 2002, p. 31.

[18] Perrone-Moisés, 2016, p. 89.

> continuar revelando aspectos da realidade que escapam à hiperinformação das mídias.[19]

Assim, podemos conjecturar, por enquanto, que a narrativa, na contemporaneidade, se reestrutura, se refaz e possibilita pensar em novas formas de abordagens de temas que são recorrentes dentro da história da literatura.

AS NARRATIVAS VIOLENTAS DE MARÍA FERNANDA AMPUERO

Ariano Suassuna, destacado escritor e dramaturgo brasileiro, em *Iniciação à estética* (2012), apresenta um conceito de estética que está intrinsecamente relacionado à arte e à cultura popular, mas cujos axiomas têm alcance universal. De acordo com Suassuna, a estética deve ser compreendida como a busca pela beleza, harmonia e expressão nas diferentes formas de arte. Ele defende uma estética que valoriza as tradições populares e regionais, resgatando e celebrando a cultura, mas sem negligenciar a influência e a importância das tradições comunitárias.

Suassuna enfatiza a importância da consideração estética na expressão artística, rejeitando a mera imitação ou reprodução mecânica de padrões estéticos. Para ele, a verdadeira estética está enraizada na originalidade e na criatividade, no poder de surpreender e de emocionar o leitor/espectador. Além disso, visa a uma dimensão ética da estética, afirmando que a arte deve ter um propósito moral e social, e argumenta que a verdadeira beleza não é superficial, mas está ligada a uma mensagem profunda e significativa. O autor acredita que a arte deve ser engajada, capaz de despertar consciência e transformação na

---

19 *Idem*, p. 112.

sociedade. E acrescenta que a estética também é marcada pela presença do grotesco e do cômico. Ele valoriza a capacidade da arte de mesclar o sublime e o ridículo, o sagrado e o profano, criando um efeito estético impactante e envolvente.

A partir dos princípios propostos por Suassuna, nós nos questionamos, então, como a arte literária contemporânea expressa na América Latina lida com questões relativas à sua própria época. Para críticos como Karl Erik Schollhammer (2009), Jaime Ginzburg (2012), Sergio Rojas (2017) e Gustavo Lespada (2015), a violência é uma constante nas representações literárias da América Latina. Contudo, nos perguntamos, como se realizam os processos estéticos da literatura que representa a violência? Podemos pensar em uma literatura da violência? Partindo dessas e de outras inquietações e relembrando as assertivas de Suassuna sobre o conceito de estética, nós nos voltamos para o pensamento sobre uma estética da violência nas literaturas contemporâneas da América Latina.

A estética da violência é um conceito que se refere à maneira como a violência é representada em diferentes formas de expressão artística, como a literatura, o cinema, a pintura, a música, entre outras. É uma abordagem estética que busca explorar as características estilísticas, testemunhais e emocionais da violência, desafiando, muitas vezes, as convenções e as expectativas do público.

Na estética da violência, a representação da violência pode assumir diferentes formas e intenções. Pode ser utilizada como uma forma de denúncia e crítica social, revelando as injustiças e as desigualdades presentes na sociedade. Por meio de imagens e narrativas chocantes, a estética da violência busca provocar uma reação no espectador ou leitor, levando-o a refletir sobre os problemas subjacentes e as consequências da violência. Além disso, a estética da violência pode ser explorada como uma forma de expressão artística e estilística. Algumas obras, muitas vezes, usam a violência como um elemento estético, buscando criar impacto emocional, sensações intensas ou atmosferas perturbadoras. Nesse sentido, a violência pode ser representada de forma estilizada, poética ou surrealista, desvinculando-se da realidade imediata e adquirindo uma dimensão artística.

No entanto, a estética da violência também suscita debates e questionamentos éticos. A representação gráfica ou gratuita da violência pode ser interpretada como uma forma de exploração ou de espetacularização do sofrimento humano. É necessário um equilíbrio delicado entre a necessidade de abordar questões difíceis e a responsabilidade ética de evitar a banalização ou a glorificação da violência, e a literatura contemporânea se firma, cada vez mais, como um meio pelo qual podemos, com maior afinco, refletir sobre essas questões.

Para que possamos observar como tais concepções de violência como estética textual estão sendo dispostas na literatura, convém considerarmos o caráter mimético e violento presente nas literaturas latino-americanas contemporâneas e, sobretudo, como elas representam o cotidiano para além da ficção, estabelecermos uma conexão com o realismo literário. Em *Dicionário de termos literários*, Massaud Moisés define como "toda tendência estética centrada no 'real', entendido como a soma dos objetos e seres que compõe o mundo concreto e social".[20]

Em textos como os da contista equatoriana María Fernanda Ampuero, na coletânea *Pelea de gallos*, publicada em 2018, em que a autora se apropria do real ao explorar e descrever a perversidade das relações humanas que ocorrem, especificamente, em obscuros ambientes familiares: "Isso mesmo, não é? Você vê pessoas e não sabe o que aconteceu atrás da porta da sua casa".[21]

No ensaio "Realismo: a persistência de um mundo hostil", Tânia Pellegrini observa que "o realismo tem sido usado para definir qualquer

---

20 Moisés, 2004, p. 378.

21 "*Así es, ¿no? Uno ve gente y no sabe lo que ha pasado detrás de la puerta de su casa*". Ampuero, 2018, p. 60.

representação artística que se disponha a reproduzir o mundo concreto e suas configurações".[22] A autora esclarece que esse movimento "cresceu e se ramificou, fazendo da objetividade da experiência do indivíduo, de sua vida articulada e contínua e de sua luta contra um 'mundo hostil' o tema preferencial".[23] Sob a ótica da hostilidade, Ampuero adentra o íntimo dos espaços domésticos, onde as famílias não representam a instituição tradicionalmente sagrada, incumbida de zelar e cuidar. Sem embargo, tornam-se os responsáveis por traumatizar e abusar, por violar as mulheres e subtrair a infância de crianças. Ressalta-se que, em todos os 13 contos da obra, a figura masculina, ora representada como um familiar: irmão, pai, marido, primo ou tio; ora apenas como um (des) conhecido vizinho ou patrão, é sempre o causador das brutalidades, abandonos e agressões que culminam nos horrores de cada narrativa.

Nesse contexto, precisamos pensar os conceitos de violência e suas diversas representações, visando compreender também a forma como as relações de gênero, de poder e de dominação social se estabelecem na não ficção e como estão configuradas nas narrativas contemporâneas produzidas na América Latina.

De acordo com Jacques Leenhardt,[24] o que uns denominam de "manutenção da ordem", outros veem como uma manifestação legítima da violência. O que publicitários chamam de "livre informação do público", outros denunciam como manipulação violenta dos cidadãos transformados em consumidores alienados.

Logo, "violência" nunca compreende a comparação de duas experiências, no entanto o significante sobrenada em toda ação social. Embora pareça, a nós, um absurdo, somente no meio social totalitário, o ser humano não conhece a noção de violência, pois ele só reconhece a posição de quem ocupa o poder. Tomamos, aqui,

22 Pellegrini, 2009, p. 13.

23 *Idem, ibidem.*

24 Leenhardt, 1990, p. 13.

as concepções de Hannah Arendt, em *Sobre a violência* (2011), nas quais a filósofa distingue violência de poder, visto que é na ausência dele que a violência se faz. Como pode ser percebido por meio da história, os regimes totalitários são regidos pelo poder extremo de seus governantes, logo os dominados, submersos no regime, não conseguem ter a noção da violência. Sendo assim, o que nós, cidadãos de "mundos" teoricamente divididos e conscientes, chamamos de violências, os habitantes dos mundos totalitários conferem nomes que marcam a estranheza, a ruptura das regras de suas sociedades. Portanto, como nos afirma Leenhardt (1990), quem não partilha das normas do poder e o manifesta torna-se herético, terrorista, parasita etc.

Já para Xavier Crettiez em *Las formas de la violencia*,[25] a violência é vista como produto "de um contexto e de uma luta de poder".[26] Ademais, o autor pensa a crueldade como uma das características da violência. Inicialmente, em *A violência*, Yves Michaud define que os estados e atos de violência ocorrem

> [...] quando numa situação de interação, um ou vários atores agem de maneira direta ou indireta, maciça ou esparsa, causando danos a uma ou várias pessoas em graus variáveis, seja em sua integridade física, seja em sua integridade moral, em suas posses, ou em suas participações simbólicas e culturais.[27]

No entanto, sendo a violência, de acordo com Crettiez (2009), relativa, convém pensarmos acerca de duas de suas principais faces expostas nas narrativas produzidas na América Latina do século XXI: a violência contra o feminino, relacionada à repulsa e à ojeriza; e a crueldade, que diz respeito à perversidade. A primeira se apropria

---

[25] Crettiez, 2009, p. 12.

[26] "*de un contexto y de una lucha de poder*".

[27] Michaud, 1989, p. 11.

de um conceito próximo ao de monstruosidade para causar aversão em seus violadores, no intuito de sobreviver e na tentativa de escapar de possíveis ataques, como no conto "Subasta", de María Fernanda Ampuero, "[...] esvazio meu ventre. Como posso, fixo uma perna na outra, assumo a posição de uma boneca desmembrada. Grito como uma louca. Agito a cabeça, murmuro obscenidades",[28] em que percebemos como a vítima da violência se autotransforma em um monstro para que toda sua feminilidade seja rejeitada por seus sequestradores e ela possa se salvar, talvez.

"Subasta" ("Leilão", em português), conto que compõe a coletânea *Pelea de galos* (2018), é uma narrativa intensa e provocativa que aborda a violência de gênero e a exploração humana de maneira visceral. Publicado pela primeira vez em 2015, o conto faz parte da coletânea *Pele de lobo* e se destaca pela sua crítica social contundente e pelo estilo narrativo envolvente.

"Subasta" apresenta um enredo que se desenvolve em torno de um leilão de mulheres, realizado em um ambiente opressivo e sinistro. A protagonista, uma mulher jovem e sem nome, está guardando esse evento degradante, onde o corpo e a mulher atraída são reduzidos a mercadoria para compradas e vendidas. Através do olhar desse personagem, somos confrontados com a crueldade humana e a realidade perversa na qual muitas mulheres são subjugadas.

> – Muito bem, senhores e senhoras, a subasta desta noite está oficialmente aberta. Lindos e bem-comportados, é assim que vocês vão ficar aqui. Mais para cá, minha rainha. Isso mesmo. Sem medo, querida, eu não mordo. Assim que eu gosto. Para que esses cavalheiros possam escolher qual de vocês vão levar. As regras, cavalheiros, são as de sempre: quem oferecer mais dinheiro leva a melhor peça. As armas vocês deixam aqui

---

28 "[...] *vacío mi vientre. Como puedo, froto una pierna contra la otra, adopto la posición de una muñeca destripada. Grito como una loca. Agito la cabeza, mascullo obscenidades*". Ampuero, 2018, p. 10.

comigo enquanto durar a subasta, eu as guardo. Obrigado. Encantado, como sempre, em recebê-los.[29]

A escrita de María Fernanda Ampuero é impactante e evoca uma sensação de desconforto no leitor, que é levado a confrontar a violência e a desumanização presentes na sociedade. Toda a apresentação das personagens feitas dentro do leilão é brutal, objetifica homens e principalmente mulheres. A autora utiliza uma linguagem direta e crua, sem rodeios, transmitindo a urgência e a brutalidade do tema facilmente, não há rodeios ou meias-palavras quando o assunto é apresentar a "mercadoria" a ser vendida nesse leilão, ela é, inclusive, "testada" diante de todos. "A violência se torna extrema quando ocorre sem limites, quando a destruição física e moral do ser humano se naturaliza como um regime de normalidade".[30] Através de dependência e de imagens vívidas, percebemos a desesperança e a impotência da protagonista diante da sua condição.

Um aspecto notável do conto é a forma como a autora explora a violência de gênero e a objetificação das mulheres. A protagonista é reduzida a um objeto, sua identidade e autonomia são apagadas, e sua única intenção é receber os desejos dos compradores. Essa representação metafórica da violência de gênero ressalta a submissão e a exploração a que muitas mulheres são mantidas na realidade, denunciando a desigualdade e a opressão sistêmica.

---

29 *"– Bueno, señores, señoras, queda abierta la subasta de esta noche. Bien bonitos, bien portaditos, se me van a poner aquí. Más acá, mi reina. Eeeso. Sin miedo, mami, que no muerdo. Así me gusta. Para que estos caballeros elijan a cuál de ustedes se van a llevar. Las reglas, caballeros, las de siempre: más plata se lleva la mejor prenda. Las armas me las dejan por aquí mientras dure la subasta, yo se las guardo. Gracias. Encantado, como siempre, de recibirlos". Idem*, p. 9.

30 *"La violencia deviene extrema cuando acontece sin límites, cuando la destrucción física y moral del ser humano se naturaliza como régimen de normalidad"*. Rojas, 2017, p. 7.

> Nancy, uma garota que fala com uma voz fraca, o gordo a toca. Eu sei porque ele diz olhem que peitos, que gostosos, que empinadinhos, que biquinhos e ele sorve a saliva e essas coisas não se dizem sem tocar e, além disso, o que o impede de tocar, quem. Nancy soa jovem. Na casa dos vinte. Poderia ser enfermeira ou educadora. O gordo despe a Nancy. Ouvimos ele abrindo o cinto e os botões e rasgando as roupas íntimas dela, embora ela diga por favor tantas vezes e com tanto medo que todos molhamos nossos panos imundos com lágrimas. Olhem essa bundinha. Ai, que coisa fofa. O gordo sorve a Nancy, o ânus de Nancy. Ouvem-se lambidas. Os homens provocam, rugem, aplaudem. Depois o embate da carne contra a carne. E os uivos. Os uivos. – Cavalheiros, isso não é por vício. É controle de qualidade. Dou a ela um dez. Eles a limpam bem bonitinho e nossa amiguinha Nancy é uma delícia. Ela deve ser bonita porque oferecem, imediatamente, dois mil, três, três e quinhentos. Vendem a Nancy por três e quinhentos. O sexo é mais barato que a prata. – E o sortudo que leva essa bundinha gostosa é o cavalheiro do anel de ouro e do crucifixo.[31]

Além disso, "Subasta" também aborda questões mais amplas, como a desigualdade social e econômica, uma vez que as mulheres leiloadas são majoritariamente provenientes de comunidades marginalizadas e

---

31 *"A Nancy, una chica que habla con un hilito de voz, el gordo la toca. Lo sé porque dice miren qué tetas, qué ricas, qué paraditas, qué pezoncitos y se sorbe la baba y esas cosas no se dicen sin tocar y, además, qué le impide tocar, quién. Nancy suena joven. Veintipocos. Podría ser enfermera o educadora. A Nancy el gordo la desnuda. Escuchamos que abre su cinturón y que abre los botones y que le arranca la ropa interior, aunque ella dice por favor tantas veces y con tanto miedo que todos mojamos nuestros trapos inmundos con lágrimas. Miren este culito. Ay, qué cosita. El gordo sorbe a Nancy, el ano de Nancy. Se escuchan lengüeteos. Los hombres azuzan, rugen, aplauden. Luego el embestir de carne contra carne. Y los aullidos. Los aullidos. – Caballeros, esto no es por vicio. Es control de calidad. Le doy un diez. Ahí la limpian bien bonito y una delicia nuestra amiguita Nancy. Debe ser hermosa porque ofrecen, de inmediato, dos mil, tres, tres quinientos. Venden a Nancy en tres quinientos. El sexo es más barato que la plata. – Y el afortunado que se lleva este culito rico es el caballero del anillo de oro y el crucifijo.* Ampuero, 2018, pp. 9-10.

independentes. Através dessa lente, o conto aponta para as estruturas sociais que perpetuam a exploração e a violência contra as mulheres. Ao analisar "Subasta", é impossível ignorar a conversão e a importância dessa obra para a literatura latino-americana contemporânea. María Fernanda Ampuero confronta o leitor com a cruz da violência de gênero e da desigualdade, desafiando-nos a refletir sobre essas questões urgentes em nossa sociedade. O conto é um chamado à ação, uma convocação para a conscientização e para a transformação social.

No conto, a narradora desempenha um papel fundamental na construção da atmosfera opressiva e perturbadora da história. O ponto de vista adotado pela autora, que, talvez, poderíamos encarar como o narrador-testemunha pela classificação de Norman Friedman, apesar do protagonismo que assume, contribui para a intensidade da narrativa, permitindo que o leitor mergulhe na perspectiva do protagonista e testemunhe sua experiência angustiante do sequestro que a fez reviver a infância traumática e que, de alguma forma, a salva.

O conto é narrado em primeira pessoa, com a voz do personagem principal, uma mulher jovem e sem nome que se encontra na situação de ser leiloada. A escolha do narrador em primeira pessoa é eficaz, pois aproxima o leitor das emoções, dos pensamentos e da angústia do protagonista. Ao acompanharmos os eventos através dos olhos do personagem, somos capazes de sentir a sua vulnerabilidade, a sua dor e a sua revolta. Além disso, o uso da primeira pessoa reforça a crueza da história. O protagonista não se esconde por trás de uma narrativa distanciada ou objetiva, mas relata diretamente os eventos e suas emoções. A linguagem direta e contundente transmite a urgência e a brutalidade da situação vivida pela protagonista, intensificando o impacto emocional no leitor.

Outro aspecto notável do narrador em "Subasta" é a ausência de informações relacionadas ao contexto externo. A autora não explora as circunstâncias que levaram a protagonista a estar nessa situação, nem oferece uma descrição abrangente do cenário em que ocorre o leilão. Tudo é uma suposição, já que a narradora está com os olhos vendados: "Em algum lugar há galos. Aqui, de joelhos, com a cabeça baixa e coberta por um trapo imundo, eu me concentro em ouvir os galos, quantos são, se estão em gaiolas ou em um cercado".[32] Essa falta de informação contribui para aumentar a sensação de claustrofobia e de desorientação do leitor, refletindo o próprio estado emocional da protagonista.

A narradora em primeira pessoa desempenha um papel crucial no conto "Subasta". Através dessa escolha narrativa, María Fernanda Ampuero cria uma conexão emocional entre o leitor e o protagonista, permitindo uma imersão profunda na história. A voz direta e contundente do narrador intensifica o impacto da narrativa e desperta uma reflexão sobre as temáticas abordadas, como a violência de gênero e a exploração humana.

Por sua vez, o segundo se apresenta como um reflexo da dominação sobre o outro, com o mero objetivo de maltratar e utilizar a violência em prol de seus prazeres e crenças, como vemos no conto "Luto", da mesma autora, María Fernanda Ampuero: "Nessa noite, ele a amarrou a um bebedouro e, sob as preciosas estrelas, desferiu chutes em seu rosto".[33] Dessa forma, percebemos a violência na narrativa não somente como uma metáfora para a maldade humana, mas, sim, como uma representação da realidade composta de violências e brutalidades, "[...] um monstro redime aqueles que não se sentem como tal, um monstro é o 'outro', o monstro é o sintoma da sociedade".[34]

---

[32] *"En algún lado hay gallos. Aquí, de rodillas, con la cabeza gacha y cubierta con un trapo inmundo, me concentro en escuchar a los gallos, cuántos son, si están en jaula o en corral". Idem*, p. 6.

[33] *"Esa noche la ató a un abrevadero y bajo las estrellas preciosas le partió la cara a patadas". Idem*, p. 49.

[34] *"un monstruo redime a los que no sienten que lo son, un monstruo es el 'otro', el monstruo es el síntoma de la sociedad"*. Ampuero, 2021.

Em "Luto", a história é centrada em duas irmãs, Marta e Maria, que vivem em um ambiente opressivo e abusivo, dominado por seu irmão, um homem violento e cruel. O conto explora a dinâmica complicada entre os membros da família e como a figura do irmão é a fonte de dor e de sofrimento para as duas mulheres.

O conto começa com a cena em que Marta e Maria comem e bebem juntas, apesar de terem lutado pela morte do irmão. Essa cena inicial já estabelece o contraste entre a vida cotidiana das irmãs e o luto pela morte do irmão. É uma reflexão sutil sobre como a sociedade pode ignorar ou minimizar o sofrimento real de uma mulher que foi vítima de abuso.

> Então Maria, cheia de vinho, frango e liberdade noturna, tirou o vestido e fechou os olhos, estendendo os braços para que sua irmã a visse inteira, nua, em cruz. Para que visse o que as pessoas são capazes de fazer quando nada as detém. Para que entendesse nos cortes na pele que diante da indefesa sempre triunfa a crueldade. Alguém havia escrito com um objeto pontiagudo a palavra "vadia" em seu estômago, alguém havia pisoteado sua mão direita até transformá-la em um retalho, alguém havia mordido seus mamilos até arrancá-los, pendurando-os em um pedaço de pele de seus seios redondos, alguém havia introduzido ferramentas agrícolas por seu ânus, deixando-a com uma hemorragia contínua, alguém havia provocado um aborto a chutes, alguém, ninguém, fez nada enquanto ela estava inconsciente e os ratos, com seus dentinhos diligentes, começaram a comê-la pelas bochechas, pelo nariz, alguém, provavelmente seu irmão, deixou suas costas como o vime de tantos açoites. Tchas, tchas, tchas. E infecções, úlceras, decomposição, sangue, fraturas, anemias, doenças venéreas, pústulas, dor. Marta ajoelhou-se diante de sua irmã.[35]

---

[35] *"Entonces María, llena de vino y de pollo y de noche libérrima, se quitó el vestido y cerró los ojos y se abrió de brazos para que su hermana la viera entera, desnuda, en cruz. Para que viera lo que es capaz de hacer la gente cuando nada la detiene. Para que entendiera en los tajos en la piel que ante la indefensión triunfa siempre*

O sofrimento que Maria passou com o irmão, agora morto, era desconhecido de todos, até mesmo de Marta. A narrativa utiliza imagens fortes para representar a violência e o abuso que Maria sofreu nas mãos de seu irmão e de outros homens do vilarejo. As cenas de violência são gráficas e chocantes, mas são essenciais para transmitir o sofrimento e a desumanização que Maria enfrenta. O impacto que a narrativa causa no leitor vai além da exposição meramente apelativa do corpo em sofrimento. Pela construção da narrativa, nos aproximamos da personagem e nos encontramos em total diálogo com ela, refletindo sobre as causas e consequências de seu sofrimento.

A personagem de Marta parece ser ambivalente em relação ao irmão, sentindo ódio e desejo de vingança, mas também uma sensação de obrigação de cuidar dele quando está doente. Sua verdadeira lealdade, no entanto, é para com sua irmã María, e ela demonstra seu amor e proteção por ela de maneiras sutis, apesar de suas restrições.

Em uma narrativa que se configura múltipla, o conto também destaca o papel do poder e da religião na opressão das mulheres. O irmão é representado como um homem que se esconde atrás de sua suposta piedade religiosa para justificar suas ações violentas. Além disso, o amigo "santo" do irmão também é cúmplice em sua crueldade, demonstrando como até mesmo as figuras religiosas podem abusar de seu poder.

---

la crueldad. Alguien había escrito con un objeto punzante la palabra zorra en su estómago, alguien había pisoteado su mano derecha hasta convertirla en un colgajo, alguien había mordido sus pezones hasta dejarlos arrancados, guindando de un trocito de piel de sus pechos redondos, alguien le introdujo aperos del campo por el ano dejándole una hemorragia perenne, alguien le produjo un aborto a patadas, alguien, nadie, hizo nada durante esos días que quedó inconsciente y las ratas, con sus dientecitos empeñosos, comenzaron a comérsela por las mejillas, por la nariz, alguien, seguramente su hermano, le dejó la espalda como el mimbre de tantos latigazos. Tchas, tchas, tchas. E infecciones, llagas, podredumbre, sangre, fracturas, anemias, males venéreos, pústulas, dolor. Marta se arrodilló ante su hermana". Ampuero, 2018, p. 48.

> Maria estava certa de que seu irmão havia morrido no pecado, mas quem acreditaria nisso? Ela era quem carregava esse fardo, não seu irmão, sim, claro, seu irmão perfeito: limpo como as águas do céu.[36] Agora estavam as duas sozinhas. Marta havia se mudado para o quarto do irmão, e o seu, requintado, havia ficado para Maria. Agora era hora de limpá-lo, adorá-lo, glorificá-lo. Lá, naquele estábulo, eles a haviam violado, a ela, que era virgem, todos os escravos, até mesmo aqueles que até a semana anterior a chamavam de menina Maria. Por ali passavam os homens, jovens e velhos. Ali, sobre ela, nascia e morria a sexualidade da vila. Ali, ele a havia maltratado e penetrado pelo ânus e pela vagina, e a torturado, ele, que se fazia chamar de puro, que se fazia chamar de homem de Deus, que era amigo querido daquele, o mais santo dos santos, aquele que, quando vinha à casa, provocava uma atividade frenética, e a quem Maria lavava os pés poeirentos e calosos com perfumes exóticos, divinos, seus.[37]

Ao longo do conto, há uma sensação de desespero e impotência. Maria é forçada a apoiar o abuso e a violência sem qualquer esperança de ajuda ou justiça. A atmosfera opressiva permeia a história e cria uma sensação de angústia.

"Luto" é uma narrativa profunda e comovente que explora a violência, o abuso e a opressão que muitas mulheres enfrentam na sociedade patriarcal. O conto oferece uma reflexão sobre a força e a

---

36 *"María estaba segura de que su hermano había muerto de pecado, pero ¿quién lo creería? Ella era la que arrastraba esa carga, no su hermano, sí, claro, su perfecto hermano: limpio como las aguas del cielo"*. *Idem*, p. 49.

37 *"Ahora estaban las dos solas. Marta se había pasado a la habitación del hermano y la suya, exquisita, había quedado para María. Ahora era tiempo de imarla, de adorarla, de glorificarla. Allá en ese establo la habían violado, a ella, que era virgen, todos los esclavos, incluso los que hasta la semana anterior le decían niña María. Por ahí desfilaban los hombres, jóvenes y ancianos. Allí, sobre ella, nacía y moría la sexualidad del pueblo. Allí la había maltratado y penetrado por el ano y la vagina y torturado él, que se hacía llamar puro, que se hacía llamar hombre de dios, que era querido amigo de aquel, el más santo de los santos, ese que cuando venía a casa levantaba una actividad torrencial y al que María lavaba los pies polvorientos y callosos con perfumes exóticos, divinos, suyos"*. *Idem*, p. 50.

resistência das mulheres, bem como sobre a necessidade de quebrar os ciclos de violência e abuso para alcançar a verdadeira liberdade e justiça.

A estética da violência nas literaturas contemporâneas da América Latina é um tema complexo e desafiador que representa as múltiplas facetas da violência na sociedade. As narrativas violentas, como as alcançadas nas obras de María Fernanda Ampuero (2018), trazem à tona questões essenciais sobre desigualdade, dominação, abuso e luta das mulheres contra a opressão. Essas obras literárias confrontam o leitor com a realidade brutal de vidas marcadas pela violência, refletindo a crueldade e a hostilidade presentes nas sociedades desiguais. Ao adotar uma estética da violência, os escritores têm a intenção de chocar o público e provocar uma reação reflexiva, buscando conscientizar sobre as injustiças e promover a transformação social.

Nesse contexto, a estética da violência também levanta questões éticas sobre como representar a violência sem cair na exploração ou espetacularização do sofrimento humano. A arte deve equilibrar o propósito de expor as realidades violentas com a responsabilidade de não banalizar ou glorificar tais situações. Os contos "Subasta" e "Luto" exemplificam como a literatura contemporânea da América Latina aborda a violência de gênero, a opressão e a desumanização. Por meio de uma escrita impactante e direta, a autora mergulhou o leitor na perspectiva das personagens, despertando empatia e conscientização sobre as dores e lutas dessas mulheres.

Ao considerar a estética da violência nas literaturas latino-americanas contemporâneas, é essencial compreender a importância da arte como meio de expressão e denúncia social. Essas obras literárias oferecem um espaço de reflexão sobre questões sociais urgentes, convidando-nos a repensar nossas visões e atitudes em relação à violência e à desigualdade.

A estética da violência nas narrativas de María Fernanda Ampuero e em outras obras latino-americanas desafia o leitor a confrontar a realidade crua e perturbadora, incentivando uma análise mais profunda e engajamentos na busca por uma sociedade mais justa e igualitária. Essas narrativas nos lembram que a arte tem o poder de inspirar mudanças e despertar a consciência, tornando-se uma ferramenta essencial para abordar e enfrentar questões tão relevantes em nossa sociedade atual.

REFERÊNCIAS

ADORNO, Theodor W. "Posição do narrador no romance contemporâneo". *Notas de literatura I*. Trad. Jorge de Almeida. São Paulo, Duas Cidades/ Ed. 34, 2003.

AGAMBEN, Giorgio. *O que é o contemporâneo? e outros ensaios*. Trad. Vinícius Nicastro Honesko. Chapecó, Argos, 2009.

AMPUERO, María Fernanda. *Pelea de gallos*. Madrid, Páginas de Espuma, 2018.

____. María Fernanda Ampuero: "El monstruo es el síntoma de la sociedad". Entrevista de Dolores Pruneda Paz. *Télam Digital*, 9/4/2021.

ARENDT, Hannah. *Sobre a violência*. Trad. André Duarte. Rio de Janeiro, Civilização Brasileira, 2011.

BARTHES, Roland. *Aula*. Trad. Leyla Perrone-Moisés. São Paulo, Cultrix, 2013.

CANDIDO, Antonio. *Literatura e sociedade*. São Paulo, T. A. Queiroz, 2000.

CRETTIEZ, Xavier. *Las formas de la violencia*. Buenos Aires, Waldhunter Editores, 2009.

GARRAMUÑO, Florencia. *Frutos estranhos*: sobre a inespecificidade na estética contemporânea. Trad. Carlos Nougué. Rio de Janeiro, Rocco, 2014.

GINZBURG, Jaime. *Literatura, violência e melancolia*. Campinas/São Paulo, Autores Associados, 2013.

MICHAUD, Yves. *A violência*. Trad. L. Garcia. São Paulo, Ática, 1989.

MOISÉS, Massaud. *Dicionário de Termos Literários*. 12. ed. São Paulo, Cultrix, 2004.

LEENHARDT, Jacques. "O que se pode dizer da violência?". *In*: LINS, Ronaldo Lima. *Violência e literatura*. Rio de Janeiro, Tempo Brasileiro, 1990.

LESPADA, Gustavo. "Violencia y literatura/Violencia en la literatura". *In*: BASILE, Teresa (coord.). *Literatura y violencia en la narrativa latinoamericana reciente*. La Plata, Universidad Nacional de La Plata, Facultad de Humanidades y Ciencias de la Educación, 2015. Disponível em <www.memoria.fahce.unlp.edu.ar/libros/pm.378/pm.-378.pdf>. Acesso em 26/7/2023.

LIMA, Luiz Costa. *Mímesis: desafio ao pensamento*. Rio de Janeiro, Civilização Brasileira, 2000.

LINS, Ronaldo Lima. *Violência e literatura*. Rio de Janeiro, Tempo Brasileiro, 1990.

LUDMER, Josefina. *Aqui América Latina: uma especulação*. Trad. Rômulo Monte Alto. Belo Horizonte, Editora UFMG, 2013.

PELLEGRINI, Tânia. "Realismo: a persistência de um mundo hostil". *Revista Brasileira de Literatura Comparada*, n. 14, 2009, pp. 11-36.

PERRONE-MOISÉS, Leyla. *Mutações da literatura do século XXI*. São Paulo, Companhia das Letras, 2016.

RESENDE, Beatriz (org.). *A literatura latino-americana do século XXI*. Rio de Janeiro, Aeroplano, 2005.

____. *Contemporâneos: expressões da literatura brasileira no século XXI*. Rio de Janeiro, Casa da Palavra/Biblioteca Nacional, 2008.

ROJAS, Sergio. *Escribir el mal: literatura y violencia en América Latina*. Santiago de Chile, Cuadro de Tiza, 2017.

ROSENFELD, Anatol. "Literatura e personagem". *In*: CANDIDO, Antonio *et al*. *A personagem de ficção*. 10. ed. São Paulo, Perspectiva, 2002.

SCHØLLHAMMER, Erik. *Ficção brasileira contemporânea*. Rio de Janeiro, Civilização Brasileira, 2009.

SUASSUNA, Ariano. *Iniciação à estética*. Rio de Janeiro, José Olympio, 2012.

5
A ESTÉTICA DA VIOLÊNCIA NO ROMANCE DE CRISTINA GARCÍA: O RISO DA MEDUSA COMO ALEGORIA DE AUTORIA

Jordana Cristina Blos Veiga Xavier

INTRODUÇÃO

A estética da violência é uma temática complexa e profunda que permeia diversas obras literárias, provocando reflexões sobre as múltiplas facetas do comportamento humano. Na América Latina mais especificamente, essa abordagem analisa como os escritores e as escritoras da região representam a violência em suas obras, utilizando técnicas literárias, como o realismo e o realismo mágico, por exemplo, para retratar a realidade de forma vívida e simbólica. Além disso, a estética da violência é frequentemente utilizada como uma ferramenta para criticar questões sociais e políticas, denunciando injustiças e opressão.

A literatura latino-americana também emprega a estética da violência para explorar a memória coletiva e os traumas históricos, refletindo sobre eventos, como ditaduras e guerras civis. Além disso, a violência na literatura é vista como influente na construção da identidade cultural da região, permitindo a expressão de angústias existenciais e a desconstrução de estereótipos associados à América Latina.

No romance *The Lady Matador's Hotel* (2010), da autora Cristina García – nascida na Cuba de 1959, mas cuja subjetividade é marcada pela hifenização da identidade cubano-americana –, somos apresentados a um cenário no qual a violência se revela não apenas em sua forma física, mas também em nuances psicológicas, políticas e sociais. A narrativa evoca as vidas entrelaçadas dos habitantes de um hotel numa capital – anônima – da América Central, em meio à turbulência do sistema político daquele lugar. Trata-se de uma poderosa narrativa satírica que aborda política, questões de gênero e paixão num *mix* de personagens diaspóricos. A trama se desdobra enquanto a vida de seis homens e mulheres convergem ao longo de uma semana de estadia no hotel. Entre eles há uma toureira nipo-chicana-americana que está na cidade para a primeira competição de toureiras das Américas; uma ex-guerrilheira que agora trabalha como garçonete na lanchonete do hotel; uma advogada alemã de adoção internacional (que trabalha com tráfico humano); um coronel que cometeu atrocidades durante a guerra civil de seu país; e um poeta cubano que veio com sua esposa americana adotar uma criança. São essas questões políticas, intimidades da vida diária e da fragilidade da natureza humana, que se desenrolam nessa poderosa, ambiciosa, satírica e inesquecível narrativa.

Nesta análise ensaística, valendo-me de conceitos e convergências da teoria pós-colonial[1] e da teoria literária feminista, explorarei a construção de três personagens altamente emblemáticas, cada uma representando uma face específica da violência, a saber: a violência de gênero, a violência contra os animais, a violência política e social, além da violência contra crianças em condições vulneráveis. Finalmente, apontarei como a escolha satírica de García, ao abordar a realidade de um país latino-americano em ruínas, é uma poderosa forma de crítica social e política. A autora utiliza elementos do riso, da ironia e

[1] Neste contexto de análise, será para pensarmos o neocolonialismo estadunidense em relação à Guatemala.

da sátira para expor as contradições e os absurdos de uma sociedade fragilizada pela violência e pela injustiça. Nesse sentido, empresto o nome do ensaio de Hélène Cixous, *O riso da Medusa*,[2] para evocar a ideia de uma nova alegoria de autoria feminina que desafia as normas sociais e culturais dominantes, especialmente via literatura.

ANÁLISE

The Lady Matador's Hotel é um romance dividido em seis capítulos, com acréscimo do epílogo, compostos de narradores diversos – que são os próprios personagens. O desenvolvimento se dá pelo fluxo de consciência, tornando a obra rica, não pelo enredo somente, mas pela forma e a disposição dos acontecimentos e metáforas. A cada fechamento de capítulo, encontramos a sessão "*The News*" – na qual a autora brinca com gêneros discursivos diversos: programas de TV e rádio, como *talk shows*, canal de meteorologia, *show* de astrologia, programa feminista de rádio (trazendo uma representação da linguagem oral), bem como uma revista.

Em termos temporais, a narrativa não toma forma numa data específica, o único indício de marcação temporal é de que 12 anos atrás, em setembro, o país estava no auge da guerra civil:

> Há doze anos ele tinha chegado a este mesmo aeroporto. O calor de setembro estava aguçado e o país estava no auge da guerra civil. Sua primeira semana no trabalho, Won Kim havia encontrado o corpo mutilado de uma mulher nos arbustos atrás de sua fábrica. Ele deveria ter partido em seguida, desaparecido para onde ninguém pudesse encontrá-lo.[3]

---

2 Edição brasileira de 2022.

3 "*Twelve years ago he had arrived at this very airport. The September heat was searing and the country was in the last throes of civil war. His first week on the*

A intertextualidade presente na obra nos deixa pistas de que é a Cidade da Guatemala essa capital "sem nome", como no trecho a seguir, que descreve as vestimentas e o comportamento da amante do coreano Won Kim; o *quetzal*, pássaro símbolo da região guatemalteca, o qual também dá nome à moeda de lá; bem como o *huipil*, roupa nativa tanto do México quanto da Guatemala.

> Sua amante coloca uma saia feita à mão, típica de sua aldeia, e um *huipil* que ela mesma bordou com pássaros de duas cabeças. Após sua explosão com a xícara de porcelana, ela está cooperativa e subjugada. Foram várias as vezes, durante a gravidez, que ela foi exigente como um *quetzal*. Foram várias as vezes em que ela pediu a Kim que se casasse com ela. Nenhum deles fala do futuro, mas ele é atormentado por suas incertezas.[4]

Além disso, a menção à Universal Fruit Company – a empresa fictícia no romance de García – faz referência à United Fruit Company (1899-1970), uma multinacional estadunidense que, em busca de facilitar suas atividades comerciais, se envolvia na interferência de governos locais – em especial na América Latina, favorecendo a derrubada de autoridades e a instalação de líderes subservientes aos seus interesses. Essas ações manipuladoras resultavam em países sendo pejorativamente chamados de "repúblicas das bananas".

Nesses lugares, a empresa buscava consolidar sua influência e explorar os recursos naturais de forma desmedida, tudo à custa da

---

job, Won Kim found the mutilated body of a woman in the brush behind his factory. He should have left then, vanished where no one could find him". García, 2010, p. 204.

4 "*His mistress puts on a hand-woven skirt, typical of her village, and a huipil she embroidered herself with double-headed birds. After her outburst with the porcelain cup, she is cooperative and subdued. Not once during her pregnancy has she demanded so much as a quetzal. Not once has she ever asked Won Kim to marry her. Neither of them speaks of the future but he is plagued by its uncertainties*". *Idem*, p. 20.

soberania e do bem-estar dessas nações. Essa prática insidiosa minava a democracia e impunha uma realidade de dependência econômica e política em que os interesses da multinacional prevaleciam acima do desenvolvimento genuíno e sustentável desses países.

Outra evidência sobre a Guatemala é que a própria autora confessa ter pensado muito naquela cidade, mas preferiu usar essa estratégia do anonimato para que, de alguma forma, pudéssemos encaixar esse lugar em qualquer outro.[5] No entanto, apesar do anonimato, esse lugar só pode ser um lugar tão somente da América Latina.

O enredo traz personagens complexos e plurais, entre eles um coreano (já mencionado anteriormente), Won Kim, proprietário de uma fábrica, "convencido de que nada do que acontece em público é de qualquer valor verdadeiro".[6] Qualquer que seja o drama ou o significado da vida, segundo ele, encontra-se por trás de portas fechadas ou no mais profundo lugar em nossos corações. É justamente para esse lugar que García nos leva, para o coração sangrando de uma ex-guerrilheira tramando um assassinato por vingança, para a mente distorcida de um general assassino, para o espírito promíscuo da toureira que, mesmo depois de ferida por um dos touros na arena, planeja lutar novamente poucos dias depois para matar o animal, para a mente perversa de uma advogada alemã que explora úteros de mulheres locais e comercializa crianças como "adoção internacional".

Para esta análise, no entanto, focarei na toureira, na advogada e na ex-guerrilheira. O fio condutor da história é Suki Palacios, uma toureira da Califórnia, de ascendência mexicana e japonesa, uma jovem recém-chegada ao Hotel Miraflor que abandonou a faculdade de Medicina para "brincar de ser homem" nas arenas. Ela está na cidade para participar da primeira batalha de toureadoras das Américas.

---

5 Declaração da autora numa entrevista dada à revista literária *Witness* (2011), da Universidade de Nevada, Las Vegas. Nutting, 2011.

6 "*He is convinced that nothing that happens in public is of any truthful value*". García, 2010, p. 145.

"Então, no momento sombrio antes de pisar na arena, Suki repete três palavras em espanhol e japonês: arrogância, honra, morte".[7] A *matadora* não somente representa a violência contra os animais, mas também a violência de gênero.

Nos trechos a seguir, temos o momento de sua chegada à capital anônima. Além de retratar o comportamento de alguns espectadores da toureada, todos os dois trechos correspondem, em alguma medida, à relação da personagem com a violência, no que diz respeito aos animais envolvidos no "esporte", mas também à construção do discurso do Outro que comete a violência de gênero:

> Suki Palacios percorreu um longo caminho até este hotel de construção alta e pontiaguda nos trópicos, neste pedaço de terra esquecido entre os continentes, até este lugar de furacões, violência e rasuras calculadas. Ela chegou ontem de Los Angeles, negociando a miséria temperamental de uma cidade para outra, o espanhol quebrado por um mais lírico. Dentro de uma semana ela vai competir na primeira Batalha de *las Matadoras* das Américas. Suki chegou cedo para exibir suas habilidades e gerar entusiasmo para a luta. No momento que as outras *matadoras* chegarem à capital, os cidadãos clamarão por sangue.[8]
> *La matadora* é tentada a submeter-se a minúcias blindagens do hotel, para ignorar o torpor da tarde esperando-a no ringue. Ela está acostumada com os espectadores zombadores que vêm para cuspir nela e provocar os touros. Eles alegremente a baniriam do esporte por

---

7 "*Then in the shadowed moment before she steps into the ring, Suki repeats three words in Spanish and Japanese: arrogance, honor, death*". *Idem*, p. 5.

8 "*Suki Palacios has come a long way to this spired hotel in the tropics, to this wedge of forgotten land between continents, to this place of hurricanes and violence and calculated erasures. She arrived yesterday from Los Angeles, trading the moody squalor of one city for another, the broken Spanish for one more lyrical. In a week she will compete in the first Battle of the Lady Matadors in the Americas. Suki is here early to display her skills and generate enthusiasm for the fight. By the time the other matadoras arrive in the capital, its citizens will be clamoring for blood*". García, 2010, p. 4.

> completo – intrometida, mulher escandalosa brincando de ser um homem.[9]

Na narrativa, sabemos que o avô paterno de Suki também foi toureador, algo muito possível no universo discursivo masculino, mas parou a carreira cedo por ter sido ferido na arena. A jovem decidiu pela mesma carreira quando ainda estava estudando Medicina numa faculdade nos Estados Unidos, mas largou tudo para matar touros e exibir suas habilidades sanguinárias. Por esse e por outros motivos, a narrativa traz uma descrição de Suki, a partir do olhar do Outro, como uma mulher que brinca de ser homem. No entanto, *la matadora* não se coloca como objeto do discurso do Outro, antes se reinventa a partir do que ela mesma visualiza para si: ocupa o espaço da arena para enfrentar touros, como um furo no muro do dito universo masculino, recriando um espaço para exercer o que quer, além de (também) ser mulher. Mais um aspecto importante a ser levantado é que Suki já ocupava um lugar que foi historicamente dito ser apenas dos homens, a faculdade de Medicina.

Um recorte suplementar importante, que traz a toureira e o novo imaginário do feminino estabelecido por ela, simbolicamente aparece, inclusive, na forma de se vestir, como no enfrentamento da morte todas as vezes em que pisa na arena. Não obstante, quando fora do ringue, ela também desafia a morte, a sorte, bem como as expectativas daqueles que não a apreendem:

> A toureira está vestindo amarelo, a cor de acidentes e maus presságios, de realçadas aberturas a chifradas, e muito pior. Ela gosta de desafiar o

9 "*The lady matador is tempted to submit to the hotel's shielding niceties, to ignore the afternoon torpor awaiting her in the ring. She's grown accustomed to the jeering spectators who come to spit at her and provoke the bulls. They would gladly banish her from the sport altogether – interloper, scandalous woman playing at being a man*". *Idem*, p. 4.

> destino nos dias em que ela não está lutando, de curvar a superstição diante dela. Vestir amarelo excitará os jornalistas que estão esperando por ela no salão rococó, com suas câmeras e flashes e perguntas rudes, inflexíveis. Claro, eles já ouviram do mal do amarelo no ringue. O amarelo anunciará a eles: Eu ouso desafiar você, você e você.[10]

La matadora é um desafio para a sociedade que a cerca. A postura da jovem em meio ao seu ritual sagrado (sexo com um estranho) desenquadra-se dos padrões de gênero herdados dos séculos anteriores, bem como de padrões religiosos e patriarcais que violentaram as mulheres. Ela "brinca de ser homem" dentro e fora dos ringues: "'Eu não preciso saber o seu nome, *querido*'. Suki solta seu roupão de banho e permite ao garçom um vislumbre dos seus seios. Ele parece aflito, congelado no local. Ela o toma pelo pulso e guia sua mão para além da lapela atoalhada do roupão".[11]

Evidentemente, a autora de *The Lady Matador's Hotel* não poderia ignorar a resistência do Outro em relação ao estranho, à quebra paradigmática da *performance* da personagem de Suki. Pelo contrário, a questão de gênero é bem explorada na narrativa anexa a essa personagem emblemática que é a jovem toureira, como visualizamos nos excertos a seguir:

> "Por que faz isso, Suki? Por que você luta contra os touros?" "Porque eles estão lá", ela responde, parafraseando a observação de Mallory sobre

---

10 "*The lady matador is wearing yellow, the color of accidents and ill-omens, of bold overtures to gorings, and worse. She likes to tempt fate on the days she isn't fighting, bend superstition to her will. Wearing yellow will excite the journalist who are waiting for her in the rococo ballroom with their cameras and flashbulbs and rude, unyielding questions. Of course, they've heard of yellow's evil in the ring. It will announce to them: I dare to defy you, and you, and you*". *Idem*, p. 39.

11 "'*I don't need to know your name, querido'. Suki loosens her bathrobe and permits the waiter a glimpse of her breasts. He looks stricken, frozen to the spot. She takes his wrist and guides his hand past the terry-cloth lapel*". *Idem*, p. 45.

querer escalar o Monte Everest. Suki gira o anel turquesa no dedo médio, com o qual ela está convencida de que parou um touro agitado em Monterrey. "Você considera-se uma feminista?", pergunta um repórter de TV. "Se isso significa que eu posso escolher, então sim, eu sou uma feminista". "Escolher o quê?" vários jornalistas gritam. "Escolher o que fazer com minha vida." Suki quer adicionar: quais touros mato, os homens que eu fodo, e como eu vou morrer. Ela pensa em repórteres como um mal necessário, [...] podres. Se ela fosse forçada a canibalismo, ela comeria suas carnes por último.[12]

"Se você pudesse ser qualquer cheiro do mundo, o que seria?" *O fedor quente de um touro incitado* é o que primeiro vem à mente, mas ela pausa antes de responder. Suas narinas distendem-se com a memória dos carinhosos perfumes. O ciclâmen do jardim de sua mãe. O pó de arroz de sua *oma*. Os *tostones* que o pai dela fritava pra ela em Veracruz, depois de uma tarde extenuante no ringue. E, claro, os perfumes de farmácia usados pelas meninas de gang ao leste de L.A. Quando Suki era pequena, ela queria crescer e se tornar uma Chicana. Essas mulheres não levavam pra casa nenhuma merda de desaforo de ninguém. "Cana queimada", ela retruca, incitando um coro de uivos.[13]

---

12 "*'Why do you do it, Suki? Why do you fight the bulls?' 'Because they are there', she answers, paraphrasing Mallory's remark about wanting to climb Mount Everest. Suki twists the turquoise ring on her middle finger, the one she's convinced stopped a charging bull in Monterrey. 'Do you consider yourself a feminist?' asks a TV reporter. 'If that means I get to choose, then yes, I'm a feminist.' 'Choose what?' several journalist shout out. 'Choose what I do with my life.' Suki wants to add: and which bulls I kill, and which men I fuck, and how I die. She thinks of reporters as a necessary evil, bottom-feeders, rotten to the core. If she were forced into cannibalism, she'd eat their flesh last*". *Idem*, p. 40.

13 "*'If you could be any smell in the world, what would it be?' The hot stink of a charging bull is what first comes to mind but the lady matador pauses before answering. Her nostrils distend with the memory of cherished scents. The cyclamen in her mother's garden. Her oma's rice-dust face powder. The tostones her father fried up for her in Veracruz after a grueling afternoon in the ring. And, of course, the drugstore perfumes worn by the gang girls in East L.A. When Suki was little, she wanted to grow up and become a Chicana. Those women took no shit from anyone. 'Burning sugarcane', she retorts, inciting a chorus of wolf whistles*". *Idem*, p. 43.

Os homens que cruzam o caminho de Suki Palacios desejam-na desesperadamente, no entanto também temem que ela seja um homem perturbadoramente belo. No excerto a seguir, Ricardo Morán e a toureira se cruzam no hospital. O poeta, hipnotizado por ela, acha-a deslumbrantemente linda, mesmo machucada. Por isso, *la matadora* é um desafio, há confusão quando tentam encaixá-la em algum lugar: sagrado ou profano. "As portas se abrem e a toureira é trazida numa maca. Ela está consciente, mas o lençol que a envolve está exarcado de sangue. Ela parece linda, uma Santa ferida. Ele a canonizaria, se pudesse. Ricardo acena, tentando chamar a atenção dela, mas ela não o notou".[14]

Além de Suki, outra personagem importante na narrativa é Aura Estrada, uma ex-guerrilheira cuja aldeia foi devastada durante a guerra civil, onde seu irmão foi queimado vivo ao tentar proteger as culturas da família. Ela se juntou aos guerrilheiros após testemunhar a morte do irmão e perder um amor em uma explosão de minas terrestres. No Hotel Miraflor, ela trocou sua experiência como guerrilheira por uma faca de açougueiro e uma pistola russa para servir alimentos para militares e americanos (que se deslocam até aquele lugar para "adotar" crianças indígenas). Aura busca vingança, mas ainda não sabe como fazê-lo, então trabalha como garçonete enquanto planeja sua estratégia. Como um dos narradores mais interessantes da obra, Aura percebe que "todo o país sucumbiu a uma amnésia coletiva. Isso é o que acontece em uma sociedade onde não é permitido envelhecer lentamente. Ninguém fala do passado, por medo de seus ferimentos reabrirem. Reservadamente, porém, as suas feridas nunca se curam".[15]

---

14 *"The doors swing open and the lady matador is brought in on a stretcher. She's conscious but the sheet covering her is soaked in blood. She looks gorgeous, a wounded saint. He would canonize her himself, if he could. Ricardo waves, trying to catch her attention, but she doesn't notice him".* *Idem*, p. 134.

15 *"Aura is convinced that the entire country has succumbed to a collective amnesia. This is what happens in a society where no one is permitted to grow old slowly.*

A garçonete não se permitiu esquecer do que viveu e concentrou suas memórias na imagem do irmão que, de quando em vez, aparece para conversar com ela. Essas aparições do irmão de Aura são constantes no romance, uma construção do realismo mágico presente na obra. Podemos considerar que tais acontecimentos representam um mecanismo de defesa de Aura para rememorar os eventos do passado que serão fundamentais para o processo de libertação da ex--guerrilheira. Depois de vingar o irmão, ao matar o coronel que estava hospedado no Hotel Miraflor, seu querido *hermano* se despede, e ela, então, pode seguir em paz.

Aura Estrada é uma personagem plural e intrigante que é marcada por memórias tristes que experimentou:

> Aura examina sua seção do restaurante, que é parte interna, parte externa. A mais recente adição ao jardim é um par de pavões ariscos. Seus gritos arrepiam até seu pescoço. Eles, também, serão temporários como os hóspedes ricos. O paisagismo foi projetado para assemelhar-se às selvas onde Aura viveu por meses. Naqueles dias, ela levava consigo uma faca de caçador e, por um tempo, uma pistola russa. Ninguém no restaurante tem qualquer ideia sobre seu passado. O que eles sabem é que ela sofreu na guerra; nisso ela não é diferente de ninguém.[16]

Evidentemente, Aura Estrada se modifica depois de viver algumas das consequências da guerra civil. Sua reação é reprodutora de um "outro pensamento", o pensamento liminar:

Nobody talks of the past, for fear their wounds might reopen. Privately, though, their wounds never heal". Idem, p. 9.

16 "*Aura surveys her section of the restaurant, which is part indoors, part out. The latest addition to the garden is a pair of skittish peacocks. Their shrieks send chills up her neck. They, too, will prove as transient as the wealthy guests. The landscaping was designed to resemble the jungles Aura lived in for months. In those days she'd carried a hunter's knife and, for a time, a Russian pistol. No one at the restaurant has any idea about her previous life. What they do know is that she suffered in the war; in that she's no different from anyone else". Idem*, p. 9.

> O potencial epistemológico do pensamento liminar, de "um outro pensamento", tem a possibilidade de superar a limitação do pensamento territorial (isto é, a epistemologia monotópica da modernidade), cuja vitória foi possibilitada por seu poder de subalternizar o conhecimento localizado fora dos parâmetros das concepções modernas de razão e racionalidade.[17]

Em sua posição de subalterna,[18] Aura internaliza, processa e reestrutura seu papel em sua vida: ela decide lutar e enfrentar o inimigo. Diferentemente de suas irmãs, que escolheram se enfurnar numa entidade religiosa (nesse caso, o convento citado na narrativa). Mais uma vez, deparamo-nos com uma quebra paradigmática feminina: Aura age como homem, comparada às irmãs – García lança mão dessa personagem como um denominador comum que representa todas as mulheres que se colocaram em posição de revide[19] durante a guerra civil, mas não foram incluídas na história de seus países.

Aura teve motivos suficientes para não encarar a guerra (durante e pós) na inércia:

> Se ela começa a calcular a selvageria, ela não pararia. *Tío* Luís foi arrastado por um jipe até a encosta da montanha como uma polpa sangrenta. Prima Belinda, morta por um rifle enfiado entre as coxas dela.

---

[17] Mignolo, 2003, p. 103.

[18] Refiro-me à posição do sujeito colonial e/ou neocolonial, caracterizado não apenas como o outro e o objeto formado durante o processo de construção do império, mas também em uma sociedade sujeita à hegemonia da classe dominante. Para mais detalhes, ver Gramsci, 1985 e Bonnici, 2012.

[19] Adoto, a partir deste momento, o conceito de revide da teoria pós-colonial, que compreende o comportamento ativo da pessoa colonizada em diversas esferas, além da territorial. O revide se manifesta quando há a recusa em aceitar a ordem imposta, buscando minar essa nova autoridade. Nesse caso específico, considero especialmente relevante o recorte de gênero ao abordar o grupo de resistência guerrilheira que enfrentou a ditadura militar, estabelecida com o apoio do governo estadunidense na época. Para mais detalhes, ver Ashcroft *et al.*, 1998.

> Cabeça do padre Josué empalada num espeto e deixada na porta da capela. Isso foi durante a violência do primeiro verão, quando as noites sufocavam. Tito, o tímido, de cílios longos, rapaz de quem Aura gostava: morto. Sim, havia caixões, caixões de madeira de pinho, empilhados para até o céu. A guerra civil pode ter acabado há anos, mas a dor, o sofrimento é ainda florescente.[20]

A garçonete é um ícone de denúncia à guerra civil, como também se posiciona de maneira crítica diante dos estadunidenses que participaram, de alguma forma, do confronto hediondo, já que, rapidamente, é possível resgatar na história da Guatemala o primeiro golpe de Estado financiado pelos Estados Unidos, em 1954, além das diversas frentes de interesse dos magnatas estadunidenses que interferiram direta e indiretamente nos 36 anos de guerra civil no país.

Num dos excertos a seguir, o colega de cozinha da garçonete e ela posicionam-se, num gesto de revide aos EUA, de suas posições subalternas (de servi-los). Ainda no âmbito político, Aura denuncia a irônica situação de seu país: "Se tudo fosse virado de cabeça para baixo, as pessoas no fundo acabariam por cima? Sem chance, Aura pensa. Os ricos ainda encontrariam uma maneira de reinar".[21]

> É impensável para ela que o ex-ditador esteja concorrendo à Presidência – e com uma surpreendente quantidade de apoio de pessoas que foram brutalizadas por ele. Desta vez ele está pretendendo ser um cristão. Seu

20 *"If she begins to tally the savagery, she wouldn't stop. Tío Luís, jeep-dragged up the mountainside to a bloody pulp. Cousin Belinda, killed by a rifle shoved between her thighs. Padre Josué's head impaled on a stick and left at the chapel door. This was during the first summer's violence, when the nights suffocated. Tito, the shy, long-lashed boy whom Aura liked: gone. Yes, there were coffins, pine-wood coffins stacked up to the sky. The civil war might've ended years ago but the grief, the grief is flourishing still"*. García, 2010, p. 8.

21 *"If everything were turned upside down, would the people on the bottom end up on top? Not a chance, Aura thinks. The rich would still find a way to reign"*. *Idem*, p. 47.

slogan – EM UMA MISSÃO DE DEUS – é estampado em todos os lugares da capital. Se ele ganhar, ela vai ter que encontrar uma maneira de deixar o país para sempre.[22]

Outro fantoche treinado dos EUA, sem dúvida. Os gringos estão em pleno vigor na conferência militar esta semana. Eles nunca disseram ser mais do que consultores, mas todos sabem de seus golpes bem cronometrados. A guerra civil não poderia ter durado o quanto durou sem eles. Aura espia americanos no ginásio do hotel, levantando pesos enormes, gemendo alto o suficiente para todos saberem. A maioria deles parece demasiado inflexível para amarrar os sapatos.[23]

Não é de se admirar que esses oficiais cometam tais atrocidades. Nenhum deles tem uma mente própria. Aura anota seus pedidos. O *barman*, Miguel, levanta as sobrancelhas, em seguida, dá de ombros evasivamente. Ontem, ele se gabou de deixar cair uma medida de endurecedor de fezes nas bebidas dos americanos. Aura riu de imaginar os *yanquis*, de caras vermelhas, tentando cagar tijolos.[24]

A primeira vez que a ex-guerrilheira serve o general no restaurante do hotel, o sentimento de vingança aflora: se ela quisesse poderia matá-

---

22 *"It's unthinkable to her that the ex-dictator is running for president – and with an astonishing amount of support from very people he brutalized. This time he's claiming to be a born-again Christian. His slogan – ON A MISSION FROM GOD – is plastered everywhere in the capital. If he wins, she'll have to find a way to leave the country for good"*. *Idem*, p. 9.

23 *"Another U.S.-trained puppet, no doubt. The gringos are in full force at the military conference this week. They've never claimed to be more than advisers but everyone knows what they well-timed coups. The civil war couldn't have lasted as long as it did without them. Aura spies the Americans at the hotel gym, lifting enormous barbells, groaning loud enough for everyone to take notice. Most of them look too inflexible to tie their shoes"*. *Idem*, p. 10.

24 *"It's no wonder these officers commit the atrocities they do. Not a single one has a mind of his own. Aura places their order. The bartender, Miguel, raises his eyebrows then shrugs noncommittally. Yesterday he boasted of dropping a measure of stool hardener in the American's drinks. Aura laughed to imagine the yanquis, red-faced, trying to shit bricks"*. *Idem*, p. 11.

-lo ali mesmo, mas prefere não o fazer. O monólogo interior de Aura é expresso em espanhol:

> Com um lampejo de seu pulso ela poderia decapitar o general naquele local, mas um benefício viria disso. Um açougueiro morto por incontáveis pobres almas. *Dios me ayude*, Aura silenciosamente reza. Ela deve parar com alucinações ou é capaz de enlouquecer. Aura ajeita as costeletas de porco diante do general, que dá tapinhas no estômago com ambas as mãos.[25]

Quando Aura se vê na situação de uma mera garçonete que cospe na comida de alguém a fim de revidar, uma vez que ela mesma já revidou de uma forma diferente, sanguinária, com armas e granadas, a ex-guerrilheira sente-se diminuída:

> Quando as costeletas de porco estão prontas Aura discretamente cospe nelas, trabalhando na saliva até que elas cintilem. Houve uma vez em que ela colocou armadilhas contra a escória como ele, disparou metralhadoras, lançou granadas em caminhões do exército. Então foi a isto que ela foi reduzida? A esfregar cuspe em costeletas de porco de um assassino qualquer?[26]

Aura resolve que precisa voltar a matar, desta vez conecta tal necessidade como se fosse a vontade do irmão assassinado que exige vingança. Intimamente, entretanto, esse sempre foi um desejo da

---

25 "*With a flash of her wrist she could decapitate the general on the spot. But no good would come of this. One butcher dead for countless poor souls. Que Dios me ayude, Aura silently prays. She must stop these hallucinations or risk going insane. Aura sets the pork chops before the general, who pats his stomach with both hands*". *Idem*, p. 8.

26 "*When the pork chops are ready Aura discreetly spits on them, working in the saliva until they gleam. Once she'd laid booby traps against scum like him, fired machine guns, threw grenades at passing army trucks. So this is what she's been reduced to? Rubbing a gob of spit on some killer's pork chops?*". *Idem*, p. 7.

própria garçonete, que, assim como Suki, é talentosa em matar. O excerto que segue descreve como a ex-guerrilheira mata o coronel Martín Abel, assim como o momento em que ela toma as rédeas da situação opressor/oprimido e o inverte:

> Ela pressiona a faca em sua garganta. Seus braços ficam moles em sinal de rendição, um deles debaixo das cobertas, o outro acima. Aura tem a vida dele em suas mãos como uma gélida, brilhante pérola. "Eu sei quem você é", ele suspira, perplexo. Um cheiro de urina preenche a sala. O xixi empoça ao redor do Coronel. Aura não quer sentir pena dele, mas ela também não consegue suportar o fato de não sentir nada. Ela está farta das voltas exaustivas de ferimento, de reciclagem de coisas tristes. *Aja, não pense.* [...] "Feche os olhos", ela ordena e pressiona a faca ainda mais para dentro de sua pele. Os olhos do coronel alargam-se, ao invés disso, enquanto o sangue encharca seu pescoço e o peito. O aroma mineral do sangue enche a respiração de Aura. A língua grossa do coronel sobressai, uma pequena plataforma de carne. Ela pondera se deve deixá-lo sofrer, ou se deve estender a ele a cortesia que ela concederia ao cão mais humilde. Aura lhe concede esta última misericórdia.[27]

"Civilidade dissimulada", segundo Bhabha, é o conceito atribuído àqueles colonizados que se recusam a aderir aos "ensinamentos" do colonizador instantaneamente, mas antes de uma falsa forma para não entrar em conflito direto com o colonizador. É semelhante à mímica,

27 "*She presses the knife to his throat. His arms go limp in surrender; one under the covers, the other above. Aura holds his life in her hands like a cold, bright bead. 'I know who you are', he gasps, perplexed. A smell of urine fills the room. The colonel is puddled in it. Aura doesn't want to feel sorry for him but she can't bear not feeling anything, either. She's tired of the exhausting rounds of wounding, of recycling mournful things. Act, don't think.* [...] *'Close your eyes', she orders and presses hard into the growing flap of skin. Instead the colonel's eyes widen as the blood drenches his neck and chest. Its mineral scent coats Aura's breath. His tongue protrudes thickly, a small platform of flesh. She debates whether to let him suffer, or extend him the courtesy she'd accord the lowliest dog. Aura grants him this last mercy*". *Idem*, p. 193.

porém menos consciente. Na narrativa, é perceptível tal conceito na construção da personagem da garçonete, uma vez que ela, de forma peculiar, atinge seus objetivos por meio do papel de garçonete, enquanto parece, irremediavelmente, servir àqueles que, um dia, destruíram sua família, no fim, se vinga de maneira fria e calculada sem que eles sequer desconfiassem.

> A ex-guerrilheira fecha seus olhos. Ela lembra de seu pai ao ouvir o som dos pássaros. *Para isso que eles estão aqui, hija. Para ecoar a alegria do Senhor.* E as noites nas quais ele mostrou a ela, com o movimento de seu braço, os céus generosos com estrelas. Se ela pudesse somente permanecer com os olhos fechados para sempre, levantar o cerco em seu coração. Ela estaria disposta a ir para a sepultura por uma única noite de paz.[28]

Depois de obter o que tanto queria – a vingança – Aura parte do hotel, embarca num ônibus em direção ao México e encontra-se com o poeta cubano que estava hospedado no mesmo hotel. Ela representa a resistência contra a violência das guerras civis, bem como a figura feminina, como agente, incorruptível e forte. Parece-nos que a cauterização da mente daqueles que sofrem a opressão pela hegemonia (o esquecimento e a conformidade) não passa nem perto de Aura Estrada, uma ex-garçonete que, na verdade, nunca deixou de ser uma guerrilheira que pode descansar em paz, após o acerto de contas com o assassino de seu irmão.

Enquanto personagens como Aura são contemplativas, alguns vilões do romance são caricaturais. O presidente corrupto da Universal Fruit Company tem o sobrenome "*Ladrón*", que significa "ladrão" em espanhol. Gertrudis Stüber, a advogada que paga mulheres indígenas

---

[28] "*The ex-guerrilla closes her eyes. She remembers her father listening to birdsong. That's what they're here for, hija. To echo the Lord's joy. And the nights he showed her, with a sweep of his arm, the skies generous with stars. If only she could keep her eyes closed forever, lift the siege on her heart. She'd be willing to go to her grave for a single evening's peace*". *Idem*, p. 202.

US$1.000 para "produzirem" um bebê e cobra US$30.000 dos casais estrangeiros que "adotam" as crianças, também se destaca como vilã.

Gertrudis segue a mesma linha de comportamento "masculino" de Suki e Aura:

> A multidão se abre enquanto Gertrudis desliza através do lobby com lustres resplandecentes. Ela tem um metro e oitenta e dois de altura, em calçados de salto baixo e seu terno italiano fúcsia da moda sobre sua pele. Apenas descendo a escadaria iria fazer uma entrada mais impressionante. Aqueles que não conhecem Gertrudis Stüber especulam sobre a sua identidade, aqueles que a conhecem, não se dirigem a ela. Ela não é o tipo de pessoa para se cruzar nas salas de trás do afável sistema jurídico do país. A pior acusação contra ela? Que ela pensa e age como um homem. Para Gertrudis, esse é o derradeiro elogio. Só o marido dela, um primo alemão distante com modos afeminados, suaviza sua impressão.[29]

A personagem é âncora quando a narrativa traz à tona a questão do tráfico de pessoas. Além disso, a advogada dispensa "instintos maternos" e ternos ligados à figura da mulher: ela comercializa bebês sem nenhum remorso. Na trama, como ela vem da Europa e explora a população local, representa o colonizador/explorador:

> Os custos de funcionamento do que Gertrudis em particular chama de "negócios de exportação" estão subindo. Há a mãe produtora para cuidar (a maior despesa em mil dólares por gravidez). Os serviços de garanhão

---

[29] "*The crowd parts for Gertrudis as she glides through the lobby, resplendent with chandeliers. She's six feet tall in low-heeled pumps and her fuchsia Italian suit sets off her fair complexion. Only descending the grand staircase would make a more impressive entrance. Those who don't know Gertrudis Stüber speculate about her identity those who do, not in her direction. She isn't one to be crossed in the back rooms of the country's tractable legal system. The worst charge against her? That she thinks and acts like a man. To Gertrudis, this is the ultimate compliment. Only her husband, a distant German cousin with effeminate manners, softens her impression*". *Idem*, p. 14.

> de alguns homens selecionados. As taxas cada vez maiores para os que tomam conta das famílias que vêm adotar as crianças. Entregas de leite em pó, roupas e fraldas descartáveis (ninguém quer mais lavar as de pano). Despesas médicas e hospitalares. Uma falange de juízes e políticos pagos para fazerem vista grossa. Salários sempre crescentes dos lobistas. A manutenção de seus escritórios sofisticados no centro da cidade. Uma porcentagem para seus coagentes nos Estados Unidos. Custos altíssimos de publicidade no site e na Internet.[30]

O que a personagem usa como justificativa para suas ações revela sua visão de exploradora em relação àquele país latino-americano onde ela faz o que quer. A corrupção local é denunciada por meio do ponto de vista da advogada: "Nunca nada muda neste país, ela pensa. Os ratos são os que sempre sobrevivem",[31] consequentemente, essa é a forma como ela mesma se vê: um rato.

Como resposta, a população local não aprova o tráfico de bebês que a advogada lidera, marcas de revide são expostas na narrativa, como os protestos contra o sequestro de menores e a exploração dos pobres. Naturalmente, Gertrudis nega os acontecimentos e tenta mascarar a realidade, no intuito de continuar com o contrabando humano:

> Da rádio El Pueblo: A controvérsia sobre as adoções internacionais aquece-se hoje enquanto o Congresso considera um projeto de lei que

---

30 "*The costs of operating what Gertrudis privately calls "export" business are mounting. There are the breeder mother to take care of (her biggest expense at a thousand dollars per pregnancy). The stud services of a few select men. The fees of the increasingly finicky caretaker families. Supplies of baby formula, clothes, and disposable diapers (nobody wants to wash cloth ones anymore). Medical and hospital expenses. A phalanx of judges and politicians paid to look the other way. The lobbyists' ever-swelling salaries. The upkeep of her fancy offices downtown. A percentage to her co-agents in the United States. Skyrocketing website and Internet advertising costs*". *Idem*, p. 15.

31 "*Nothing in this country ever changes, she thinks. It's always the rats that survives*". *Idem*, p. 114.

> restringirá severamente a exportação de crianças do nosso país. Nas últimas 72 horas, os manifestantes têm sitiado a capital com angustiantes histórias de bebês sequestrados e a exploração de mulheres férteis e pobres. Advogados de adoção estão revidando. "Não há nenhuma comercialização de bebês acontecendo aqui", insiste a advogada Gertrudis Stüber. "Algumas das crianças nós gerenciamos para que encontrem bons lares estrangeiros, caso contrário estariam vivendo nas ruas. Estamos realizando um grande serviço humanitário para essas infelizes vidas".[32]

Gertrudis Stüber não sai impune pela exploração de mulheres locais, tratadas como fábricas de bebês. O trecho a seguir ilustra vestígios de justiça para aqueles que sofrem a exploração neocolonial, mas que, de qualquer forma, também exprime o desejo de escapar impune da advogada que nega as acusações e quer defender a si mesma na corte:

> Da rádio El Pueblo: O departamento de Justiça ordenou a prisão da advogada de adoção internacional Gertrudis Stüber hoje, por múltiplas acusações, de sequestro, extorsão, obstrução da justiça e homicídio culposo. Esta última acusação vem depois da morte de um menino que foi confiado a um casal americano do Tennessee em sua custódia. Stüber, que pretende se defender no tribunal, nega todas as acusações.[33]

---

32 *"From Radio El Pueblo: The controversy over international adoptions heats up today as a Congress considers a bill that would severely curtail the export of our country's children. For the past seventy-two hours, protesters have besieged the capital with harrowing tales of baby kidnappings and the exploitation of poor, child-bearing women. Adoption lawyers are fighting back. 'There's no selling of babies going on here', insists attorney Gertrudis Stüber. 'The few children we manage to find good homes for abroad would otherwise be living in the streets. We're performing a great humanitarian service to these unfortunate lives'". Idem*, pp. 162-163.

33 *"From Radio El Pueblo: The Justice Department has ordered the arrest of international adoption lawyer Gertrudis Stüber today on multiple charges of kidnapping, extortion, obstruction of justice, and manslaughter. This last charge*

As três personagens aqui exploradas ingerem seus traumas nos parâmetros sociais dados a elas como mulheres, profissionais, subalternas e recriam-se nas suas diásporas pessoais, projetando--se como um novo molde, além do gênero, na sociedade. Causam estranhamento (vistas com trejeitos masculinos), também por se distanciarem de um ideal canonizador feminino, ocupam lugares profanos, além de reforçarem suas pluralidades culturais e se posicionarem como sujeitos de seus próprios discursos que constituem suas subjetividades e, consequentemente, identidades sociais.

No que diz respeito à narrativa como um todo, recorro à Rita Felski, uma estudiosa da literatura que escreveu extensivamente sobre teoria e crítica literária feminista. A autora discute a teoria da autoria no contexto da crítica literária feminista, apresentando duas proposições distintas dos ensaios de Barthes e Foucault sobre autoria. A primeira afirmação é que as discussões sobre autoria são politicamente conservadoras e reforçam o *status quo*. A autora argumenta que essa proposição é problemática porque ignora as maneiras pelas quais as escritoras usaram sua escrita para subverter convenções patriarcais. A segunda, por sua vez, apresenta o conceito de autor como uma invenção moderna e que tem sido usado para reforçar estruturas de poder patriarcais. Essa proposição é mais útil para a crítica literária feminista, pois permite uma análise crítica de como o gênero afeta a produção e a recepção literária.

Felski observa que a teoria literária feminista frequentemente se concentra na representação das mulheres na literatura, mas presta menos atenção à figura de autoria que produz essas representações. Ela argumenta que considerar quem escreve é importante porque permite uma compreensão de mais nuances das formas como gênero e poder operam na produção literária.

---

comes after an infant boy she entrusted to an American couple from Tennessee died in their custody. Stüber, who plans to defend herself in court, denies all charges". Idem, p. 206.

A autora discute o conceito de "intenção autoral", que se refere à ideia de que o significado de uma obra literária pode ser determinado pela intenção pretendida de quem escreve. Ela critica esse conceito como excessivamente simplista, argumentando que ele ignora as formas como os textos literários são moldados por forças sociais, culturais e históricas maiores. Nesse sentido, Felski também explora as formas como a crítica literária feminista desafiou a ideia da autoria ligada a um indivíduo singular e autônomo. Ela afirma que essa crítica abriu novas possibilidades para compreender a natureza colaborativa e coletiva da produção literária.

As formas como as autoras feministas abordaram a questão da autoria em suas próprias obras são examinadas por Felski. Ela sugere que as autoras feministas frequentemente desafiam noções tradicionais de autoria e enfatizam as formas como os textos literários são moldados por uma variedade de influências sociais e culturais. Nesse sentido, o termo "alegorias de autoria" foi cunhado pela autora para se referir às maneiras pelas quais a figura do(a) autor(a) é representada e construída na literatura e na crítica literária.

Segundo Felski, existem várias alegorias de autoria que foram usadas ao longo da história, incluindo o autor romântico como um *gênio solitário*, o autor modernista como um *artista autoconsciente* e o autor pós-moderno como um *sujeito fragmentado e descentralizado*. Nesse sentido, reafirmo que essas alegorias de autoria têm implicações importantes sobre como entendemos o papel da autoria na literatura e na cultura. Elas moldam nossas expectativas sobre como "um bom autor" ou "uma boa autora" deve ser e como ele ou ela deve criar significado em suas obras.

Para a crítica literária feminista, o conceito geral de alegorias que Rita Felski discute em *Literature after feminism* (2003) é o de que as alegorias de autoria são metáforas potentes e densamente embaladas que usam uma imagem para transmitir uma mensagem moral, política ou filosófica maior. Ela explica que essas alegorias não são descrições empíricas de autoras femininas, mas, sim, imagens criadas por estudiosas feministas com base em suas inclinações políticas ou teóricas. Felski argumenta que essas alegorias são importantes na crítica literária feminista porque ajudam a iluminar questões mais amplas relacionadas à autoria feminina e sua relação com questões sociais, culturais e políticas mais amplas. Portanto, segundo a autora, precisamos ser críticas dessas alegorias e examinar as maneiras pelas quais elas são usadas para promover certas ideias sobre autoria, criatividade e valor literário. Alguns exemplos de alegorias de autoria explorados por Felski são: "mulheres loucas nos sótãos", "mulheres mascaradas" e "meninas do gueto".

A partir da obra *The madwoman in the attic* (1979), de Sandra Gilbert e Susan Gubar, que foi o texto fundador do método crítico feminista que expõe e desafia os mitos fálicos da história literária, Felski traz a alegoria das "mulheres loucas nos sótãos". Trata-se de uma poderosa metáfora que une imagens espaciais, diagnósticos psicológicos e análise linguística. Essa alegoria criou novas maneiras de ver obras literárias familiares, lançando uma nova luz sobre elas. Além disso, a autora destaca como as salas do sótão que abrigam as mulheres loucas nas obras de Charlotte Brontë e Charlotte Perkins Gilman são espaços simbólicos ressonantes que representam as restrições impostas à mobilidade e à liberdade femininas na sociedade patriarcal vitoriana.

Na sequência, Felski trata das "mulheres mascaradas", personagens femininas na literatura que adotam características e comportamentos masculinos para ganhar agência e independência. Essas personagens desafiam papéis e expectativas de gênero tradicionais, mas também correm o risco de serem consideradas não femininas ou antinaturais. Embora as mulheres mascaradas tenham sido celebradas na literatura feminista, elas também foram criticadas por reforçar ideais patriarcais de gênero. Felski sugere que uma abordagem mais produtiva para essas personagens é vê-las como complexas e multifacetadas, em vez de simplesmente subversivas ou cúmplices.

Por outro lado, as "meninas do gueto", ou "*home girls*", referem-se às mulheres racializadas da classe trabalhadora ou pobres que permanecem em suas comunidades, em vez de buscar ascensão social. Felski argumenta que a representação de *home girls* na literatura reflete atitudes mais amplas da sociedade em relação às mulheres e à classe. Essas mulheres são frequentemente representadas como passivas, resignadas às suas circunstâncias e carentes de ambição ou agência. Elas foram/são muitas vezes contrastadas com mulheres de maior mobilidade social que são representadas como ativas, independentes e capazes de transcender seu *status social* e econômico.

A teórica vincula à obra homônima de Alvina Quintana o termo *home girls*, empregado como um tropo universal para mulheres racializadas nos Estados Unidos. Felski também menciona a bem conhecida antologia de mesmo título editada por Barbara Smith, a partir da qual ela explica como Smith criou o título, afirmando que as *home girls* são as garotas do bairro e da quadra, as garotas que cresceram juntas. Nesse sentido, a expressão evoca uma sensação de comunidade e pertencimento. No entanto Felski também reconhece que a representação dessa alegoria de autoria na literatura evoluiu ao longo do tempo. Em obras mais recentes, as *home girls* são construídas com mais nuances e complexidade, e suas experiências são exploradas em maior profundidade, como é o caso de personagens retratadas por Carolina Maria de Jesus, no Brasil, por exemplo.

A nova alegoria de autoria proposta aqui é denominada "o riso da Medusa". Ela vincula-se ao ensaio homônimo de Hélène Cixous publicado originalmente em 1975, que traz como um dos pontos centrais do texto a ideia de que as mulheres têm sido historicamente excluídas da linguagem e da escrita. Segundo Cixous, a linguagem literária foi construída a partir de uma perspectiva masculina e, como resultado, as mulheres foram forçadas a se adequar a essa linguagem. Ela argumenta que isso levou as mulheres a se sentirem alienadas da linguagem e a adotarem uma posição de passividade em relação a ela.

No entanto, Cixous defende que as mulheres têm a capacidade de subverter a linguagem e de criar uma nova forma de escrita. Ela chama essa forma de escrita de "escrita feminina" e a descreve como uma escrita que está enraizada na experiência do corpo feminino e que abraça a diferença e a multiplicidade. A autora argumenta que a escrita feminina não busca a igualdade com a escrita masculina, mas sim uma ruptura com ela. Outro ponto importante do texto é a ideia de que essa "escrita feminina" deve ser política. Pois, segundo a teórica, a "escrita feminina" é uma forma de resistência ao patriarcado e que as mulheres devem se unir para criar uma nova linguagem e uma nova forma de escrita. Cixous enfatiza que essa escrita não deve ser vista como algo individual, mas, sim, como uma forma de ação coletiva.

O que Cixous aborda com o nome de "escrita feminina", na verdade, ultrapassa a binaridade de gênero. Antes, ela abriga a aglutinação de lugares e corpos recalcados que foram feminizados, inclusive no discurso, a fim de uma manutenção do poder patriarcal e de colonização: corpos de fêmeas e corpos feminizados, além da própria natureza (fauna e flora), por exemplo. Nesse sentido, não opto por manter o termo "escrita feminina" nesta discussão, mas prefiro não nomear ainda o tipo de escrita para a qual Cixous nos convoca.

Como empréstimo, na verdade, utilizo o nome de seu manifesto, junto da carga conceitual elaborada pela autora (que consequentemente evoca o mito da Medusa), para propor a alegoria de autoria de "o riso da Medusa".

> Pois a sucessão falogocêntrica está aí, e é militante, reprodutora dos velhos esquemas, enraizada no dogma da castração. Eles não mudaram nada: eles teorizaram o desejo pela realidade! Que tremam os padres, vamos mostrar a eles nossos sextos![34]

---

[34] Neologismo a partir da aglutinação das palavras "texto" e "sexo", proposto pelas tradutoras do texto de Cixous para o português brasileiro, a partir do que a autora faz em língua francesa. Cixous, 2022, p. 62.

> Pior para eles, se desmoronarem ao descobrir que as mulheres não são homens, ou que a mãe não tem um. Mas será que esse medo não lhes convém de algum modo? Será que o pior não seria, não é, na verdade, o fato de que a mulher não é castrada, que basta a ela não dar mais ouvido às sereias (pois as sereias eram homens) para mudar o sentido da história? Basta olhar a Medusa de frente para vê-la: ela não é mortal. Ela é bela e ri.[35]

Tal qual a Medusa que ri simbolicamente no texto de Cixous, essa alegoria representa as autoras e as personagens que, por via de seus textos literários satíricos (mas que atravessam inclusive seu sexo na construção das narrativas, para fazer alusão ao neologismo apresentado anteriormente, sextos), reivindicam suas vozes e suas subjetividades. Elas riem um riso debochado, muitas vezes a fim de superar as restrições culturais e sociais que as mantiveram em silêncio e submissão, que cortaram suas cabeças, como fizeram com a Medusa. Porém Medusa permanece igualmente ou mais poderosa e imortal, pois, mesmo separada de seu corpo, sua cabeça ainda é usada para derrotar inimigos. Cortar a cabeça da Medusa é simbólico porque é como se interrompessem o seu pensamento e sua fala.

Podemos dizer, então, que as autoras, à luz dessa alegoria, utilizam elementos do riso, da ironia e da sátira para expor as contradições e os absurdos de uma sociedade fragilizada pela violência e pela injustiça, inclusive e principalmente de gênero, pela experiência do corpo feminino e feminizado, que abraçam a diferença e a multiplicidade. E permanecem potentes, mesmo depois de terem sido simbolicamente decapitadas e, como a Medusa, são belas e riem.

Trata-se de uma alegoria que traz luz para refletirmos a respeito de uma escrita sobretudo política, construída a partir da compreensão mútua e do reconhecimento das experiências comuns para as mulheres, criando um espaço de apoio e empoderamento, apresentando mais do que uma verdade e mais do que uma maneira de experimentar as

---

35 *Idem, ibidem.*

rupturas que se tornaram tão centrais para a resistência e existência das mulheres na história, na literatura, no mundo. À luz de *O riso da Medusa* encontramos narrativas como *The Lady Matador's Hotel*, romance de Cristina García, analisado neste ensaio, mas ele também funciona para pensarmos os poemas da brasileira Angélica Freitas em *Um útero é do tamanho de um punho* (2012), ou os contos de Clarice Lispector em *A via crucis do corpo* (1974), por exemplo.

CONCLUSÃO

Em primeiro plano, encontramos três personagens femininas que experimentam a violência de gênero, mas cujos comportamentos refletem uma outra forma de viverem suas vidas, mesmo que seja por posições de revide igualmente violentas.

Em segundo lugar, todas as três representações personificam a violência psicológica que sofreram e que cometem. Com profundidade psicológica e nuances complexas, a autora nos desafia a confrontar questões sobre poder, manipulação e o impacto duradouro que a violência psicológica pode ter nas vidas daqueles que a vivenciam.

No contexto da Guatemala em ruínas, Aura se destaca como representante da violência política e social. Nesse cenário, em que a instabilidade política e as injustiças sociais criam um caldo cultural propício à violência, a autora lança luz sobre as consequências devastadoras que ações políticas e sociais desumanizadoras podem ter sobre indivíduos e comunidades inteiras.

Por fim, o romance não hesita em abordar a violência física e a maneira como ela afeta a vida das personagens, como também dos touros na narrativa, desencadeando cicatrizes tanto físicas quanto psicológicas. As cenas de violência física são retratadas com realismo impactante, e a autora não poupa o leitor da crueza dessa realidade. Nesse aspecto, *The Lady Matador's Hotel* se revela como uma obra que busca confrontar os leitores com as consequências do uso da força bruta para resolver conflitos e impor ideologias.

Dessa forma, reafirmo que essa é uma obra literária ousada e poderosa que explora a estética da violência por meio de personagens altamente emblemáticas. À luz da alegoria de autoria *O riso da Medusa*, com sua escrita perspicaz e satírica, a autora nos convida a encarar as diversas manifestações de violência presentes na sociedade e, ao fazer isso, proporciona uma experiência literária que nos desafia e nos leva a repensar nossas próprias relações com a violência e suas consequências, sejam elas físicas, psicológicas, políticas, sociais ou de gênero.

REFERÊNCIAS

ASHCROFT, Bill *et al. Key concepts in Post-colonial Studies*. London, Routledge, 1998.

BHABHA, Homi K. *O local da cultura*. Belo Horizonte, Editora UFMG, 2010.

BONNICI, Thomas. *O pós-colonialismo e a literatura: estratégias de leitura*. 2. ed. Maringá, EDUEM, 2012.

CIXOUS, Hélène. *O riso da Medusa*. Trad. Natália Guerellus e Raísa França Bastos. Rio de Janeiro, Bazar do Tempo, 2022.

FELSKI, Rita. *Literature after feminism*. Chicago, The University of Chicago Press, 2003.

FREITAS, Angélica. *Um útero é do tamanho de um punho*. São Paulo, Cosac Naify, 2012.

GARCÍA, Cristina. *The Lady Matador's Hotel*. New York, Scribner, 2010.

GRAMSCI, Antonio. *Selections from the prison notebooks*. Trad. Quintin Hoare and Geoffrey N. Smith. New York, International, 1985.

LISPECTOR, Clarice. A via crucis *do corpo*. Rio de Janeiro, Rocco, 1998.

MIGNOLO, Walter. *Histórias locais/projetos globais: colonialidade, saberes subalternos e pensamento fronteiriço*. Belo Horizonte, Editora UFMG, 2003.

NUTTING, Alicia. "The Lady Matador's Hotel: an interview with Cristina García". *Witness*, vol. 24, n. 2, 2011.

6
"SÓ VIM TELEFONAR", DE GABRIEL GARCÍA MÁRQUEZ: MARCAS DA ESTRUTURA DA VIOLÊNCIA E DO SILENCIAMENTO FEMININO

Camilla Guedes Tiburcio Pazim
Adriana Lins Precioso

INTRODUÇÃO

O silenciamento feminino é uma prática que estrutura a sociedade patriarcal e se manifesta de várias formas nos diferentes períodos. Há, sobretudo, uma sequência, um padrão que, associado a ele, gera o descrédito e, por consequência, um veredicto final: a loucura e, por vezes, a morte.

Em todas as suas dimensões possíveis, a violência tem servido de ferramenta para garantir esse silenciamento, e o *modus operandi* no qual ele se efetua gera um processo que, ao deslegitimar a vítima, muitas vezes ainda consegue inverter os papéis e colocá-la como a causadora do seu próprio mal.

Sob o signo do insólito, Gabriel García Márquez apresenta em sua obra *Doze contos peregrinos* (2014) personagens acometidas por algum tipo de desajuste e que acabam por vivenciá-los naturalmente na realidade ficcional dos contos. A obra é composta de 12 narrativas que nos apresentam personagens que estão fora de sua terra natal, sempre latino-americanas que se encontram na Europa por diferentes motivos: são exiladas, expatriadas ou emigradas, mas todas carregam o traço de serem peregrinas. As personagens têm em si o traço da solidão, que é motivado por um sentimento de deslocamento que não é apenas de sua terra natal, mas também social e cultural.

Desse modo, a obra *Doze contos peregrinos* (2014) narra as situações peculiares que acontecem aos latino-americanos na Europa, espécie de grande espaço onde os fatos que marcam cada um dos contos se desdobram. A característica essencial da figura do peregrino é que ela vem acompanhada da solidão que os grandes deslocamentos geográficos, políticos e culturais impõem aos sujeitos. Assim, os contos narram histórias de personagens deslocadas de sua terra natal, mas que não perdem uma espécie de condição cultural que as caracteriza como latino-americanas, mesmo que sofram tensões, conflitos e reacomodações em suas identidades. Ainda que a relação das personagens com o mundo as afete e molde e transforme suas identidades, elas podem preservar uma determinada condição que as liga ao lugar de onde vieram ou se adaptam à outra cultura. Nos contos, não há adaptação: há uma resistência das personagens em se aculturarem e há sempre algo que as liga ao passado e remete às suas origens.

Gabriel García Márquez, ao receber o prêmio Nobel de Literatura, em 1982, intitulou seu discurso de "A solidão da América Latina", no qual o autor narra os acontecimentos peculiares e fora do comum que se passam em nosso continente e como, historicamente, somos explorados e disputados como mercado de consumo e exploração por grandes economias. A solidão da qual o autor fala é baseada em uma história construída e narrada por outros, e não pelos latino-americanos, há as marcas de séculos de separação entre classes sociais, de guerras e dizimação de civilizações nativas e o desenvolvimento que parece ter se extinguido para sempre: "a interpretação da nossa realidade a partir de esquemas alheios só contribui para tornar-nos cada vez mais desconhecidos, cada vez menos livres, cada vez mais solitários".[1]

---

1 García Márquez, 2012, p. 10.

A interpretação da América tem sido desde os primórdios dada a outros; a realidade latino-americana é, há séculos, negligenciada e entregue aos donos do mundo, colocando-nos diante da miséria, das ditaduras por manutenção de ideologias políticas, a exploração do território vendido a preços ínfimos como concessão de um direito desde antes tido como do conquistador. Temos buscado nos estabelecer, mas sempre colocados como sombra indissolúvel de uma mera invenção europeia. García Márquez, ainda em seu discurso, chama a América Latina de "imensa pátria de homens alucinados e mulheres históricas",[2] pois somos todos o resultado da mestiçagem e compartilhamos as mesmas angústias de um povo que luta pela própria história.

García Márquez utiliza-se do encantamento nos fatos insólitos das narrativas; narrador e personagens naturalizam os acontecimentos; os episódios realisticamente improváveis são mostrados como um componente da realidade, ou seja, não causam espanto ou hesitação, mas são tidos como intrínsecos à ordem pura do real ficcional. Os contos são permeados por traços que nos conduzem à percepção da alma humana em determinado contexto histórico, são escritos que carregam uma prosa quase poética em que a angústia, a solidão e os deslocamentos são tocados por gestos e olhares de amor, de complacência, de solidariedade, e, assim, realidade ficcional e insólito, amor e solidão tornam-se dualidades naturalizadas na obra.

Em *Doze contos peregrinos,* o incomum, primeiramente, manifesta-se de forma sutil, mas vai ganhando o contorno de algo que perturba a cotidianidade e revela às personagens algo sobre elas mesmas. Temos, por exemplo, o conto "Só vim telefonar", em que María é internada por engano em um hospício e sofre repressões violentas ao tentar provar a coincidência do acontecimento e atestar sua sanidade mental. O evento na vida de María ocorre pelo acaso e ganha traços de algo que não acontece por hábito, é raro, entretanto o acontecimento é motivado pelo insólito, mas o desdobramento é perfeitamente cabível.

---

2 *Idem*, p. 8.

"SÓ VIM TELEFONAR": ESTRUTURA DA VIOLÊNCIA

Para este estudo, foi selecionado o conto "Só vim telefonar", que revela as consequências possíveis das estratégias de afirmação do poder masculino no processo de deslegitimação e violência contra a mulher, que podem gerar até a sua morte. Uma das leituras possíveis é que os contos de García Márquez partem do que pode ser considerado insólito, tomando como referência a perspectiva de Roas (2014), na qual há a inserção do fator psicológico como fundamental para a exploração desse tipo de narrativa, como, por exemplo: o medo, a dúvida, a tensão, são todos contribuintes para a existência dessa relação antitética entre o natural e o sobrenatural, pois coloca-se em questão a natureza do fato insólito, deixando a resposta sempre em aberto no âmbito da (im)possibilidade, ou seja, da possível explicação real e racional para o fato ou a crença na manifestação do irreal, do impossível. Todavia é possível destacar que, para além dessa questão do insólito, é perceptível o desenvolvimento clássico da estrutura que deslegitima a fala da mulher, atribuindo à sua fala o julgamento que a enquadra enquanto "louca" ou "desajustada".

O quinto conto, "Só vim telefonar", narra a história de María de la Luz Cervantes, que acaba internada em um hospício por engano. Ao voltar para Barcelona, depois de visitar alguns parentes em Saragoça, o carro de María quebra e ela, sem ter como pedir ajuda e avisar o marido que se atrasaria para o jantar, consegue chamar a atenção de um motorista de ônibus que para e lhe dá carona, mas adverte que não vai muito longe. "– Não importa – disse María. – Eu só preciso de um telefone".[3] Ela então recebe uma toalha para se enxugar da chuva e uma manta na qual se enrola, só então percebe que o ônibus leva apenas mulheres das mais variadas idades e todas dormem envoltas na mesma manta que María recebera.

3 *Idem*, p. 105.

Quando chegam ao destino, ela desce e procura por um telefone, mas é logo colocada junto com as outras mulheres, todas em fila e em ordem. Nesse momento, María entende a situação em que se encontra, percebe que as mulheres do ônibus dormiam e eram tão lentas porque estavam dopadas, nota que o lugar é um hospício e tenta, pela primeira vez, fugir. Logo é detida por Herculina, que a derruba com um golpe de braço. A personagem é vítima de uma coincidência extremamente inusitada, mas que a força a silenciar e a ceder.

> Assustada, escapou correndo do dormitório, e antes de chegar ao portão uma guarda gigantesca com um macacão de mecânico agarrou-a com um golpe de tigre e imobilizou-a no chão com uma chave mestra. María olhou-a de viés paralisada de terror. – Pelo amor de Deus – disse. – Juro pela minha mãe morta que só vim telefonar. Bastou ver sua cara para saber que não havia súplica possível diante daquela energúmena vestida de mecânico que era chamada de Herculina por sua força descomunal.[4]

Começa então a saga de María pela sobrevivência. Para que pudesse dormir na primeira noite, injetaram-lhe sonífero. Quando ela acorda, recebe a visita de um médico, para quem explica todo o ocorrido e pede, mais uma vez, para telefonar. Ele diz que ainda não e anota na ficha de María: "agitada". Vale ressaltar que "a própria loucura, cuja definição variou ao longo dos séculos, ganhou o rosto da mulher rebelde. A mulher que rejeitava o rótulo social, que não objetivava se

---

4 *"Asustada, escapó corriendo del dormitorio, y antes de llegar al portón una guardiana gigantesca con un mameluco de mecánico la atrapó de un zarpazo y la inmovilizó en el suelo con una llave maestra. María la miró de través paralizada por el terror – Por el amor de Dios – dijo –. Le juro por mi madre muerta que sólo vine a hablar por teléfono. Le bastó con verle la cara para saber que no había súplica posible ante aquella energúmena de mameluco a quien llamaban Herculina". Idem*, p. 109.

casar. A mulher que amava outras mulheres. Aquela que não queria ser mãe".[5]

Paralelamente ao drama de María, temos a narrativa de Saturno, marido da personagem. Eles haviam se conhecido no México, onde María o abandonara depois de seis meses de felicidade intensa. Ele decide ir buscá-la na casa dos pais, mas é rejeitado por ela. María já havia abandonado dois outros homens por falta de amor. Reencontram-se, e María volta para ele depois de ser abandonada no altar.

> Ele não estava em casa, mas encontrou as chaves no vaso de flores do corredor, onde sempre as escondera. Daquela vez, foi ela quem se rendeu sem condições. "E agora até quando?", ele perguntou. Ela respondeu com um verso de Vinicius de Moraes: "O amor é eterno enquanto dura". Dois anos depois continuava sendo eterno. María pareceu amadurecer. Renunciou a seus sonhos de atriz e consagrou-se a ele, tanto no ofício como na cama.[6]

Assim, quando María não volta para casa, ele pensa que ela o abandonou e foi embora com outro homem. Saturno é tomado pelos ciúmes e pela certeza do abandono, começa a se lembrar de um jovem com quem se encontraram certa vez em Cadaqués e telefona para a casa dele inúmeras vezes, na tentativa de encontrar María e confirmar a traição, mas não consegue: "A negativa da mulher pareceu-lhe uma confirmação a mais do que para ele já não era suspeita, era uma certeza ardente. Perdeu o controle".[7]

---

5 Guimarães, 2018, s/n.

6 "*No estaba en casa, pero encontró las llaves en la maceta de flores del corredor, donde las escondieron siempre. Esta vez fue ella quien se le rindió sin condiciones. '¿Y ahora hasta cuándo?', le preguntó él. Ella le contestó con un verso de Vinicius de Moraes: 'El amor es eterno mientras dura'. Dos años después, seguía siendo eterno. María pareció madurar. Renunció a sus sueños de actriz y se consagró a él, tanto en el oficio como en la cama*". García Márquez, 2017, p. 99.

7 "*La negativa de la mujer le pareció una confirmación más de lo que y a no era para él una sospecha sino una certidumbre ardiente. Perdió el control*". *Idem*, p. 102.

O movimento julgador de Saturno revela que: "Vinte e quatro séculos se passaram, mas a presença de um útero ou a desobediência a padrões sociais impostos às mulheres ainda justificam estigmas ligados à loucura e histeria".[8]

Nesse momento, Saturno se dá conta da solidão em que se encontrava sem María, em uma cidade "lunática e impenetrável, na qual jamais seria feliz". Enquanto isso, dois meses depois, María não havia se adaptado ao claustro, sobrevivia e resistia às horas que se acumulavam, "os olhos fixos na litografia do general Francisco Franco que presidia o lúgubre refeitório medieval",[9] mas, na terceira semana, ela foi se incorporando à vida no hospício, "diziam os médicos, todos começavam assim, e cedo ou tarde acabavam integrando-se na comunidade".[10]

O silenciamento forçado de María fez com que ela, para sobreviver, cedesse ao fato de permanecer em um hospício e não pudesse ao menos, telefonar, como já sugere o título "Só vim telefonar". O sentimento de angústia cresce no leitor, que vê as incontáveis violências sofridas pela protagonista como resultado de um "acaso" ou "uma "triste coincidência".

Em um dia de verão, depois de uma confusão com as reclusas, María, sem saber como, encontrou-se sozinha no escritório com um telefone que não parava de tocar. Ela, então, percebe a oportunidade e liga para Saturno, que a despreza;

> – Alô? Precisou esperar que passasse a bola de lágrimas que se formou na sua garganta. – Coelho, minha vida – suspirou. As lágrimas a

---

8 *Idem*, p. 4.

9 "[...] *y la vista fija en la litografía del general Francisco Franco que presidía el lúgubre comedor medieval*". *Idem*, p. 102.

10 "A fin de cuentas, decían los médicos, así empezaban todas, y tarde o temprano terminaban por integrarse a la comunidad". *Idem*, *ibidem*.

venceram. Do outro lado da linha houve um breve silêncio de espanto, e a voz ensandecida pelos ciúmes cuspiu a palavra: – Puta! E desligou.[11]

Naquela noite, María tirou o retrato do generalíssimo da parede e se jogou contra o vidro, caindo banhada de sangue. A referência ao General Francisco Franco, ditador espanhol, marca o elemento do violento processo histórico sofrido na América do Sul em razão de colonizadores vindos da Europa. O ditador espanhol é símbolo de opressão, de tortura, de uma realidade pouco democrática, características que constroem um paralelismo com a realidade de María na clausura. Após a queda, ela lutou contra as guardas, até que viu Herculina e rendeu-se. María foi levada para o pavilhão das loucas perigosas, injetaram terebintina em suas pernas, e a inflamação provocada a impediu de andar: "María percebeu que não havia nada no mundo que não fosse capaz de fazer para escapar daquele inferno".[12] Quando retorna ao pavilhão das loucas comuns, María cede ao assédio de uma guarda e pede que, em troca, ela leve um recado seu a Saturno. Assim, o marido vai parar no sanatório.

Saturno que, para María, é a única esperança de fuga e comprovação de sua lucidez, é colocado a par do estado da esposa pelos médicos, que dizem que o estado dela é grave e que ela tem a obsessiva mania de dizer que só foi telefonar. Ao se encontrarem, ele diz a ela que ainda falta um tempo para que fique recuperada de vez. Atônita, ela diz a ele que só foi telefonar. Nesse espaço, María perde a credibilidade, a loucura é a ela imputada sem que haja questionamentos, quaisquer que fossem suas ações ou suas falas, seriam todas descreditadas, pois, naquele lugar, resistência é loucura e a verdade é decretada pelos médicos.

---

11 *"– ¿Bueno? Tuvo que esperar a que pasara la pelota de lágrimas que se le formó en la garganta. – Conejo, vida mía – suspiró. Las lágrimas la vencieron. Al otro lado de la línea hubo un breve silencio de espanto, y la voz enardecida por los celos escupió la palabra: –¡Puta! Y colgó en seco". Idem*, p. 105.

12 *"María se dio cuenta de que no había nada en el mundo que no fuera capaz de hacer por escapar de aquel infierno". Idem, ibidem.*

> Ele não soube como reagir à obsessão temível. Olhou para Herculina. [...] Então agarrou-se no pescoço do marido gritando como uma verdadeira louca. Ele safou-se com todo o amor que pôde, e deixou-a à mercê de Herculina, que saltou sobre suas costas. Sem dar-lhe tempo de reagir, aplicou em María uma chave com a mão esquerda, passou o outro braço de ferro em volta de seu pescoço, e gritou para o Mago Saturno: – Vá embora! Saturno fugiu apavorado.[13]

María nunca mais recebe o marido. Ela se rende à clausura. Ele deixa a cidade e providencia que uma namoradinha leve cigarros para a esposa internada no sanatório e, depois de um tempo, a moça encontra apenas os escombros do hospital. María se integra e desaparece junto com o hospício. Há, nesse conto, todos os elementos que ligam María a um Estado repressor, ela não se enquadra na política de passividade do sanatório e, por isso, luta. Entretanto a luta é vista como loucura em um espaço controlado por ordem (as guardas) e por verdade (os médicos). María tinha uma chance de saída, Saturno, mas ele também se rende à ordem estabelecida e compactua com a situação na qual ela fora posta.

> Ela contou-lhe que continuara levando cigarros para María, sempre que pôde, e resolvendo para ela algumas urgências imprevistas, até o dia em que só encontrou os escombros do hospital, demolido como uma grande lembrança ruim daqueles tempos ingratos. María pareceu-lhe muito lúcida na última vez em que a viu, um pouco acima do peso e contente com a paz do claustro.[14]

---

13 *"Él no supo cómo reaccionar ante la obsesión temible. Miró a Herculina.* [...] *Entonces se aferró al cuello del marido gritando como una verdadera loca. Él se la quitó de encima con tanto amor como pudo, y la dejó a merced de Herculina, que le saltó por la espalda. Sin darle tiempo para reaccionar le aplicó una llave con la mano izquierda, le pasó el outro brazo de hierro alrededor del cuello, y le gritó a Saturno el Mago: – ¡Váyase! Saturno huyó despavorido". Idem*, p. 108.

14 *"Ella le contó que había seguido llevándole los cigarrillos a María, siempre que pudo, y resolviéndole algunas urgencias imprevistas, hasta un día en que sólo encontró los escombros del hospital, demolido como un mal recuerdo de aquellos*

María não é colocada em uma prisão como alguém que comete crimes, mas é presa em um claustro cujos limites também são estabelecidos com base na ordem, na disciplina e na obediência. E, quando as regras falham, apela-se à força, à repressão. A personagem tem o telefone como um vínculo que a religaria à realidade, mas a espera pela chamada torna-se a espera de María pela sobrevivência e pela liberdade. A dor, a vigilância, os assédios são constantes e acompanhados da perda de identidade. María é mais uma entre todas as internas. Nesse espaço, a democracia não é uma possibilidade, é preciso autoritarismo e repressão para que haja controle das pessoas e, consequentemente, de suas ações.

O espaço do sanatório faz desacreditar toda e qualquer manifestação de "normalidade" que a personagem María tenta realizar. A violência e a dominação do corpo nesse local que desacredita a vítima e a coloca enquanto "louca", "agressiva" ou "desajustada" lembra os procedimentos da *Microfísica do poder* (2004) estudados por Michel Foucault. De acordo com a sua teoria, o controle da consciência dos indivíduos, ainda que não exercida pelo Estado, se dá pelo gerenciamento do corpo biológico em um processo de normalização, padronização desses sujeitos.

Camila Marchesan Cargnelutti e Anselmo Peres Alós[15] esclarecem:

> O problema da opressão das mulheres pelos homens torna-se ainda mais complexo, pois as mulheres estão integradas em uma cultura de violência e de dominação sobre seus corpos e sobre sua liberdade, passando, desde seu nascimento, por um processo de socialização e de internalização da ideologia opressora.

---

tiempos ingratos. María le pareció muy lúcida la última vez que la vio, un poco pasada de peso y contenta con la paz del claustro". Idem, p. 110.

15 Cargnelutti & Peres Alós, 2019, pp. 11-12.

Entretanto o silêncio é também impositivo para a personagem. Ela tem sua vida limitada pelos homens, eles a desacreditam, silenciam e a chamam de "louca". Primeiro foi o motorista do ônibus, depois os médicos e, por fim, as enfermeiras que abusam dela sexualmente. A estrutura de violência sofrida por María representa ficcionalmente uma estrutura de descrédito e silenciamento vivenciado por inúmeras mulheres, há séculos. Sua condição de mulher a coloca nesse lugar, tal como lembra Simone de Beauvoir em *O segundo sexo* (1967), o simples fato de ser mulher, sua constituição biológica a coloca nesse lugar de ser *Outro*, um ser frágil, manipulável e não merecedor de crédito.

Camila Marchesan Cargnelutti e Anselmo Peres Alós[16] argumentam:

> De acordo com Beauvoir (1970, p. 179), a concepção da mulher como limitada e inferior – como o Outro – foi construída historicamente em uma sociedade patriarcal em que os homens sempre detiveram o poder político, econômico e simbólico, utilizando-se dele para a concretização de seus interesses: "desde os primeiros tempos do patriarcado, [os homens] julgaram útil manter a mulher em estado de dependência; seus códigos estabeleceram-se contra ela; e assim foi que ela se constituiu concretamente como Outro".

Os autores ainda salientam que "a diferença entre os gêneros foi transformada em inferioridade para a mulher, e os argumentos da ordem da biologia ou da psicanálise foram utilizados largamente como justificativa para essa inferioridade e, portanto, para a dominação das mulheres pelos homens".[17] Em estado de vulnerabilidade física e emocional, o corpo feminino passa a ser totalmente dominado e, no conto, as forças de violência atuam sobre o corpo de María e executam

---

16 *Idem*, p. 9.

17 *Idem, ibidem.*

essa violência de forma legítima, com o propósito, até então justo, de mantê-la sobre controle.

"SÓ VIM TELEFONAR": UM VISTO HISTÓRICO MARAVILHOSO

Na obra *Doze contos peregrinos*, o conto "Só vim telefonar", quinto na lista dos doze, narra a perturbadora história de María de la Luz Cervantes. A personagem é descrita como uma atriz mexicana de 27 anos que mora em Barcelona e é casada com um prestidigitador de salão. María se encontra, no início do conto, com o carro quebrado às margens da rodovia e sem meios para pedir socorro, pede aos carros que parem e a ajudem, mas sem sucesso. Um ônibus encosta, e María diz que só precisa telefonar, o motorista lhe dá carona e um cobertor. Ela então se junta às outras mulheres do ônibus, todas com o mesmo cobertor.

Ao chegarem ao destino, María é colocada juntamente com todas as outras mulheres e descobre estar em um hospício. Apesar de não encontrarem seu nome na lista e não haver nela identificação de paciente, ela é imediatamente tida como louca, e suas palavras se transformam em um discurso descreditado e sintomático da loucura, confirmada pelo lugar (hospício) e pela situação (encontrar-se no ônibus com as demais pacientes).

> – É que só vim telefonar – disse María. – Está bem, beleza – disse a superiora, levando-a até sua cama com uma doçura demasiado ostensiva para ser real –, se você se portar bem vai poder falar por telefone com quem quiser. Mas agora não, amanhã.[18]

---

[18] "*– Es que yo sólo vine a hablar por telefono – dijo María. – De acuerdo, maja – le dijo la superiora, llevándola hacia su cama con una dulzura demasiado ostensible*

Entretanto o amanhã nunca chega. María se revolta contra o lugar, mas, a cada tentativa de argumentação e de esclarecimento da situação, ela é dopada, desacreditada, até ser torturada e amarrada ao seu leito. Tida como "agitada", ela acaba se rendendo ao assédio sexual de uma guarda para conseguir se comunicar com o exterior e ter uma possibilidade de liberdade. Dentro do hospício, suas palavras não têm validade, não carregam verdade, mas o testemunho de alguém de fora poderia lhe trazer autenticidade.

> Naquela noite, num ataque frenético, María tirou da parede do refeitório a litografia do generalíssimo, arranjou-a com todas as suas forças contra o vitral do jardim, e desmoronou banhada em sangue. Ainda lhe sobrou raiva para enfrentar na porrada as guardas que tentaram dominá-la. [...] Ainda assim, foi arrastada até o pavilhão das loucas perigosas, foi aniquilada com uma mangueira de água gelada, e injetaram terebintina em suas pernas.[19]

O conto nos coloca diante dos três aspectos do maravilhoso descritos um pouco acima. Temos o insólito despertado pela ação humana, ao subjugar a situação da personagem e considerá-la louca simplesmente pelas circunstâncias, sem que houvesse provas concretas da insanidade de María. A narração desperta no leitor o desespero, a raiva e a inconformidade com o tratamento dado à personagem, mostra a verdade sendo dita constantemente, sem que lhe seja dada atenção. María é abusada, torturada, rendida, ferida e constantemente

para ser real –, si te portas bien podrás hablar por telefono con quien quieras. Pero ahora no, mañana". García Márquez, 2017, p. 94.

19 "*Esta noche, en un ataque frenético, María descolgó en el refectorio la litografía del generalísmo, la arrojó con todas sus fuerzas contra el vitral del jardín, y se derrumbó bañada en sangre. Aún le sobró rabia para enfrentarse a golpes con los guardianes que trataron de someterla* [...]. *No obstante, la arrastraron hasta el pabellón de las locas furiosas, la aniquilaron con una manguera de agua helada, y le inyectaron trementina en las piernas*". *Idem*, p. 106.

maltratada. Ela pode representar todos aqueles que sofreram repressão em governos autoritários e aqueles que são cotidianamente rendidos à realidade pouco democrática do Terceiro Mundo latino-americano.

O hospício pode ser lido como alegoria do regime político indicado no conto, a ditadura franquista. Segundo Foucault (1972), as instituições psiquiátricas foram amplamente usadas na repressão do pensamento e no controle da expressão. O internamento não era apenas uma variante cômoda das condenações habituais, mas tinham um sentido preciso e um papel particular: o de conduzir de volta à verdade através da coação moral.

Nesse aspecto, os bons são aqueles que se adaptam, tornam-se mansos, os maus se revoltam, lutam, e, para estes, as punições são aplicadas. Aqueles que pensam e agem de modo diferente do convencionalizado politicamente, têm sua liberdade afetada até que se (re)integrem à ordem estabelecida.

> [...] mas antes o aspecto de uma instituição moral encarregada de castigar, de corrigir uma certa "falha" moral que não merece o tribunal dos homens, mas que não poderia ser corrigida apenas pela severidade da penitência. [...] Têm todo o poder de autoridade, de direção, de administração, de polícia, jurisdição, correção e punição; e, para que realizem sua tarefa, põe-se-lhes à disposição pelourinhos e golilhas, prisões e celas-fortes.[20]

A acusação, o julgamento e a condenação de María são feitos dentro de um espaço em que a sentença já está concluída, e ela só não seria condenada à violência caso se adaptasse ao claustro, mas, ainda assim, teria que viver sem sua liberdade. Desse modo, coloca-se o confronto entre sanidade e loucura, normalidade e desvio, a partir dos quais, historicamente, a loucura foi pensada. Nesse sentido, a

[20] Foucault, 1972, p. 84.

loucura acaba também por figurar ou encarnar o próprio problema do insólito e sua manifestação no interior da narrativa, isto é, torna-se possível uma leitura metalinguística do conto, ou seja, a partir de um acontecimento improvável, o desdobramento que se sucedem são perfeitamente prováveis, como registrado por Foucault.

O conto dá margem a uma leitura metalinguística porque a loucura é o elemento insólito e insidioso que atravessa a razão de uma forma que não se espera que aconteça, A loucura pode ser uma figuração metalinguística da própria natureza dos contos que estão presentes no livro, representando algo que afeta essa concepção de normalidade que esperamos da vida, do mundo e da ficção.

Durante o período das ditaduras militares na América Latina, tornou-se prática enviar opositores à prisão ou a hospícios, ainda que não sofressem de nenhum transtorno ou doença psíquica. A diferença passou a ser demonizada e, logo, marginalizada. No caso de María, assim como de outros perseguidos durante os anos de chumbo, a violência e a contenção passam a acontecer naturalmente em um espaço destinado a elas. O hospício converte a ação violenta em virtude, os opressores, em heróis que cumprem uma função legitimada e as vítimas, em culpadas.

O aspecto histórico ganha especial atenção quando María tira o retrato do generalíssimo da parede, o agarra com toda sua força e se joga contra o vidro do jardim, caindo ensanguentada ao chão. A referência é ao General Francisco Franco, que esteve no poder desde o fim da Guerra Civil Espanhola, de 1939 até 1975, ano em que morreu. O conto narra a atmosfera enlouquecedora de repressão e controle em um hospício, ao mesmo tempo que a personagem se revolta com a figura do ditador, há uma clara alusão ao controle social e ideológico vivido durante a Era de Franco.

O conto foi escrito em 1978, pouco depois da morte do general. As marcas históricas de luta contra o regime estão na personagem, "María percebeu que não havia nada no mundo que não fosse capaz de fazer para escapar daquele inferno",[21] e no espaço "até o dia em que só encontrou os escombros do hospital, demolido como uma lembrança ruim daqueles tempos ingratos".[22] Ao mesmo tempo, parece ser apenas um caso contado por alguém, não tem aparência de realidade ou veracidade, como a história singular de María. Assim, realidade ficcional e insólito se apresentam como retrato de um tempo histórico em uma personagem peregrina, cuja identidade é brutalmente transformada. O realismo maravilhoso ganha força dentro do enredo, a realidade é tão cruel e impossível de ser tida como verdadeira que qualquer narrativa, por mais mágica e realisticamente improvável que seja, não consegue explorar todos os aspectos dos acontecimentos vividos ou narrados.

CONSIDERAÇÕES FINAIS

Pensando no simbólico, podemos entender a antítese que se estabelece entre o silêncio e a voz dessa personagem como parte das representações dos papéis sociais das mulheres na contemporaneidade. A experiência dela é permeada pela solidão, marcada pelo silêncio e pela luta individual, que se liga à trajetória contemporânea de inserção da mulher em espaços internos, no lar, e em espaços sociais.

A mulher ainda luta para assumir um lugar de igualdade em uma sociedade patriarcal sinalizada por um padrão tradicional de organização. Nesse caso, García Márquez nos coloca diante de uma personagem que tenta negar o rótulo da loucura e ao não pertencimento dentro de uma ordem estabelecida, todavia fracassa nessa tentativa

---

21 "*María se dio cuenta de que no había nada en el mundo que no fuera capaz de hacer por escapar de aquel infierno*". García Márquez, 2017, p. 106.

22 "[...] *hasta un día en que sólo encontro los escombros del hospital, demolido como un mal recuerdo de aquellos tiempos ingratos*". *Idem*, p. 110.

devido à força da estrutura que a faz sucumbir e acaba por promover o seu desaparecimento total.

O domínio do corpo de María e seu enclausuramento fazem com que ela perca as forças e ceda pela sobrevivência. Ao atacar a figura do ditador no refeitório e se lançar pela janela, impõe aos seus agressores uma leitura suicida que desconhece a real intenção do ato desesperado. Para o leitor, a angústia e o desconforto causam revolta, na medida em que apenas ele e María conhecem o contexto real que a faz agir de forma aparentemente tão descontrolada.

Desse modo, outro viés também pode servir de leitura desse conto, na medida em que a relação de dominação, de violência, de silenciamento e de aniquilamento impostos pelas estruturas colonizadoras europeias aos países latino-americanos do sul pode ter na figura da María uma metonímia de todo esse processo violento e sanguinário que tem seus resultados fortemente marcados até os dias atuais. Sendo assim, para além da leitura primeira que discorre a partir da trágica trajetória de María, todo o processo violento por ela sofrido, de dominação e de silenciamento, pode ser também ampliado para as relações ditatoriais sofridas na América do Sul.

REFERÊNCIAS

BEAUVOIR, Simone de. *O segundo sexo: a experiência vivida*. Trad. Sérgio Milliet. 2. ed. São Paulo, Difusão Europeia do Livro, 1967.

CARGNELUTTI, Camila Marchesan & ALÓS, Anselmo Peres. "A mulher como o outro: uma história de deslegitimação e silenciamento". *Revista Linguagens & Cidadania*, vol. 21, n. especial, 2019. Disponível em <https://periodicos.ufsm.br/LeC/article/view/38791>. Acesso em 22/5/2024.

FOULCAULT, Michel. *A história da loucura na Idade Clássica*. São Paulo, Perspectiva, 1972.

____. *Microfísica do poder*. Rio de Janeiro, Graal, 2004.

GARCÍA MÁRQUEZ, Gabriel. *Doze contos peregrinos.* Trad. Eric Nepomuceno. 24. ed. Rio de Janeiro, Record, 2014.

____. *Doce cuentos peregrinos.* Barcelona, Penguin, 2017.

PAZIM, Camilla Guedes Tiburcio. *O insólito como representação do exílio, da solidão e da crise de identidade em* Doze contos peregrinos, *de Gabriel García Márquez.* Sinop, Universidade do Estado de Mato Grosso, 2020. (Dissertação de mestrado). Disponível em <https://drive.google.com/file/d/1Ji8GOzLkcWlZjyW7rP1jGV5iYyRg1mKQ/view>. Acesso em 22/5/2024.

ROAS, David. *A ameaça do fantástico: aproximações teóricas.* Trad. Julián Fuks. São Paulo, Editora Unesp, 2014. Disponível em <https://azmina.com.br/reportagens/quando-a-loucura-e-filha-do-machismo/>. Acesso em 30/7/2023.

7
MANIFESTAÇÕES DA VIOLÊNCIA CONTRA A MULHER NA COLETÂNEA DE CONTOS *ESCRIBIRÉ TU NOMBRE*

Altamir Botoso

PALAVRAS INICIAIS

A literatura espanhola, desde os seus primórdios, conta com histórias que tratam da violência direcionada ao universo feminino. Como exemplo, podemos mencionar o *Poema do Cid*, datado de 1140, aproximadamente, no qual, no terceiro cantar, "A afronta de Corpes", há uma passagem de agressão a figuras femininas, dona Elvira e dona Sol, filhas do Cid. Seus maridos, Dom Diogo e Dom Fernando, que só se casaram por interesse e se sentiram humilhados pelo sogro e por seus leais seguidores, levam as esposas a um local ermo e as agridem com fúria: "Tanto as maltratam que jazem desfalecidas, ensanguentados as camisas e os panos. Fartaram-se de feri-las e Dona Elvira e Dona Sol já não podem falar. Por mortas, as deixam no carvalhal de Corpes".[1]

Já no século XIX, há uma ficcionista da região da Galícia que aborda a questão da violência contra as mulheres em vários contos:

> Emilia Pardo Bazán (1852-1921) está entre os escritores [...] que desenvolveram situações de violência de gênero na ficção. Na segunda metade do

[1] Anônimo, 1988, p. 87.

> século XIX, Dona Emilia foi uma grande contadora de histórias, e entre seus inúmeros contos, mais de quinhentos, com temática variada, gostaria de destacar dois deles: "Los huevos arrefalfados" e "Sin pasión". Ambos [...] se referem à violência exercida por um homem sobre sua esposa.[2]

Além desses, há um outro relato curto que se volta para um tipo específico de violência, a psicológica, quando o marido da personagem central, Reinaldo, ciumento ao extremo, mostra um revólver para a esposa, como uma maneira de intimidá-la e impedi-la de o trair. Com a morte do marido, Flora descobre que a arma sempre esteve descarregada, mas os danos já são irreparáveis: "– Então – acrescentou a cardíaca – um revólver vazio acertou em mim, não na cabeça, mas no meio do coração, e você acredita que, apesar dos digitálicos e banhos e todos os remédios, a bala não perdoa...".[3]

Contemporaneamente, romances como *Cielos de barro* (2000) e *Algún amor que no mate* (2007), de Dulce Chacón, *La segunda mujer* (2006), de Luisa Castro, *Atrapada en el espejo* (2007), de Gemma Lienas, conforme pondera Carmen Servén[4] e muitos outros, atestam a importância da temática apontada acima.

Levando em conta tal fato, objetivamos analisar cinco contos de escritoras espanholas: "Anitilla" e "Sahar", de Ana Morilla,[5] "Berta", de

---

2 "*Emilia Pardo Bazán (1852-1921) se halla entre las escritoras* [...] *que desarrollaron en la ficción situaciones de violencia de género. En la segunda mitad del siglo XIX, Doña Emilia fue una gran narradora, y entre sus numerosos cuentos, más de quinientos, de variada temática,* [...] *dos de ellos: 'Los huevos arrefalfados' y 'Sin pasión'. Ambos* [...] *se refieren a la violencia ejercida por un hombre sobre su esposa*". Servén, 2010, p. 5.

3 "*– De modo – añadió la cardíaca – que un revólver sin carga me pegó el tiro, no en la cabeza, sino en mitad del corazón, y crea usted que, a pesar del digital y baños y todos los remedios, la bala no perdona...*". Pardo Bazán, 2023.

4 Servén, 2010, pp. 1-12.

5 Morilla, 2020, pp. 23-25; pp. 143-145.

Ana Burgos Alcaide,[6] "Catalina" e "Nadine", de Isabel María Martos Rozas,[7] que fazem parte de um volume cujo título é *Escribiré tu nombre*, que conta com relatos de escritoras que se encontraram em Granada, muitas delas vivem nessa cidade e fazem parte de um grupo chamado de El Laurel de la Azotea. Nas análises, procuramos evidenciar de que forma a questão da violência de gênero (física ou psicológica) surge no enredo e quais são os recursos empregados pelas autoras para compor o antagonismo que se estabelece entre as figuras masculinas e femininas e plasmar estas como vítimas daqueles.

MARCAS DA VIOLÊNCIA EM PERSONAGENS FEMININAS

As representações da violência contra figuras femininas perpassam a literatura ocidental desde as suas origens até a contemporaneidade. Até mesmo na mitologia, conforme se pode observar nas *Metamorfoses*, de Ovídio, elas sofrem violência de gênero. Essa obra pode ser considerada como

> [...] um compêndio de transformações, muitas delas de mulheres: Io, Callisto, Corónide, Echo, Proserpina, Thetis, e a lista continua. Como personagem feminina desse compêndio, se você tivesse sorte, o sequestro e o estupro (anteriormente conhecido como rapto) acabariam por transformá-la em uma rainha de Creta e, finalmente, na madrinha de um continente inteiro, como foi o caso de Europa. Se você tivesse menos sorte, você se tornaria um monstro como a Medusa, que realizava a escultura não com as mãos, mas com os olhos. O máximo – rainha – e o mínimo – monstro – a que se poderia aspirar eram extremos enquadrados pela violência de gênero. Também não devemos esquecer,

6 Alcaide, 2020, pp. 37-42.

7 Marton-Rozas, 2020, pp. 63-70; pp. 123-124.

quando falamos de louros como o prêmio máximo da criação poética, que os dedos podados de Daphne são os que nos coroam, metaforicamente falando...[8]

As deusas mitológicas eram vítimas dos desmandos do universo masculino, eram perseguidas, violentadas, seduzidas, abandonadas e estavam sempre à mercê de algum tipo de violência de gênero:

> Por trás de cada uma dessas mulheres mitológicas perseguidas existe a violência de gênero. Por trás de cada louca no sótão, de cada Bertha Mason e de cada Susana San Juan, existe violência de gênero. Por trás de cada personagem que comete suicídio por despeito (Ofélia, Madame Bovary, Ana Karenina, Dona Julia etc.) existe a violência de gênero. Ela também existe atrás de cada Desdêmona, cada Hester Prynne, cada Dama das Camélias, cada Maga, cada Lolita, cada Sethe, cada Cesárea Tinajero, cada Urania Cabral, cada Vike, cada Bruxa assassinada em La Matosa etc. Há violência de gênero no encalço de cada Sheherazade e está à espreita de muitas de nossas grandes autoras (Virginia Woolf, Sylvia Plath, Rosario Castellanos, Lucia Berlin e muitas mais).[9]

---

8 Todas as traduções efetuadas neste artigo, salvo indicação em contrário, são de responsabilidade de seu autor: "[...] *un compendio de transformaciones, muchas de ellas de mujeres: Io, Calisto, Corónide, Eco, Proserpina, Thetis, y la lista sigue. Como personaje femenino de ese compendio, si corrías con suerte, el secuestro y la violación (anteriormente conocidos como rapto) te transformaban con el tiempo en una reina de Creta y, a la postre, en la madrina de un continente entero, como fue el caso de Europa. Si eras menos afortunada, te volvías un monstruo como Medusa, quien ejercía la escultura no con las manos, sino con la mirada. Lo máximo – reina – y lo mínimo – monstruo – a lo que podías aspirar, eran ambos extremos enmarcados por la violencia de género. Tampoco hay que olvidar, cuando hablamos de los laureles como el máximo premio de la creación poética, que son los dedos podados de Dafne los que nos coronan, hablando metafóricamente*". Huntington, 2019.

9 "*Detrás de cada una de estas mujeres mitológicas perseguidas hay violencia de género. Detrás de cada loca en el desván, cada Bertha Mason y cada Susana San Juan, hay violencia de género. Detrás de cada personaje que se suicida por despecho (Ofelia, Madame Bovary, Ana Karenina, la señorita Julia, etcétera) hay*

Sem dúvida, a palavra "vítima" encaixa-se perfeitamente ao sintagma "mulher" no âmbito literário, uma vez que grandes obras da literatura mundial, de todos as épocas, têm voltado a sua atenção para a questão da personagem feminina e os maus-tratos que recebe, os castigos e as condenações que lhes têm infligido os seus pares do sexo oposto, uma vez que o cânone literário

> [...] está repleto de cadáveres de mulheres: os Júpiters continuam a raptar, os Orlandos continuam furiosos, os Otelos continuam a apagar aquela vela, os Rodion Rasklnikovs continuam a acreditar que são "excepcionais", os Humbert Humberts continuam a ensinar, os Álexs continuam praticando sua ultraviolência, os Patrick Batemans continuam ligando suas furadeiras nesse vasto espaço atemporal que é a literatura.[10]

Como se pode notar, desde as atrocidades de Júpiter, praticadas contra as deusas do Olimpo para satisfação de seus desejos sexuais, até ficções mais contemporâneas, como *Lolita*, de Nabokov (1955), *Psicopata americano*, de Bret Easton Ellis (1991), trazem protagonistas masculinos que vitimizam, exploram a sexualidade feminina, e, no caso da narrativa de Ellis, em particular, Bateman estupra, mata e devora suas vítimas.

---

violencia de género. También lo hay detrás de cada Desdémona, cada Hester Prynne, cada Dama de las Camelias, cada Maga, cada Lolita, cada Sethe, cada Cesárea Tinajero, cada Urania Cabral, cada Vike, cada Bruja asesinada en La Matosa, etcétera. Hay violencia de género pisándole los talones a cada Sheherezade y anda al acecho de demasiadas de nuestras grandes autoras (Virginia Woolf, Sylvia Plath, Rosario Castellanos, Lucia Berlin y un largo etcétera)" Huntington, 2019.

10 "*[...] está sembrado de cadáveres de mujeres: los Júpiter siguen raptando, los Orlando siguen furiosos, los Otelo siguen apagando esa vela, los Rodion Raskolnikov siguen creyéndose "excepcionales", los Humbert Humbert siguen dando clases, los Álex siguen practicando su ultraviolencia, los Patrick Bateman siguen prendiendo sus taladros en ese vasto espacio atemporal que es la literatura". Idem, ibidem.*

Nesse sentido,

> A literatura tem deixado testemunho de toda essa violência que [...] é reproduzida de forma viral na mídia diária. A memória das letras é tão longa quanto sua respiração, e sua respiração é tão longa quanto sua inspiração – uma força capaz de derrotar até a morte por causas não naturais, ao feminicídio, porque ela não para de dar atenção a um tema incômodo, injusto, horrível. [...]. Ao contrário de uma notícia que pode ocupar as primeiras páginas em uma semana e ser esquecida na semana seguinte, a literatura nunca desviou o olhar da violência de gênero, e seu registro permanente tem se mostrado a forma mais eficaz de resistir à investida da violência constante de um tempo presente que se supera.[11]

A ficção produzida no século XXI tem se voltado para temas relacionados à violência praticada contra a mulher, a qual, em muitos casos, fica subtendida no enredo de uma narrativa, ou se atenua em face de outros aspectos que predominam em seu tecido narrativo. Contudo ela vem à tona e se adensa, na medida em que é notada, discutida e suscita a reflexão do leitor:

> As questões de abuso sexual, pedofilia e feminicídio só recentemente foram reconhecidas como crimes no mundo. No entanto, sabemos que elas existem desde sempre. Nós as encontramos na literatura disfarçadas de romantismo e erotismo. Quantas vezes falamos de romances como *El túnel*, de Ernesto Sábato, como uma grande obra, sem perceber que o romance é uma homenagem ao feminicídio. O polêmico escritor José

---

11 *"La literatura ha dejado testimonio de toda esta violencia que* [...] *se reproduce de manera viral en los medios del día a día. La memoria de las letras es tan larga como su aliento, y su aliento es tan largo como su inspiración –una fuerza capaz de vencer hasta a la muerte por causas no naturales, al feminicidio, porque no deja de meter aire al tema incómodo, injusto, horroroso* [...]. *A diferencia de una noticia que puede ocupar las primeras planas una semana y pasar al olvido la semana siguiente, la literatura nunca ha desviado la mirada de la violencia de género, y su registro permanente ha resultado ser la manera más eficaz de resistir la embestida del oleaje constante de un tiempo presente que desbanca a sí mismo". Idem, ibidem.*

> María Vargas Vila em seus escritos proclamava a violência contra a mulher, incitando ao ódio e à morte. E o que dizer de *Amor en los tiempos del cólera*, do grande Prêmio Nobel da Colômbia, Gabriel García Márquez. Alguém já parou para pensar no abuso sexual que Florentino Ariza exerce sobre as mulheres que passam por sua vida enquanto espera por sua amada Fermina Daza? O pior acontece justamente quando ele fica sabendo da morte do marido de Fermina Daza e rompe abruptamente o relacionamento com a menina de 13 anos com quem teve um caso passageiro. Essa menina, América Vicuña, comete suicídio como resultado do súbito abandono de seu amante. No entanto, o assunto passa despercebido na narrativa. Outras obras dão conta, ainda, da violência sexual exercida pelos próprios autores. Em sua autobiografia, *Confieso que he vivido*, Pablo Neruda "confessa" o estupro de uma jovem, com total naturalidade e sem perceber a dimensão do ato.[12]

Não só em obras canônicas da literatura europeia, mas também em textos ficcionais de escritores consagrados da literatura latino-americana, é possível constatar que a temática da violência contra personagens femininos é recorrente e, a esse respeito, é possível "uma

---

12 "*Los temas del abuso sexual, la pedofilia y el feminicidio han sido reconocidos como delitos muy recientemente en el mundo. Sin embargo, sabemos que han existido desde siempre. Los encontramos en la literatura disfrazados de romanticismo y erotismo. Cuántas veces hablamos de novelas como* El túnel, *de Ernesto Sábato, como una gran obra sin percatarnos de que la novela es un tributo al feminicidio. El polémico escritor José María Vargas Vila en sus escritos proclamaba la violencia contra las mujeres, incitando al odio y a la muerte. Y qué decir de* El amor en los tiempos del cólera, *del magno nobel colombiano, Gabriel García Márquez. ¿Alguien se detuvo a pensar en el abuso sexual que Florentino Ariza ejerce sobre las mujeres que pasan por su vida mientras espera a su amada Fermina Daza? El peor ocurre justo cuando él se entera de la muerte del esposo de Fermina Daza y rompe abruptamente la relación con la niña de 13 años con quien mantenía un romance casual. Esta niña, América Vicuña, se suicida como resultado del abandono intempestivo de su amante. Sin embargo, el asunto pasa inadvertido en la narración. Otras obras dan cuenta, además, de la violencia sexual ejercida por los propios autores. En su autobiografía,* Confieso que he vivido, *Pablo Neruda "confiesa" una violación de una muchacha joven, con total desenfado y sin percatarse de la dimensión del acto*". Sánchez-Blake, 2021, pp. 193-194.

discussão sobre os recursos que a literatura utiliza para refletir um clamor crescente e preocupante sobre a violência de gênero".[13]

As produções ficcionais do século XXI, especialmente aquelas escritas por mulheres, vão tematizar esse tipo de violência e desvelar aqueles que são os responsáveis por oprimir, agredir e tentar silenciar as representações femininas:

> [...] são os romances do século XXI – e outros formatos textuais – especialmente escritos por mulheres que dão visibilidade ao feminicídio, evidenciando sinais de dominação patriarcal, a vulnerabilidade social da mulher e até a impunidade que, muitas vezes, acompanha esse fato espantoso. É preciso enfrentar a violência contra a mulher e o feminicídio – acabar com a escalada da violência – como produto da histórica subordinação e controle do corpo da mulher pelo poder patriarcal dos homens, em uma sociedade que exige a submissão feminina, em benefício da supremacia masculina. A violência masculina contra as mulheres possibilita criar e manter o domínio de um gênero sobre outro; é exercida como controle social, especialmente do gênero feminino e dos dispositivos socioculturais – instituições, normas, discursos – que influenciam tal violência, [...] que se cruzam com outras opressões sociais baseadas em classe, etnia, religião, condição social etc.[14]

---

[13] "*una discusión de los recursos que utiliza la literatura para reflejar un clamor creciente y preocupante sobre la violencia de género*". *Idem, ibidem.*

[14] "[...] *son las novelas del siglo XXI – y otros formatos textuales – especialmente escritas por mujeres, las que viabilizan el femicidio, dando muestras del dominio patriarcal, la vunerabilidad social de las mujeres y hasta la impunidad que conlleva, muchas veces, ese hecho atroz. Es preciso abordar la violencia hacia las mujeres y el femicidio – fin de la escalada de violencia – como producto de la subordinación histórica y el control del cuerpo de las mujeres por el poder patriarcal de los hombres, en una sociedade que exige la sumisión femenina, en beneficio se la supremacía masculina. La violencia masculina hacia las mujeres posibilita crear y sostener el dominio de un género sobre outro; se ejerce como control social, sobre todo del género femenino y los dispositivos socioculturales – instituciones, normas, discursos – que influyen en dicha violencia,* [...] *que se intersectan con otras opresiones sociales basadas en clase, etnia, religión, condición social etc.*". Matteucci, 2022.

A maioria das narrativas dos séculos XIX e XX, que tratava de questões relacionadas à morte de personagens femininas, era estudada como manifestações de amor e ciúmes ou violência passional. Em certo sentido, ignoravam-se as relações de poder e os privilégios concedidos aos representantes masculinos. Essas perspectivas passaram a ser problematizadas e, atualmente, ficaram muito evidentes no papel opressor efetuado pelos homens no tratamento que eles dão às mulheres. O sistema patriarcal ainda continua vigente, por meio de discursos como os da Igreja católica e de outras religiões, que pregam a obediência da esposa em relação ao marido; a sociedade ainda subalterniza, menospreza e silencia a voz e as ações femininas e ainda é alarmante o número de homicídios, nos quais o homem é o agressor e a mulher, a vítima mais frequente.

A literatura sempre manteve estreitos vínculos com a realidade e continua a pôr em evidência assuntos como a violência conjugal (física e também psicológica), os crimes brutais cujas vítimas são mulheres, o silenciamento feminino, o confinamento, o assédio que sofrem, os quais são recorrentes em textos narrativos, poéticos e teatrais. Partindo dessa premissa, o nosso objetivo é analisar alguns contos da coletânea *Escribiré tu nombre*, organizado por Elvira Cámara Aguilera (2020), em que se verifica a questão da violência de gênero praticada contra figuras femininas, e que se configuram por meio da agressão, da fúria e de atos extremos que aniquilam as personagens femininas.

VÍTIMAS E ALGOZES EM RELATOS DE *ESCRIBIRÉ TU NOMBRE*

A coletânea de contos *Escribiré tu nombre* foi organizada pela professora e escritora Elvira Cámara Aguilera. Compõe-se de um prefácio e de 25 narrativas curtas escritas por mulheres. As protagonistas são figuras femininas envolvidas em conflitos domésticos, os quais abrangem problemas relacionados a maridos, filhos e parentes próximos, como avós ou mães. O tema da morte surge em alguns relatos, ora relacionado a doenças incuráveis (o câncer), ora provocados pelos cônjuges, seres irascíveis que consideram suas esposas como propriedades e terminam por assassiná-las, reverberando um comportamento bastante arraigado e referendado pelo patriarcado.

A obra em apreço é fruto de um grupo de escrita criativa denominado de El Laurel de la Azotea, composto de autoras que vivem em Granada, Espanha, e que encontram "na escrita criativa um espaço para tentar elaborar suas inquietações literariamente".[15] No prefácio, são feitas menções à composição do grupo e ao fato de se tratar de mulheres, que se dividem entre a vida doméstica e a acadêmica:

> Era uma vez um grupo de dez mulheres anônimas; dez mulheres que, como tantas outras, levantam-se todos os dias muito cedo, preparam cafés da manhã, mochilas, deixam refeições prontas ou pela metade, arrumam quartos, limpam banheiros, arrumam-se e chegam pontuais ao trabalho. No caminho, revisam mentalmente suas agendas: aulas, reuniões, aulas de novo, tutoriais, reuniões com colegas e palavras de incentivo....[16]

Nota-se que tanto o espaço doméstico, interno (casa ou apartamento), quanto o externo, das ruas, das cidades e do campo, recebem atenção e se transformam em matéria narrativa, desvelando particularidades de espaços físicos e temporalidades distintas, nos quais as figuras femininas se veem às voltas com as mazelas do cotidiano, a violência, o amor, a solidariedade, as lembranças, que são reelaboradas ficcionalmente:

---

15 Andreta, 2021, p. 115.

16 "*Érase uma vez un grupo de diez mujeres anónimas; diez mujeres que, como muchas otras, se levantan cada día muy temprano, preparan desayunos, mochilas, dejan comidas hechas o a medio hacer, recogen dormitorios, limpian baños, se arreglan y llegan puntuales al trabajo. De caminho, van repasando mentalmente su agenda: clases, reuniones, clases otra vez, tutorías, encuentro con compañeras y palabras de ánimo...*" Cámara Aguilera, 2020, p. 7.

> Essas histórias foram escritas nesses espaços físicos e temporais. Nelas se narram de forma ficcional memórias vivas de mulheres tão anônimas quanto suas autoras, mas com um heroísmo cotidiano que merece ser contado. No particular de cada uma das protagonistas está o universal narrado. São histórias com nome próprio, nome de mulher, de tempos passados, mas também do presente e seguramente do futuro, histórias que nos permitem olhar-nos em cada uma delas como num espelho temporal. *Escribiré tu nombre* universaliza Alicia, Ana, Ángela, Anitilla, Benita, Camila, Carlota, Carmela, Catalina, Elvira, Irene, Isabel, Letícia, Lola, Mª Dolores, Márcia, Mari, Nadine, Noelia, Piedad, Regina, Rosário, Sahar e Vera. Que este livro sirva de homenagem à mulher na perspectiva de mulheres que, em espaços físicos e temporais violentos, ousam dar voz àquelas que não a tiveram.[17]

Cada história do volume tem como título um nome de mulher, iniciando-se com Alícia e terminando com Vera. Nesse sentido, fica evidenciado o protagonismo feminino e a temática predominante da obra: o universo feminino, com suas idiossincrasias, dilemas, problemas e questionamentos que afetam cotidianamente a vida das mulheres.

Dentre os 25 contos, vamos nos deter em cinco deles, nos quais a violência contra a mulher fica evidente, seja pelo fato de ser o tema principal, seja por apresentar situações nas quais a figura feminina

---

[17] *"En esos espacios físicos y temporales se han escrito estos relatos. En ellos se narran de manera ficcionada historias, recuerdos vivos de mujeres tan anónimas como sus autoras, pero de un heroismo cotidiano merecedor de ser contado. En lo particular de cada una de las protagonistas se halla lo universal narrado. Son historias con nombre propio, nombre de mujer, de épocas pasadas, pero también del presente y seguramente de un futuro, historias que permiten poder mirarse en cada una de ellas como en un espejo temporal.* Escribiré tu nombre *universaliza a Alicia, Ana, Ángela, Anitilla, Benita, Berta, Camila, Carlota, Carmela, Catalina, Elvira, Irene, Isabel, Leticia, Lola, Mª Dolores, Márcia, Mari, Nadine, Noelia, Piedad, Regina, Rosario, Sahar y Vera. Sirva este libro como un homenaje a la mujer desde el prisma de mujeres que, en espacios físicos y temporales arrebatados, se atreven a poner voz a quienes no la han tenido". Idem*, pp. 8-9. Tradução nossa.

sofre agressão psicológica, por meio de gritos ou injúrias que lhe são dirigidas. As narrativas selecionadas para este artigo são: "Anitilla" e "Sahar", de Ana Morilla, "Berta", de Ana Burgos Alcaide, "Catalina" e "Nadine", de Isabel María Martos Rozas.

No caso de "Anitilla", o assunto predominante é a violência doméstica e a inércia da sociedade granadina em relação aos maus-tratos sofridos por parte da personagem que dá título ao texto, infligidos pelo marido.

A autora do conto pautou-se em um fato realmente ocorrido em Granada, com uma mulher chamada Ana Orantes, moradora do povoado de Cúllar Vega. Cansada dos maus-tratos e da ineficiência da polícia, que nada fazia para proteger Ana e seus filhos, ela compareceu ao programa do Canal Sur, *De tarde en tarde*, contou as violências sofridas e, em seguida, acabou sendo assassinada pelo ex-marido:

> Orantes, durante a entrevista de 35 minutos, contou sua dura realidade de mulher espancada durante 40 anos de casamento. Ela narrou diante das câmeras quatro décadas de assédio e abuso físico e psicológico por parte do marido, José Parejo Avivar. Sua vida era um inferno. Além da violência perpetrada pelo marido, devemos acrescentar que ela também foi testemunha de tentativas de agressões sexuais contra suas duas filhas e vítima de constantes humilhações por parte de sua sogra. [...] A terrível declaração de Ana Orantes tornou visível a realidade da violência de gênero. No entanto sua aparição na televisão fez dela uma mártir. Dias depois, na quarta-feira, 17 de dezembro do mesmo ano [1997], ela foi assassinada, 13 dias após a entrevista. José Parejo Avivar borrifou gasolina na esposa [...] e não tremeu [...] para acender o isqueiro. Orantes, de 60 anos, morreu segundos depois de sofrer queimaduras na coluna, cabeça, pescoço, tórax, abdômen e pernas, que causaram choque neurogênico e isquemia cerebral.[18]

[18] *"Orantes, durante los 35 minutos de entrevista, contó su dura realidad como mujer maltratada durante 40 años de matrimonio. Narró delante de las cámaras cuatro décadas de vejaciones y maltrato físico y psicológico por parte de su marido, José Parejo Avivar. Su vida fue un infierno. A la violencia proferida por su esposo hay*

A ficcionalização da história de Ana Orantes conta com uma personagem narradora que, em um papel secundário, narra os acontecimentos vivenciados por Ana e os laços de amizade que se estabeleceram entre elas:

> Chamava-se Ana. Ainda me lembro dela, com suas sacolas de compras. Ia andando ao supermercado e voltava para casa carregada. Eu era sua vizinha. Tinha sido transferida a esta área de Granada e estava custando mais do que o normal a me acostumar à mudança. Sou um animal urbano. [...] Necessitava falar com alguém. Isso eu devo à Ana, um pouquinho de conversa, às vezes na minha cozinha, com um café, outras na cozinha dela, ou na porta de sua casa, aquela casa que ela compartilhava com o ex-marido.[19]

A narradora e Ana tornam-se amigas, pois são vizinhas, e, além do mais, por ser uma habitante de cidade grande, um "animal urbano", conforme ela mesma deixa patente, ela sente necessidade de conversar, de ter alguém por perto para dividir suas angústias, suas dificuldades em se adaptar a uma nova vida em uma cidadezinha do campo.

---

que sumar que también fue testigo de intentos de agresión sexual hacia sus dos hijas y víctima de constantes humillaciones por parte de su suegra [...] *La terrible declaración de Ana Orantes hizo visible la realidad de la violencia de género. Sin embargo, su aparición televisiva convirtió a la mujer en mártir. Días después, el miércoles 17 de diciembre del mismo año [1997], fue asesinada,13 días después de la entrevista. José Parejo Avivar roció de gasolina a su esposa y no le tembló* [...] *para encender el mechero. Orantes, de 60 años, murió en segundos tras sufrir quemaduras en la columna vertebral, cabeza, cuello, torax, abdomen y piernas, que le provocaron un shock neurógeno y una isquemia cerebral*". Garrido, 2022.

19 A tradução dos trechos do conto "Anitilla" foram efetuadas pelo autor do artigo e pela professora Luciana Ferrari Montemezzo, da Universidade Federal de Santa Maria (UFSM): "*Se llamaba Ana. Aún la recuerdo con sus bolsas de la compra. Iba andando al súper y volvia a casa cargada. Yo era su vecina. Me habían destinado a esa zona de Granada y me estababa costando más de lo esperado acostumbrarme al cambio. Soy un animal urbano* [...]. *Necesitaba hablar con alguien. Eso le debo a Ana, un ratillo de charla, a veces en mi cocina, con un café, otras en la suya o en la puerta de su casa; esa que compartía con su ex-marido*". Morilla, 2020, p. 23.

Apesar de Ana já estar separada do marido, era obrigada a conviver com ele graças a um acordo judicial, por meio do qual ambos dividiam a mesma moradia e ela continuava como uma presa fácil das grosserias e ataques do ex-cônjuge:

> Um acordo estranho, legal, mas estranho. O homem embaixo, ela em cima. O pátio para os dois. Teve pena dele quando se divorciaram e aceitou o trato. Depois, quando quis comprar sua parte, ele se negou. Às vezes se ausentava por um tempo. Ia com sua nova namorada, mas sempre voltava, não sei por quê, a não ser para discutir com Ana quando encontrava com ela. E era fácil encontrar com ela nessa estranha divisória que tinham, nessa servidão algo macabra, diga-se de passagem.[20]

Sem dúvida, percebe-se uma situação insustentável entre Ana e seu ex-marido. Essa situação ficará mais acirrada e complicada depois que ela toma coragem e denuncia publicamente os seus abusos e maus-tratos, o que acaba ocasionando uma tragédia fatal, e Ana pagará um alto preço por sua atitude corajosa:

> Ele não apenas a converteu em mãe de onze filhos, mas também em estatística, a número cinquenta e nove de 1997. Nesse ano, houve noventa e uma; foi o primeiro em que começaram a contá-las oficialmente. Às vítimas. Agiu pelas costas, para que ela não pudesse se defender. Um litro e meio de gasolina e um isqueiro. Também carregava nas mãos as sacolas de compras, como eu me lembro dela. Treze dias haviam passado desde que ela o denunciara em um programa de televisão. *De tarde en tarde*, chamava-se. Golpes, humilhações, tanto para ela como para os

20 *"Un apaño raro, legal, pero raro. El hombre abajo, ella arriba. El patio para los dos. Le dio pena cuando el divorcio y aceptó el trato. Después, cuando quiso comprarle su parte, él se negó. A veces se ausentaba por un tiempo. Iba con su nueva pareja, aunque siempre volvía, no sé a qué, además de discutir con Ana cuando se la cruzaba. Y era fácil cruzarse con ella en esa extraña medianería que tenían, esa servidumbre de paso algo macabra". Idem, ibidem.*

> filhos. Para as filhas, ataques que não me atrevo a nomear. Ana necessitava contar, vomitar a verdade. E foi o que fez. E ainda mais: mudou a consciência do país, rompeu o silêncio, deu nome ao calvário que outras mulheres sofriam.[21]

A covardia masculina fica expressa de maneira indelével nas observações da narradora ao acentuar que o ex-cônjuge realizou o crime "pelas costas", utilizou um combustível altamente inflamável e que, seguramente, causou uma dor e um sofrimento inimaginável na sua vítima.

A pouca atenção, o descaso das autoridades policiais e judiciais às queixas femininas de maus-tratos, vem expressa pela atitude do juiz, que nega o pedido de divórcio de Ana, levando em conta o "sofrimento" do marido que se debulhava em lágrimas:

> Numa daquelas tardes, entre café e café, quando eu chorava de puro desespero por não estar na minha casa, na minha terra, ela me contou que, na primeira vez que solicitou o divórcio, o juiz o negou porque seu marido chorava muito, afinal, se um homem chora tanto é porque deve amar muito a sua mulher.[22]

---

[21] *"Él no solo la convirtió en madre de once hijos sino también en estadística, la número cincuenta y nueve de 1997. Ese año hubo noventa y una; fue el primero en que empezaron a contarlas oficialmente. A las víctimas. Lo hizo de espaldas, para que no pudiera defenderse. Un litro y medio de gasolina y un mechero. También iba con las bolsas de la compra, como yo la recuerdo. Trece días habían pasado desde que lo denunció en un plató de televisión.* De tarde en tarde *se llamaba. Golpe, humillaciones, a ella y a los hijos. Para las hijas asaltos que no nombro. Ana necesitaba contar, vomitar la verdad. Vaya si lo hizo. Y algo más: cambió la conciencia del país, rompió el silencio, puso nombre al calvario que otras mujeres sufrían". Idem*, p. 24.

[22] *"Una de aquellas tardes, entre café y café, cuando yo lloraba de puro desespero por no estar en mi casa, en mi tierra, ella me contó que la primera vez que solicitó el divorcio, el juez se lo denegó porque su marido lloraba mucho y un hombre que llora tanto es que debe querer a su mujer". Idem*, pp. 24-25.

O juiz, como representante do sexo masculino, favorece seus pares e ignora o pedido daquela que padece cotidianamente as intempéries de um relacionamento abusivo, violento e que termina de maneira trágica.

A morte de Ana serviu para a criação de uma lei penal que punia com mais severidade os atos violentos praticados pelos companheiros de mulheres que, como no conto de Morilla, se julgavam no direito de agredir e até matar suas parceiras. Verifica-se que a origem dessa violência está concentrada no sistema patriarcal, uma "organização social na qual os homens detêm o poder e mantêm as mulheres submissas", segundo Inés Alberdi e Natalia Matas.[23]

Ainda em conformidade com Servén (2010), o patriarcado abarca uma extensão universal, não se limita à sociedade espanhola ou ocidental, nem é exclusivo de uma determinada etapa histórica. A violência de gênero constitui um aspecto estrutural de seu funcionamento, pois se faz necessária para "manter relações desiguais de poder. A família, célula básica de convivência e relacionamento, organiza-se em torno do pai ou homem mais velho, cuja autoridade é fonte e signo do poder na comunidade social".[24] Isso, de certa forma, justifica e corrobora as atitudes violentas dos homens em relação ao sexo oposto.

Essa postura masculina extremamente agressiva caracterizada pela objetificação da mulher, que é vista como uma propriedade do homem, que pode dispor dela a seu bel prazer, e até mesmo aniquilá-la, também se encontra tematizada em outro conto de Morilla cujo título é "Sahar".

Nesse conto, estabelece-se uma relação de amizade entre a narradora e a personagem Sahar. Sua origem oriental vem expressa pelo nome e pelas informações que a voz narrativa vai desvelando. Ela

---

[23] *"organización social en la que los hombres detentan el poder y mantienen sometidas a las mujeres". Apud* Servén, 2010, p. 4.

[24] *"Mantener las relaciones desiguales de poder. La familia, célula básica de convivencia y relación, se organiza en torno al padre o varón de más edad, cuya autoridad es la fuente y muestra de poder en la colectividad social". Idem, ibidem.*

veio a Granada para estudar espanhol. Fora obrigada a casar-se aos 15 anos com um homem de 40. Como não conseguiu lhe dar filhos homens, foi repudiada por ele, embora fosse uma princesa.

Uma desavença familiar irá selar o seu destino: a mãe foge para Londres e o pai a manterá em cárcere privado para evitar que ela e as irmãs procedam da mesma forma:

> A mãe fugiu para Londres e o pai aprisionou a ela e a suas irmãs, Maha, Hala e Jawaher, com a cumplicidade de seus meio-irmãos, seus tios, seus primos. Como as princesas dos *Contos de Alhambra*, mas, ao contrário delas, mal tinham comida, água ou remédios.[25]

Se, no Ocidente, o patriarcado continua em plena vigência, no Oriente, a sua força e a sua perversidade em relação ao tratamento dado às mulheres é ainda mais potencializado, virulento e cruel. Sahar consegue, por meio de um celular, denunciar o encarceramento, mas, ao fazer isso, é silenciada, e não se tem mais notícias dela. Apesar de haver poucas chances de que ela continue viva, a personagem narradora ainda deixa transparecer um certo otimismo: "Eu continuo procurando Sahar nos noticiários, nas redes sociais. Espero que algum dia reapareça".[26]

Diferentemente das princesas das histórias orientais contadas para crianças, nas quais tais princesas eram aprisionadas em torres, sofriam a opressão de pais e companheiros cruéis, mas ao final eram resgatadas por príncipes lindos e cheios de qualidades, a narrativa de Sahar não apresenta um final feliz, pois ela desaparece, tendo sido morta provavelmente por representantes do sexo masculino.

---

[25] *"La madre huyó a Londres y el padre las encerró bajo llave a ella y a sus hermanas, Maha, Hala y Jawaher, con la cumplicidad de sus medio hermanos, de sus tíos, de sus primos. Como a las princesas de los* Cuentos de la Alhambra, *pero, a diferencia de ellas, apenas tenían comida, ni agua, ni medicinas".* Morilla, 2020, p. 144.

[26] *"Yo continúo buscando a Sahar en las noticias, en las redes sociales. Espero que algún día reaparezca". Idem*, p. 145.

Em "Berta", narrativa curta de autoria de Ana Burgos Alcaide, a personagem central é uma idosa que se encontra em um asilo. Sua neta a visita constantemente, e Berta lhe conta a história de sua vida. Além dos pais, Ramón e Rosa, ela tinha outra irmã, Amalia. A família era pobre e, quando a mãe engravida uma terceira vez, o pai deseja que nasça um menino. Contudo o bebê é uma menina, Sara. Semelhantemente ao conto anterior, a frustração desse desejo irá desencadear uma série de desavenças familiares. Depois de saber o sexo da criança, o pai fica fora de casa por três dias e retorna embriagado:

> Da cozinha ouviam-se os gritos do meu pai e o choro da minha mãe... – Berta calou-se. – Três meses depois, Sara morreu de febre muito alta. Logo depois, certa manhã, meu pai foi encontrado enforcado em um carvalho centenário.[27]

No excerto citado, nota-se a desestruturação familiar causada pela figura masculina, que não se conforma em não ter um herdeiro, um dos objetivos principais relacionados ao casamento no sistema patriarcal. As agressões verbais aterrorizam as filhas e causam sofrimentos à mãe, impotente e à mercê do destempero masculino. A morte do pai nada tem a ver com qualquer sentimento de remorso, pelo fato de ter repudiado a filha recém-nascida, mas se deveu às dívidas de jogo que ele contraiu – por não ter como pagá-las, encontrou como única saída o suicídio. Pelo recurso da memória, Berta revisita momentos traumáticos de sua juventude e expõe uma situação familiar cheia de conflitos, na qual a figura paterna se torna um verdadeiro déspota, que despreza as mulheres e destrói sua família, em virtude do fato de não conseguir ter um filho para perpetuar o nome e a tradição preconizada pelo patriarcado.

---

27 *"Desde la cocina se podían oír los gritos de mi padre y a mi madre llorando... – Berta guardó silencio. – Tres meses después, Sara murió de unas fiebres muy altas. Al poco tiempo, una mañana temprano, mi padre apareció ahorcado de un roble centenario"*. Burgos Alcaide, 2020, p. 40.

A agressão física e o cárcere são as temáticas preponderantes no conto "Catalina", escrito por Isabel María Martos Rozas. Novamente, como já foi observado no relato "Berta", uma avó narra fatos passados para a sua neta. A protagonista rememora um episódio doloroso, da época em que era jovem. Durante a ditadura do general Francisco Franco (1892-1975), Catalina decide parar em um mercado da sua cidade, para conversar e tentar conseguir algum alimento. Há uma fila de pessoas que compram cupons de racionamento para adquirir produtos de subsistência. Lá, encontra dois soldados que estão organizando uma fila:

> Para manter a ordem, havia junto à fila dois soldados jovens, da minha idade pouco mais ou menos, mal encarados e, visto com a perspectiva dos anos, provavelmente tão famintos e acovardados como o resto das pessoas ali reunidas. Ao me aproximar da fila, um deles, o que parecia ter uma patente superior, dirigiu-se a mim com maus modos para que entrasse na fila ou fosse embora.[28]

Nesse exato momento, Catalina faz uma brincadeira com um dos soldados, que se chama Gaspar, dizendo para que ele a deixasse em paz e que cortasse o bigode, que não "cheirava e nem fedia".[29] Em seguida, ela sofre agressões físicas e tenta se defender:

---

[28] Tradução realizada pelo grupo Traducere, formado por Altamir Botoso, Bárbara Loureiro Andretta, Caroline de Castro Duarte Moura Flores, Darwin Ariel Amador Valdez, Estefanía Bernabé Sánchez, Fernanda de Paula Araújo, Luciana Ferrari Montemezzo, Pedro Lucas Pereira Milani, Rafaela Batista Brasil, Simone Sardinha Brito, para o livro *Vozes femininas*: antologia bilíngue de contos espanhóis contemporâneos (no prelo): "*Para poner orden, había junto a la fila dos soldados jóvenes, de mi edad poco más o menos, mal encarados y, visto con la perspectiva de los años, probablemente tan hambrientos y acobardados como el resto de las personas allí congregadas. Al acercarme a la fila, uno de ellos, el que parecía tener un rango superior, se dirigió a mí con malos modos para que me colocara en la fila o me marchase*". Martos Rozas, 2020, pp. 65-66.

[29] Todas as demais traduções do conto "Catalina" foram efetuadas pelo grupo Traducere: "*sin chicha ni limoná*". *Idem, ibidem.*

> O que eu me recordo com certeza é que ele, sim, me deu duas ou três bofetadas que doeram mais que qualquer outra humilhação que tenha podido sofrer depois. Minha irmã, a quem eu ainda não tinha visto e que devia ter chegado casualmente naqueles instantes, o agarrou pelo pescoço e o afastou de mim deixando espaço suficiente entre ambos para que eu, sem pensar, ganhasse impulso com meu braço vigoroso e já livre e lhe deferisse um golpe enérgico na cabeça com o balde de zinco. Ficou um pouco aturdido e muito mais zangado.[30]

O resultado de tal atitude foi catastrófico: Catalina foi julgada e condenada a seis anos de prisão. Apesar da arbitrariedade com que foi tratada, ela perdoou ao seu agressor e atribuiu o ocorrido aos arroubos juvenis do soldado Gaspar. A rememoração do fato narrado, por um lado, permite que Catalina exorcize o seu passado, ao falar de sua experiência traumática, cura-se das dores e dos dissabores que vivenciou e, por outro, põe em destaque a violência masculina de um soldado, representante do *status quo* e, como componente legítimo do patriarcado, não tolera nem admite ser desafiado ou receber qualquer gracejo por parte de uma mulher. Covardemente, ele a agride, e ela, além dos maus-tratos recebidos, é punida pela lei com uma prisão arbitrária e excessiva para o ato não premeditado e imprudente que cometera.

O segundo relato de Martos Rozas selecionado para este artigo intitula-se "Nadine" e tem como foco a morte da personagem principal da narrativa efetuada por um homem:

---

30 *"Lo que sí recuerdo es que él sí me dio dos o tres bofetadas que me dolieron más que cualquier otra vejación que haya podido sufrir después. Mi hermana, a la que yo todavía no había visto y que debió llegar casualmente en aquellos instantes, lo agarró por el cuello de la seriana y lo apartó de mí dejando espacio suficiente entre ambos para que yo, sin pensar, cogiera impulso con mi brazo vigoroso y ya libre y le asestara un enérgico golpe en la cabeza con el cubo de zinc. Quedó un poco aturdido y mucho más enfadado". Idem, ibidem.*

> Você nunca saberá quem interrompeu sua respiração e deixou seus sonhos espalhados nas areias vermelhas do deserto. Sua caminhada discreta sob a túnica escura não pôde evitar o olhar lascivo que como uma sombra do nada escapava aos seus sentidos. Você também não viu chegar a crueldade, a explosão daquelas mãos sombrias que de repente queimaram sua pele: roubaram sua vida duas vezes. Despojaram primeiro sua inocência sem tempo para o pudor; então devastaram seu corpo, inerte desde muito antes de morrer.[31]

Ainda que o agressor não seja descrito com detalhes, é possível vislumbrar que se trata de uma figura masculina, que não só tirou a vida de Nadine, mas também a violentou. A memória é o veículo que permite à voz narradora retomar a história do crime praticado contra Nadine:

> Teve de ser a morte quem nos apresentasse. Seu nome veio à minha casa quando você já era protagonista de uma dor e de uma tristeza, da dupla desgraça de sua ausência: saber tudo sobre você tarde demais e não ter chegado a lhe conhecer.[32]

A morte impede que a personagem narradora e Nadine se conheçam, mas esse fato possibilita que a atrocidade cometida contra uma mulher possa vir à tona por meio da poeticidade de uma narrativa que, apesar da crueldade do ocorrido, se reveste de grande plasticidade e beleza, como se pode constatar no final do conto:

---

[31] Todos os fragmentos do conto "Nadine" foram traduzidos pelo grupo Traducere: "*Nunca llegarás a saber quién te quebró el aliento y dejó tus sueños desparramados sobre las arenas rojas del desierto. Tu caminar discreto bajo la chilaba oscura no pudo evitar la mirada lasciva que como una sombra de la nada escapó de tus sentidos. Tampoco viste llegar la crueldad, el arrebato de aquellas manos turbias que de pronto quemaron tu piel: te robaron dos veces la vida. Te despojaran primero de tu inocencia sin tiempo para el pudor; devastaron luego tu cuerpo, inerte mucho antes de morir*". *Idem*, p. 123.

[32] "*Tuvo que ser la muerte quien nos presentara. Llegó tu nombre a mi casa cuando eras ya protagonista de un dolor y de una tristeza, de la desgracia doble de tu ausencia: saber todo de tu demasiado tarde y no haber llegado a conocerte*". *Idem*, p. 124.

> Sobre a mesa, seus livros, os papéis aos quais você não voltará; fragmentos corrigidos de sua tese, em ordem; e em desordem, palavras surgidas da alma da poeta que ninguém mais poderá ler. A notícia de sua morte chegou até aqui como as aves migratórias, cruzando o mar pelos fios do ar para se tornar apenas mais um número, uma estatística. Mas hoje pelo menos você será seu nome, Nadine.[33]

Ao trazer o drama de uma mulher que foi brutalmente assassinada, dar-lhe um nome e plasmá-la em uma estrutura narrativa, de certa forma, a narradora está dando voz e homenageando a todas as mulheres que foram vitimadas por homens insensíveis, brutos, animais irracionais, que não são capazes de enxergar a figura feminina como um ser que deveria ter os mesmos direitos e as mesmas prerrogativas inerentes ao universo masculino. Nesse sentido, a narradora dá voz a uma mulher que foi silenciada, covardemente, pelo sexo oposto e problematiza a questão da violência de gênero, ao conceder visibilidade à vítima, ao expor dois atos violentos praticados contra uma mulher – o estupro e o assassinato.

PALAVRAS FINAIS

Ao longo das análises dos contos que fazem parte do livro *Escribiré tu nombre*, constatamos o drama vivenciado por personagens femininas no que tange ao tema da violência de gênero, levada a cabo por seus parceiros, que as agridem verbalmente, fisicamente e, em casos extremos, provocam suas mortes.

---

33 *"Sobre la mesa, tus libros, los papeles a los que no regresarás; fragmentos corregidos de tu tesis, en orden; y en desorden, palabras surgidas del alma de la poeta que ya nadie podrá leer. La noticia de tu muerte ha llegado hasta aquí como llegan las aves migratorias, cruzando el mar por los hilos del aire para convertirse en un número más, en una estadística. Pero hoy al menos serás tu nombre, Nadine". Idem, ibidem.*

Pautados por um comportamento normatizado e regido pelo sistema patriarcal, as figuras masculinas não hesitam em desferir ataques às suas companheiras, não titubeiam em confiná-las em suas casas, em subalternizá-las e menosprezá-las. As razões pelas quais as mulheres representadas nos contos transformam-se em vítimas, às vezes fatais, são, geralmente, estapafúrdias: porque não foram capazes de gerar um filho varão ("Berta", "Sahar"), porque tomaram a decisão de se separar do marido devido aos maus-tratos, surras etc. ("Anitilla"); por lutarem pelos seus direitos e pela sua liberdade ("Sahar"), por terem a ousadia de dirigir uma pilhéria a uma figura masculina ("Catalina"), por não aceitarem a violação do próprio corpo ("Nadine").

Em cada uma das protagonistas das narrativas estudadas está presente a marca da maldade masculina, da opressão, da virulência com a qual os representantes do patriarcado sempre se acercaram do universo feminino e a literatura tem captado e refletido brilhantemente esse tema, problematizando as relações homem *versus* mulher, revelando as mais variadas formas de violência praticadas contra a mulher e conscientizando os leitores a respeito dessa realidade tão cruel e nociva, que persiste no seio da sociedade contemporânea, do Ocidente até o Oriente, e parece longe de ter um fim.

REFERÊNCIAS

ANDRETA, Bárbara Loureiro. "A autoria feminina na Espanha contemporânea: o conto 'Silêncio', de María Ángeles Barrionuevo Gómez – uma tradução comentada". *Signo*, Santa Cruz do Sul, vol. 46, n. 87, set.-dez. 2021, pp. 115-123. Disponível em <https://online.unisc.br/seer/index.php/signo/article/view/115-123>. Acesso em 2/7/2023.

ANÔNIMO. *Poema do Cid*. Trad. Maria do Socorro Almeida. Rio de Janeiro, Livraria Francisco Alves, 1988.

BURGOS ALCAIDE, Ana. "Berta". *In*: CÁMARA AGUILERA, Elvira (org.). *Escribiré tu nombre*. Granada, Ediciones PG, 2020, pp. 37-42.

CÁMARA AGUILERA, Elvira (org.). *Escribiré tu nombre*. Granada, Ediciones PG, 2020.

GARRIDO, José María. "El testimonio de Ana Orantes en Canal Sur que cambió la historia sobre la violencia de género". *El Plural*, 23/11/2022. Disponível em <https://www.elplural.com/sociedad/estremecedor-video-de-una-mujer-asesinada-por-el-machismo-en-la-television-que-quiere-cerrar-vox_209252102>. Acesso em 1/7/2023.

HUNTINGTON, Tanya. "La violencia de género en los géneros literarios". *Literal* – Latin American Voices/Voces Latinoamericanas, 8/12/2019. Disponível em <https://literalmagazine.com/la-violencia-de-genero-en-los-generos-literarios/>. Acesso em 25/6/2023.

MARTOS ROZAS, Isabel María. "Catalina". *In*: CÁMARA AGUILERA, Elvira (org.). *Escribiré tu nombre*. Granada, Ediciones PG, 2020, pp. 63-70.

____. "Nadine". *In*: CÁMARA AGUILERA, Elvira (org.). *Escribiré tu nombre*. Granada, Ediciones PG, 2020, pp. 123-124.

MATTEUCCI, Norma. "Feminicidio en dos novelas del siglo XXI". *Sociología de género*, 18/6/2022. Disponível em <https://aion.mx/sociologia/sociologia-de-genero/feminicidio-en-dos-novelas-del-siglo-xxi>. Acesso em 25/6/2023.

MORILLA, Ana. "Anitilia". *In*: CÁMARA AGUILERA, Elvira (org.). *Escribiré tu nombre*. Granada, Ediciones PG, 2020, pp. 23-25.

____. "Sahar". *In*: CÁMARA AGUILERA, Elvira. (org.). *Escribiré tu nombre*. Granada, Ediciones PG, 2020, pp. 143-145.

PARDO BAZÁN, Emilia. *El revólver* [1895].

SÁNCHEZ-BLAKE, Elvira. "El feminicidio en la literatura: lo abyecto en *Los divinos*, de Laura Restrepo". *In*: ORTIZ RODRÍGUES, María Mercedes *et al*. *Contiendas de género: discursos teológicos, cotidianos y literarios*. Cali, Programa Editorial Universidad del Valle, 2021, pp. 193-204.

SERVÉN, Carmen. "Literatura y educación en valores: relatos de intriga y violencia de género". *Revista Ibero-Americana de Estudos em Educação*, Universidade Estadual Paulista "Júlio de Mesquita Filho", vol. 5, n. 1, jan.-abr. 2010, pp. 1-12. Disponível em <https://www.redalyc.org/pdf/6198/619866399003.pdf>. Acesso em 1/7/2023.

8

IMAGENS DA VIOLÊNCIA EM CONTOS DE CONCEIÇÃO EVARISTO E SACOLINHA

Elcio Loureiro Cornelsen

INTRODUÇÃO

Nossa contribuição visa abordar aspectos conceituais em torno de representações literárias enquanto modos de expressão de resistência contra atos de violação dos direitos humanos e de violência em geral. Para isso, tomaremos por base os conceitos de "resistência" em sua relação com o "ético" e o "estético"[1] e de "contraconduta",[2] a partir de Michael Foucault. O *corpus* literário do presente estudo será formado pelos contos "Ana Davenga" e "Maria", de Conceição Evaristo, publicados no livro *Olhos d'água* (2014), e pelos contos "Caminhos cruzados" e "Medo em família", de Sacolinha (Ademiro Alves de Sousa), publicados no livro *85 letras e um disparo* (2006).

Trata-se de exemplos de uma literatura que se propõe como resistência de vozes insurgentes a discursos hegemônicos que legitimam o racismo, a discriminação, a violência, a exploração e a submissão. Suas obras resultam de uma atitude ética diante de todas as mazelas que se reflete também em procedimentos estéticos, de uma "estética da existência".[3] Se, por um lado, há antivalores a serem combatidos – o

---

1 Bosi, 1996.

2 Grabois, 2011.

3 Orellana, 2012

racismo, a discriminação, a exploração e a submissão –, há valores a serem defendidos – a paz (e não a pacificação), a justiça, a dignidade, o direito, a não violência etc.

LITERATURA E VIOLÊNCIA NA CONTEMPORANEIDADE: POR UMA ÉTICA E ESTÉTICA DA RESISTÊNCIA

Em *Governo, resistência e práticas de subjetivação em Michael Foucault* (2013), o filósofo Pedro Fornaciari Grabois aponta para o fato de que "as formas de exercício de poder e as formas de resistência ao poder estão sempre em relação de imanência".[4] Central em seu pensamento é o conceito foucaultiano de "biopoder" enquanto "tentativa de racionalização dos problemas postos à prática governamental pelos fenômenos próprios a um conjunto de viventes constituídos em população: saúde, higiene, natalidade, longevidade, raça etc.".[5]

Nessa perspectiva, as formas de resistência se apresentariam como "contracondutas", as quais se evidenciariam em três tipos de lutas sociais na atualidade: "as que fazem frente às formas de dominação (étnica, social e religiosa); as que contestam as formas de exploração que separam os indivíduos daquilo que eles produzem; e as lutas contra a sujeição, contra as formas de subjetivação e submissão, que enfrentam tudo aquilo que liga o indivíduo a si mesmo e o submete aos outros".[6] Além de defenderem o "direito à diferença" e exigirem o fim dos "privilégios do saber", segundo Grabois, essas lutas são também "uma recusa à violência exercida pelo Estado econômico e ideológico que ignora quem nós somos individualmente".[7] Em suma: resistir é modificar as relações de poder que produzem injustiças de diversas ordens.

---

4 Grabois, 2013, p. 56.

5 *Idem, ibidem.*

6 *Idem, ibidem.*

7 *Idem*, p. 57.

No âmbito dos estudos literários, um nome se destaca de maneira significativa, quando se propõe uma reflexão sobre o ato de resistir associado ao fazer estético: Alfredo Bosi. Em seu famoso ensaio intitulado "Narrativa e resistência", o teórico propõe a seguinte máxima, ao traçar suas conjecturas: "Resistência é um conceito originalmente ético, e não estético".[8] Na atividade literária, a resistência se estabeleceria de dois modos: como tema e como processo inerente à escrita. Da esfera ética, se originariam os valores e os antivalores, os quais possuiriam uma "fisionomia" a ser trabalhada ética e esteticamente, a partir da "liberdade inventiva" e da imaginação do romancista, ao trabalhar com a fantasia, a memória e o estilo na resistência a antivalores: "Exemplo de valores e antivalores são: liberdade e despotismo; igualdade e iniquidade; sinceridade e hipocrisia; coragem e covardia; fidelidade e traição etc.".[9]

Sendo assim, pensando em sua "fisionomia", pelo fato de os valores e antivalores existirem em sua forma abstrata, "[o]s poetas os captam e os exprimem mediante imagens, figuras, timbres de vozes, gestos, formas portadoras de sentimentos que experimentamos em nós ou pressentimos no outro".[10] Desse modo, a "escrita resistente" possuiria "um *a priori* ético" para além do tema, podendo se configurar como "um movimento interno ao foco narrativo".[11] Nesse sentido, a narrativa se apresentaria como "lugar da fantasia" e, ao mesmo tempo, "da verdade mais exigente".[12]

Outro pensador que estabelece uma relação entre o ato de resistir e a postura ética é o filósofo espanhol Rodrigo de Castro Orellana, cuja vasta obra se fundamenta no pensamento de Michel Foucault. No

8 Bosi, 1996, p. 11.

9 *Idem*, p. 14.

10 *Idem, ibidem.*

11 *Idem*, p. 27.

12 *Idem, ibidem.*

ensaio "A ética da resistência", de início, Orellana destaca a centralidade do conceito de liberdade em Foucault, que defenderia o argumento de que "o poder não é o contrário de liberdade",[13] de modo que a relação entre poder e liberdade diria respeito também às relações de sujeição e às "formas de condução de condutas".[14]

Sendo assim, os "jogos de poder" se estabeleceriam como "espaço tático" na "experiência intersubjetiva", sendo que "onde há poder há resistência".[15] Se, por um lado, as táticas do poder se impõem diante das resistências, por outro, a resistência funcionaria "como suporte para uma inversão possível"[16] das relações de poder. Desse modo, ao se estabelecer, o "estado de dominação" procuraria minar as "práticas de liberdade".[17] Porém, segundo Orellana, Foucault ressalta que a escravidão é um "ato claro de dominação" que anula ações na relação de poder. Por sua vez, a solidificação de uma forma de domínio representa um perigo em toda relação de poder. Caberia à "política da arte de viver" enquanto combate a esse domínio a sua função de resistência.[18]

Por sua vez, Orellana aponta para o fato de que os pontos de resistência sustentam a dinâmica nos cenários de poder e podem, a partir de uma "estética da existência", produzir "transgressão" ou "reversibilidade dos jogos de poder", sendo que "[a] estética da existência, portanto, pode ser definida como uma ética que resiste ao regime de relações entre saber, poder e subjetividade".[19] Assim, a "estética da existência", enquanto "ética" da mobilidade de forças nos jogos de poder, reconheceria o papel da identidade no espaço de resistência. A

13 Orellana, 2012, p. 41.

14 *Idem*, p. 42.

15 *Idem*, p. 43-44.

16 *Idem*, p. 45.

17 *Idem*, p. 46.

18 *Idem*, p. 47-48.

19 *Idem*, pp. 49-50.

"luta política da estética e da existência" conduziria à produção de "uma desindividualização",[20] de modo que a "estética da existência" figuraria como "uma intensificação dos espaços, possibilidades e alternativas de ação",[21] movida por uma "ética agonística".

Para Foucault, a vitalidade do pensamento seria fundamental para o desenvolvimento de formas de resistência para além de um programa político. Tornar-se-ia premente apontar para o encobrimento da violência, que torna o intolerável "invisível" ou mesmo banal. Dessa forma, o plano da ética seria "o principal espaço de luta contra o intolerável".[22] Para o filósofo espanhol, fundamental seria conceber as "heterotopias" como "lugares reais", classificadas por Foucault em "heterotopias de crise" e "heterotopias de desvio".[23] A "heterotopia" implicaria, portanto, uma dinamização do jogo de poder: "a heterotopia se refere à diversificação de lugares e a uma ruptura do espaço social em seu interior. Esse se assemelha à prática da 'estética da existência' que pretende dinamizar o jogo do poder abrindo brechas, criando mundos, potencializando o descontínuo".[24]

Além dessas considerações iniciais, que nos permitem ler os contos de Conceição Evaristo e de Sacolinha no presente estudo à luz da relação entre resistência, ética e estética, devemos situá-los também no âmbito literário dentro de uma vertente que lida com o tema da violência. Para além do sentido que ela possa assumir enquanto "mercadoria de valor",[25] haveria a demanda por outra forma de simbolização diante da desagregação social, distinta, por exemplo, daquela que se estabeleceu nos anos 1970, conforme aponta Karl Erik Schøllhammer,

---

[20] *Idem*, p. 51.

[21] *Idem*, p. 55.

[22] *Idem*, p. 59.

[23] *Idem*, p. 61.

[24] *Idem*, *ibidem*.

[25] Schøllhammer, 2013, p. 42.

no ensaio intitulado "A violência como desafio para a literatura brasileira contemporânea", que encontrou no escritor Rubem Fonseca seu principal representante: "uma prosa denominada por Alfredo Bosi, 1975, de 'brutalismo', caracterizada pelos temas e pelos enredos sempre amarrados à violência social e conduzidos por personagens marginalizadas típicas das grandes cidades".[26] O "brutalismo" seria marcado por um "estilo pungente e cru, quase pornográfico"[27] no modo de tratar temática e esteticamente a violência.

Todavia, de acordo com Schøllhammer, seria com o romance *Cidade de Deus* (1997) que surgiria uma literatura que apresenta o ponto de vista daquele que conhece de dentro a realidade de exclusão e violência, que realizou "um trabalho sociológico sobre a sua própria favela, percurso de vida e pesquisa que culmina num projeto literário de grande importância": "Com uma ambição totalmente diferente surge *Cidade de Deus*, de Paulo Lins, um escritor jovem, morador de uma ilha pobre, de cerca de 40 mil moradores".[28]

Outro marco apontado por Schøllhammer na relação entre literatura e violência seria a profusão de obras de literatura carcerária, entre elas *Estação Carandiru* (1999), de Drauzio Varella, em que se estabeleceria uma "zona cinza entre ficção e registro documental", concretizada "[n]a forma de um neodocumentarismo, baseado na prosa testemunhal, autobiográfica e confessional, dando voz a sobreviventes desses infernos institucionais".[29] Outros exemplos de literatura carcerária de cunho memorialístico seriam *Memórias de um sobrevivente* (2001), de Luiz Alberto Mendes, *Sobrevivente André du Rap* (2002), de André du Rap, em parceira com Bruno Zeni, *Diário de um detento* (2001), de Jocenir José Fernandes Prado, *Pavilhão 9: paixão e morte no Carandiru*

---

26 *Idem*, p. 55.

27 *Idem*, p. 57.

28 *Idem*, p. 71.

29 *Idem*, p. 76

(2001), de Hosmany Ramos, e *Letras de liberdade* (2001), coletânea de relatos de detentos organizada por Fernando Bonassi.

De acordo com Karl Erik Schøllhammer, exemplos como esses evidenciam uma demanda por outra forma de simbolização diante da desagregação social: "se a violência é a brutal expressão de uma ausência de negociação social, ao mesmo tempo é a demanda impotente de outra forma de simbolização, cuja energia pode ser um poderoso agente nas dinâmicas sociais".[30]

Outro ensaio que tomamos por base para nosso estudo a respeito de imagens da violência em contos de Conceição Evaristo e Sacolinha é "No fio da navalha: literatura e violência no Brasil de hoje" (2004), de Tânia Pellegrini. Nele, a autora aponta para os espaços de exclusão: "espaços não valorizados socialmente, como a periferia dos grandes centros urbanos, ou os enclaves murados em seu interior, como as prisões".[31] Para isso, ela elege um *corpus* de análise exemplar desses espaços de exclusão, orientado para a representação da violência: *Cidade de Deus* (1997) e *Estação Carandiru* (1999). Além disso, Tânia Pellegrini propõe em seu ensaio a definição de violência como "o uso da força para causar dano físico ou psicológico a outra pessoa".[32] Segundo a autora, a violência seria "constitutiva da cultura brasileira", um "elemento fundante, a partir do qual se organiza a própria ordem social".[33]

Com relação à representação literária da violência, haveria uma ambiguidade entre desordem e ilegalidade que geraria figuras como o "bom bandido" e o "malandro". E isso se refletiria em diversos "espaços da exclusão": "cortiços", "casas de pensão", "neofavelas", "cidades de Deus" e "capões". Com a industrialização dos anos 1970, teriam se

---

30 *Idem*, p. 98.

31 Pellegrini, 2004, p. 15.

32 *Idem*, p. 16.

33 *Idem, ibidem*.

imposto os espaços da "cidade cindida": "centro" e "periferia", "favela" e "asfalto", "cidade" e "subúrbio", "bairro" e "orla".[34] Se, nos anos 1970, reconhecia-se na literatura brasileira a presença de um realismo "feroz" e "brutalista" como o de Rubem Fonseca, os anos 1990 e, sobretudo, 2000 teriam revelado no âmbito literário o "novo realismo feroz": "neorrealismo, hiper-realismo ou ultrarrealismo.[35] No espaço da "neofavela" de *Cidade de Deus*, por exemplo, haveria uma ambiguidade desse "novo realismo feroz", entre "o protesto e a aceitação, a denúncia e a conivência",[36] a partir de elementos como sadismo, exotismo e sedução da violência. Tânia Pellegrini fala também de uma "pedagogia da violência" que levaria à "espetacularização", uma "forma degradada" do "valor de culto" da violência enquanto "valiosa mercadoria" para um "mórbido deleite".[37]

De acordo com Tânia Pellegrini, *Estação Carandiru*, por sua vez, figuraria como "gênero híbrido" e "arte compósita", semelhante ao gênero "literatura de viajantes e catequistas". Na obra de Drauzio Varella, predominariam a privação de liberdade e os "bichos-presos", em que o clima "pacificado" da prisão resultaria do testemunho daquele que "não pertence ao lugar".[38] Segundo Tânia Pellegrini, *Estação Carandiru* seria pautado por uma "contensão estilística" na representação da violência, filtrando "o sadismo e o sangue" como "valor ético e moral" na estetização da miséria humana.[39] Diante disso, Tânia Pellegrini chama a atenção para a necessidade de se lançar mão de outras categorias de análise, para além da forma e do estilo, que apontem para "o sentido" e a "função" da representação da violência na

---

[34] *Idem*, pp. 18-19.

[35] *Idem*, pp. 21-22.

[36] *Idem*, p. 24.

[37] *Idem*, pp. 25-26.

[38] *Idem*, pp. 26-27.

[39] *Idem*, pp. 30-31.

literatura brasileira contemporânea, "aceitando a prevalência de uma possível função social que, de algum modo, leve em consideração esse impacto trazido pela representação da violência e da abjeção".[40]

Outro estudo significativo para pensar os espaços de exclusão e as imagens da violência na literatura brasileira contemporânea é a tese de doutorado de Érica Peçanha do Nascimento, intitulada *É tudo nosso!* Produção cultural na periferia paulistana (2011). Nela, a ênfase recai sobre escritores que surgiram desses espaços e que formaram uma cena literária de suma relevância para a produção de uma literatura de resistência: "Desde o final dos anos 1990, projetam-se na literatura brasileira escritores originários das periferias que atribuem a si e aos produtos literários o adjetivo marginal", segundo a autora, uma literatura composta de "obras, ficcionais ou não, produzidas por autores que se sentem marginalizados pela sociedade ou que trazem para o campo literário temas, termos, personagens e linguajares ditos marginais, ou mesmo, ambos os aspectos combinados".[41]

Um primeiro destaque é dado por Érica Peçanha do Nascimento à iniciativa de Ferréz (Reginaldo Ferreira da Silva), autor do romance *Capão pecado* (2000), ao promover, em 2001, o projeto "Caros Amigos/ Literatura Marginal: a cultura da periferia".[42] Na produção literária periférica teriam surgido nomes como Allan da Rosa, Alessandro Buzo, Ferréz, Sacolinha, Sérgio Vaz, Claudia Canto, Dinha, Elizandra Souza, Raquel Almeida, entre outros. Além da designação de "literatura marginal" para as produções literárias oriundas da periferia, outras nomenclaturas foram empregadas: literatura divergente, literatura suburbana, litera-rua, literatura *hip hop*, literatura de testemunho, literatura engajada e literatura da violência.[43] Várias ações foram

---

40 *Idem*, p. 32.

41 Nascimento, 2011, pp. 101-102.

42 *Idem*, p. 102.

43 *Idem*, p. 103

adotadas para romper a dificuldade de acesso ao mercado editorial. Além de haver o predomínio de publicações no modo independente, outras estratégias de divulgação e de visibilidade da literatura marginal foram adotadas. Destaque especial recai sobre a organização de saraus literários e a atuação pioneira da Cooperativa Cultural da Periferia (Cooperifa), produzindo uma efervescência cultural promovida enquanto "um movimento cultural da periferia para a periferia".[44]

Uma última referência a um estudo que nos auxilia a analisar as imagens da violência em contos de Conceição Evaristo e de Sacolinha, como forma de resistência, é o artigo de autoria de Taís Aline Eble e Adolfo Ramos Lamar intitulado "A literatura marginal/periférica: cultura híbrida, contra-hegemonia e a identidade cultural periférica" (2015). De acordo com os autores, a literatura marginal/periférica surgiu no final da década de 1990 em relação direta com a cultura *hip hop* e com o *rap*. Escritores que se consideravam "marginais", ou seja, que viviam ou ainda vivem em contexto de marginalidade social e cultural, buscaram promover a produção artística e literária que se colocasse como "contra-hegemônica", um ato de resistência e, ao mesmo tempo, uma contraconduta que aflorava como uma forma potente de promover e divulgar as obras de vários jovens que não teriam oportunidade de ascender ao mercado editorial hegemônico. Ações como as de Ferréz e de Sérgio Vaz culminaram com a organização da Semana de Arte Moderna Periférica (2007) e da publicação do Manifesto da Antropofagia Periférica (2007), em São Paulo.[45] A literatura marginal luta por uma estética que incorpore o linguajar coloquial da periferia e que trate de temas à margem do discurso hegemônico, colonialista e racista:

> A literatura marginal surge, então, como manifestação que se contrapõe também à estética literária dominante e elitizada e incorpora, em sua

---

44 *Idem*, p. 113.

45 Eble & Lamar, 2015, p. 196.

> construção literária, elementos do coloquialismo, o falar do povo da periferia, temas referentes ao universo periférico e resgates históricos de classes socialmente desfavorecidas e, até, na nomenclatura, se denomina marginal pelo fato de ser representada por escritores e a temas à margem da sociedade.[46]

Em suma: procuraremos nos orientar por todos os aspectos apontados nessa seção como elementos delineadores de nossa leitura dos contos de Conceição Evaristo e de Sacolinha.

OS CONTOS "ANA DAVENGA" E "MARIA", DE CONCEIÇÃO EVARISTO

No prefácio de *Olhos d'água*, a pesquisadora Heloisa Toller Gomes, autora de obras como *O negro e o romantismo brasileiro* (1988) e *As marcas da escravidão* (1994), aponta para traços da vasta obra de Conceição Evaristo que também se fazem presentes em seus contos: "Como antes em sua obra ficcional, poética, ensaística, Conceição ajusta o foco de seu interesse na população afro-brasileira abordando, sem meias-palavras, a pobreza e a violência urbana que a acometem".[47] Haveria, pois, aspectos que manteriam uma coesão entre os contos que integram *Olhos d'água*, sendo essa "o turbilhão de questões sociais e existenciais recorrentes na escrita da autora, a presidir sua construção ficcional e a reiterar sua unidade temática".[48] Um primeiro traço desse conjunto de contos seria a presença de protagonistas mulheres negras, entre elas Ana Davenga, Maria, Bica e sua mãe, entre outras. Para Heloisa Toller Gomes, haveria algo que enfeixaria essas mulheres

---

46 *Idem*, p. 205.

47 Gomes, 2014, p. 9.

48 *Idem, ibidem.*

em uma: "Na verdade, essa mulher de muitas faces é emblemática de milhões de brasileiras na sociedade de exclusões que é a nossa".[49]

O protagonismo de mulheres negras em contos de *Olhos d'água* é ratificado pela médica e ativista Jurema Werneck na "Introdução": "A mulher negra tem muitas formas de estar no mundo (todos têm). Mas um contexto desfavorável, um cenário de discriminações, as estatísticas que demonstram pobreza, baixa escolaridade, subempregos, violações de direitos humanos, traduzem histórias de dor. Quem não vê?".[50] A potência de uma obra de resistência e de denúncia como *Olhos d'água* se evidencia em suas palavras:

> É assim que Conceição Evaristo inventa este mundo que existe. De Ana Davenga, Maria, Duzu-Querença, Natalina, Salinda, Luamanda, Cida, Zaíta, Maíta. E desses meninos/homens perdidos, herdeiros de mães sem nome, herança que as mulheres deixaram e que ninguém quis receber. São histórias duras de derrota, de morte, machucados. São histórias que insistem em dizer o que tantos não querem dizer. O mundo que é dito existe. Suas regras, explícitas.[51]

Em resenha da obra *Olhos d'água*, a pesquisadora Marisa Lajolo sintetiza da seguinte maneira o perfil das personagens dos 15 contos que a compõem: "Personagens principais quase sempre femininas. Velhas, moças, crianças. Negras, quase todas e quase todos. Ex-prostitutas, domésticas, pedreiros, traficantes. E outros e outras. Pobres todas e todos".[52] Perpassam suas narrativas "um cotidiano de carências e ausências": "É a vida e a esperança que nascem, esgueirando-se – na voz que narra a história – entre tiroteios onde não faltam balas perdidas e mortes acidentais".[53]

---

[49] *Idem*, p. 10.

[50] Werneck, 2014, p. 13.

[51] *Idem*, p. 14.

[52] Lajolo, 2016.

[53] *Idem*, *ibidem*.

Posto isso, iniciemos nossa análise pelo conto "Ana Davenga", marcado por extrema violência. Um narrador em terceira pessoa, extradiegético, cuja perspectiva se associa à da protagonista, seja na aflição pela demora de "seu homem", Davenga, em chegar, seja pelas batidas na porta do barraco em que moravam, assim anuncia: "Um toque diferente, de batidas apressadas dizia de algo mau, ruim, danoso no ar. O toque que ela ouvira antes não prenunciava desgraça alguma".[54] É como se fosse um momento em que poderia se anunciar o pior. A narrativa prossegue em um jogo de tensão e de distensão, pois a aflição e o temor se desfazem em uma reunião de companheiros, "homens comparsas dos delitos e crimes de Davenga", que adentram o barraco, o "quartel-general do chefe",[55] e o aguardam para celebrar o aniversário de Ana, algo descoberto pelo leitor quase ao final do conto:

> Davenga entra furando o círculo. Alegre, zambeiro, cabeça-sonho, nuvens. Abraça a mulher. No abraço, além do corpo de Davenga, ela sentiu a pressão da arma.
> – Davenga, Davenga, que festa é esta? Por que isto tudo?
> – Mulher, tá pancada? Parece que bebe? Esqueceu da vida? Esqueceu de você?
> Não, Ana Davenga não havia esquecido, mas também não sabia por que lembrar. Era a primeira vez na vida, uma festa de aniversário.[56]

Em um jogo de *flashbacks* e *flashforwards*, a narrativa prossegue, mas retorna ao sentimento de temor da protagonista diante da iminência de Davenga ser preso ou mesmo morto pela polícia:

> Naqueles dias ela andava com temor no peito. Era preciso cuidado. Os homens estavam atrás dele. Tinha havido um assalto a um banco e o

[54] Evaristo, 2014a, p. 21.

[55] *Idem, ibidem.*

[56] *Idem*, p. 29.

caixa descrevera alguém parecido com ele. A polícia já tinha subido o morro e entrado em seu barraco várias vezes. O pior é que ele não estava metido naquela merda.[57]

Por sua vez, a violência mina a própria relação amorosa entre Ana e Davenga, chefe de um grupo que cometia delitos e crimes. Por um lado, seus "comparsas", inicialmente, não aprovaram Davenga tê-la trazido para morar no barraco, pois desconfiavam dela; por outro, Ana tinha consciência disso: "Foi difícil. Eles não a queriam. Não era do agrado de nenhum deles aquela mulher dentro do quartel-general do chefe, sabendo de todos os segredos".[58] O próprio Davenga é apresentado no conto como um sujeito violento, seja nas brincadeiras com os homens do grupo – "Ele até brincava; porém, só com os companheiros. Assim mesmo, de uma brincadeira bruta. Socos, pontapés, safanões, tapas, 'seus filhos da puta'... Mais parecia briga –,[59] seja no prazer em causar medo em suas vítimas – "O que ele gostava mesmo era de ver o medo, o temor, o pavor nas feições e modos das pessoas. Quanto mais forte o sujeito, melhor. Adorava ver os chefões, os mandachuvas se cagando de medo".[60] Além disso, o contraste social se estabelece, discursivamente, na cena em que Davenga assalta um deputado:

> – Pois é, doutor, a vida não tá fácil! Ainda bem que tem homem lá em cima como o senhor defendendo a gente, os pobres. – Era mentira – Doutor, eu votei no senhor. – Era mentira também. – E não me arrependi. Veio visitar a família? Eu também tou indo ver a minha e quero levar uns presentinhos. Quero chegar bem-vestido como o senhor.[61]

---

57 *Idem*, p. 24.

58 *Idem, ibidem.*

59 *Idem*, p. 23.

60 *Idem*, p. 24.

61 *Idem, ibidem.*

O contraste social é marcado por expressões no discurso direto de Davenga, como "lá em cima", em uma verticalização social contrária aos de baixo, "a gente, os pobres". E o próprio assalto evidencia-se discursivamente como um gesto de aparente equiparação: o fato de terem família e o desejo de Davenga em poder se apresentar tão bem-vestido como o deputado, ironicamente, com as próprias roupas do político, obrigando-o a se despir. A violência associada à personagem de Davenga também se expressa pelo assassinato de Maria Agonia, a quem mandara matar por não querer viver com ele no morro. Desta vez, o contraste é marcado entre o "marginal" e a "crente":

> Maria Agonia reagiu. Vê só se ela, crente, filha de pastor, instruída, iria deixar tudo e morar com um marginal, com um bandido? [...] Não havia de ser nada. Tinha alguém que faria o serviço para ele. Dias depois, a seguinte manchete aparecia nos jornais: "Filha de pastor apareceu nua e toda perfurada de balas. Tinha ao lado do corpo uma Bíblia. A moça cultivava o hábito de visitar os presídios para levar a palavra de Deus".[62]

Como podemos observar, o contraste entre Davenga e Maria Agonia, aos olhos desta, se dá pelo grau de instrução, pela formação religiosa e por ser "filha de pastor", como supostos traços de distinção social em relação ao "bandido" que vivia em seu barraco, no morro.

Todavia, a cena final do conto "Ana Davenga" apresenta a violência de agentes do Estado, fortemente armados, ao tentarem capturar Davenga, suspeito de ter cometido o assalto ao banco localizado no bairro. Encerrada a festa de aniversário de Ana, no meio da madrugada, o casal é surpreendido na cama:

> Já estavam para explodir um no outro, quando a porta abriu violentamente e dois policiais entraram de armas em punho. Mandaram que Davenga se vestisse rápido e não bancasse o engraçadinho, porque o barraco

[62] *Idem*, pp. 27-28.

> estava cercado. Outro policial do lado de fora empurrou a janela de madeira. Uma metralhadora apontou para dentro de casa, bem na direção da cama, na mira de Ana Davenga. Ela se encolheu levando a mão na barriga, protegendo o filho, pequena semente, quase sonho ainda.[63]

Uma sequência de perguntas, formuladas pelo narrador como se fossem o fluxo de consciência da personagem, demonstra o dilema de Davenga, ao vislumbrar a prisão iminente:

> Davenga vestiu a calça lentamente. Ele sabia estar vencido. E agora o que valia a vida? O que valia a morte? Ir para a prisão, nunca! A arma estava ali, debaixo da camisa que ele ia pegar agora. Poderia pegas as duas juntas. Sabia que este gesto significaria a morte. Se Ana sobrevivesse à guerra, quem sabe teria outro destino?[64]

Interessante notar que a estrutura narrativa pautada por *flashbacks* e *flashforwards* acaba preparando o leitor para as atitudes das personagens. A frase "Ir para a prisão, nunca!" da citação acima, por exemplo, é iluminada por frase anterior, em outra passagem do conto, quando Davenga ficou conhecendo Maria Agonia na visita a um amigo que estava na prisão: "A prisão devia ser horrível. Só em pensar, tinha medo e desespero. Se um dia caísse preso e não conseguisse fugir, se mataria".[65] E essas palavras se concretizariam na cena final da invasão do barraco: "De cabeça baixa, sem encarar os dois policiais a sua frente, Davenga pegou a camisa e desse gesto se ouviram muitos tiros".[66]

Desse modo, Ana e Davenga têm suas vidas interrompidas de maneira trágica em virtude da ação de policiais que não hesitaram em baleá-los. O narrador também deixa antever o olhar da imprensa

---

63 *Idem*, p. 30.

64 *Idem, ibidem*.

65 *Idem*, p. 27.

66 *Idem*, p. 30.

para o ocorrido, como se fosse também o olhar de segmentos sociais que defendem a repressão de agentes do Estado contra os que estão à margem: "Os noticiários depois lamentavam a morte de um dos policiais de serviço. Na favela, os companheiros de Davenga choravam a morte do chefe e Ana, que morrera ali na cama, metralhada, protegendo com as mãos um sonho de vida que ela trazia na barriga".[67] Entretanto, o conto não se encerra com a cena da morte, mas, sim, com uma imagem que, ironicamente, remete à vida, um gesto de amor: "Em uma garrafa de cerveja cheia de água, um botão de rosa, que Ana Davenga havia recebido de seu homem, na festa primeira de seu aniversário, vinte e sete, se abria".[68]

Por sua vez, o próximo conto a ser analisado neste breve estudo é "Maria". Se a violência é praticamente onipresente no cotidiano de Ana e de seu companheiro, Davenga, no caso da protagonista Maria, essa também deixa marcas em sua vida de moradora da periferia, residindo longe do local onde trabalhava como empregada doméstica. Em termos narrativos, "Maria" apresenta uma estrutura semelhante à do conto "Ana Davenga", pois a voz narrativa em terceira pessoa também integra fluxos de consciência da personagem. Mais uma vez, uma protagonista mulher, negra, periférica, é apresentada ao leitor envolta em tantas dificuldades e injustiças. O caráter de crítica social se expressa em toda a sua contundência.

Nesse sentido, podemos pensar nas várias camadas que constituem o texto. A cena dominante apresenta Maria aguardando o ônibus, embarcando e indo para casa após um dia de trabalho árduo. Essa personagem fictícia nos parece demasiado humana, típica de inúmeras "Marias" que revelam o grau de vilania, discriminação e exploração, marcas de uma sociedade desigual e injusta como a brasileira. Nós, leitores, ficamos sabendo, de início, da dificuldade que a empregada

---

67 *Idem, ibidem.*

68 *Idem, ibidem.*

doméstica encontrava para voltar para casa: longas horas de espera pelo transporte coletivo e o alto preço das passagens: "Maria estava parada há mais de meia hora no ponto de ônibus. Estava cansada de esperar. Se a distância fosse menor, teria ido a pé. Era preciso mesmo ir se acostumando com a caminhada. O preço da passagem estava aumentando tanto!".[69] Espera, cansaço, distância: algo que é tão familiar a todos aqueles que vivem à margem topográfica e social nos grandes centros, não uma "abstração" ficcional, mas a dura realidade de milhões de brasileiros e brasileiras. Nas entrelinhas, reconhecemos a retidão de Maria, que sequer cogita tomar o ônibus e descer sem pagar a passagem. Ao contrário, ela cogita caminhar longa distância quando não for mais possível obter dinheiro suficiente para o pagamento da passagem, com tarifas cada vez mais altas.

Outro aspecto que atribui contornos à protagonista é o modo como ela é tratada pela patroa, não periférica, branca, em situação social elevada em relação a Maria: "Além do cansaço, a sacola estava pesada. No dia anterior, no domingo, havia tido festa na casa da patroa. Ela levava para casa os restos. O osso do pernil e as frutas que tinham enfeitado a mesa. Ganhara as frutas e uma gorjeta. O osso, a patroa ia jogar fora".[70] Maria parece não se revoltar com sua situação. Não teria, a personagem, consciência da injustiça social à qual estava submetida? Aparentemente, não. Isso se revela no modo como pensa lidar com os "restos" da festa e da gorjeta:

> Estava feliz, apesar do cansaço. A gorjeta chegara numa hora boa. Os dois filhos menores estavam muito gripados. Precisava comprar xarope e aquele remedinho de desentupir nariz. Daria para comprar também uma lata de Toddy. As frutas estavam ótimas e havia melão. As crianças nunca tinham comido melão. Será que os meninos iriam gostar de melão?[71]

---

[69] *Idem*, p. 39.

[70] *Idem*, p. 34.

[71] *Idem*, pp. 39-40

Aos poucos, a narrativa fornece elementos para que os leitores compreendam a constituição familiar de Maria. Dois filhos estão doentes, se não fosse a gorjeta, que a deixa "feliz", embora aparentemente irrisória – "mil cruzeiros" –, não teria como comprar "o xarope e aquele remedinho de desentupir o nariz". Em sua casa, uma lata de chocolate em pó parece artigo de luxo, e o melão, parte dos "restos" da festa na casa da patroa, é fruta desconhecida. Inclusive, a frase "Será que os meninos iriam gostar de melão?" acaba por se tornar um bordão ao longo da narrativa. Outra frase que assume essa função de bordão diz respeito à "faca a laser" da casa da patroa, com a qual Maria acabou ferindo a própria mão: "A palma de uma de suas mãos doía. Tinha sofrido um corte, bem no meio, enquanto cortava o pernil para a patroa. Que coisa, faca a laser corta até a vida!".[72] Enquanto lhe falta dinheiro para alimentar e cuidar dos filhos dignamente, a abastança na casa da patroa é caracterizada por esse instrumento, não uma faca qualquer, uma "faca a laser".

Todavia, ao embarcar no ônibus, a história de Maria ganha novos e decisivos contornos. A protagonista vivenciará o assalto cometido por um ex-companheiro, pai de seu filho mais velho, de 11 anos de idade, e um "comparsa" que estava no fundo do veículo. Desse modo, configura-se a estrutura familiar de Maria: três filhos, mãe solteira, que labuta todos os dias para sustentá-los. Todavia, ainda sentia saudades do antigo companheiro, que se sentou ao lado dela na parte da frente do ônibus:

> Maria viu, sem olhar, que era o pai de seu filho. Ele continuava o mesmo. Bonito, grande, o olhar assustado não se fixando em nada e em ninguém. Sentiu uma mágoa imensa. Por que não podiam ser felizes? E o menino, Maria? Como vai o menino? cochichou o homem".[73]

---

[72] *Idem*, p. 40.

[73] *Idem*, *ibidem*.

Assim como Ana Davenga sofre as consequências de uma vida precária ao lado de um homem à margem da sociedade, Maria será vitimada por ter sido tomada por alguns passageiros do ônibus como cúmplice do assalto, apenas porque a viram conversar com um dos assaltantes, embora não tenha descido do veículo junto com eles. A protagonista acaba por ser insultada e espancada:

> Os assaltantes desceram rápido. Maria olhou saudosa e desesperada para o primeiro. Foi quando uma voz acordou a coragem dos demais. Alguém gritou que aquela puta safada lá da frente conhecia os assaltantes. Maria se assustou. Ela não conhecia assaltante algum. Conhecia o pai de seu primeiro filho. Conhecia o homem que tinha sido dela e que ela ainda amava tanto. Ouviu uma voz: *Negra safada, vai ver que estava de coleio com os dois.* Outra voz vinda lá do fundo do ônibus acrescentou: *Calma, gente! Se ela estivesse junto com eles, teria descido também.* Alguém argumentou que ela não tinha descido só para disfarçar. Estava mesmo com os ladrões. Foi a única a não ser assaltada. *Mentira, eu não fui e não sei por quê.*[74]

A engenhosidade desse conto de Conceição Evaristo possibilita uma representação densa da violência em seus diversos níveis, manifestada na pobreza, na exploração, na criminalidade e na injustiça que acometem Maria e tantas outras Marias Brasil afora. Podemos dizer que Maria e Ana Davenga são mulheres que sucumbem devido a suas ligações amorosas com homens que trilham o caminho da criminalidade. Sofrem a violência em diversos níveis e acabam assassinadas, uma pela ação policial que a executa sumariamente com seu companheiro, e a outra, linchada pelos passageiros do ônibus.

---

[74] *Idem*, pp. 40-41.

OS CONTOS "CAMINHOS CRUZADOS" E "MEDO EM FAMÍLIA", DE SACOLINHA

No prefácio de *85 letras e um disparo*, intitulado "Não existir, existindo ou os descendentes de Plínio Marcos", o escritor Ignácio de Loyola Brandão aponta para a violência como um traço constituinte da obra, publicada em 2012, em sua terceira edição, e formada por um conjunto de 19 contos: "Os personagens de Sacolinha vivem em um mundo particular, sem aberturas, sem esperanças, sem horizontes. Vivem imersos na violência, de tal modo que a violência perdeu o sentido".[75]

Em uma avaliação precisa, o escritor define a vida à margem da sociedade, concretizada também na topografia marginal-periférica de grandes centros urbanos: "essa gente da periferia vive o mundo do não, do não constante, o não perene, o não que segue grudado na pele, no coração".[76] Conforme o próprio título do prefácio indica, Ignácio de Loyola Brandão identificou ressonâncias entre as personagens de Sacolinha e o escritor, ator e dramaturgo Plínio Marcos, no seu caráter de crítica social, em favor dos despossuídos:

> E me veio um sentimento de que toda essa gente da periferia, do subúrbio, do outro lado de uma linha imaginária que separa os que têm dos que não têm, toda essa gente descende – ou é herdeira – em linha direta de Plínio Marcos que, já nos anos 1960, sentiu, assimilou, endossou, carregou os mesmos sentimentos, engoliu as negações, essas mesmas negações que conferem a elas o direito de não existir, existindo.[77]

Por sua vez, outro nome ilustre da literatura brasileira assina o "Posfácio": o saudoso escritor Moacyr Scliar. Segundo ele,

---

[75] Brandão, 2012, p. 11.

[76] *Idem*, pp. 11-12.

[77] *Idem*, p. 12.

> [...] quando a desestruturação emocional junta-se a uma conjuntura social desfavorável – pobreza, desemprego, desigualdade, falta de oportunidade –, nós temos aquela massa crítica que gera a violência, a qual as manchetes de jornal e os noticiários do rádio e da tevê registram diariamente".[78]

Scliar considera que, na literatura brasileira do século XX e início do novo milênio, poderiam ser identificadas três fases de representações ficcionais da violência: a primeira fase seria aquela de escritores engajados dos anos 1930 e 1940, "como o Jorge Amado da primeira fase", em que se tratava, "antes de mais nada, de uma questão de miséria, de injustiça"; a segunda fase teria como seu maior representante Rubem Fonseca, "ex-delegado de polícia", que "conhecia por experiência própria os bastidores do crime e foi assim capaz de descrever a violência como um fenômeno psicológico"; a terceira fase, na qual Sacolinha e sua obra estariam inseridos, teria por ícone o romance *Cidade de Deus*, de Paulo Lins, que uniria os traços das duas fases anteriores, ou seja, a violência enquanto "uma questão de miséria, de injustiça" e, ao mesmo tempo, "um fenômeno psicológico".[79]

Iniciemos, pois, pela análise do conto "Caminhos cruzados", enquanto narrativa exemplar para se abordar a representação ficcional da violência. A narrativa versa sobre a amizade de dois jovens da periferia, Kauê e Firmino, que seguem caminhos distintos na vida. Narrado em terceira pessoa, o conto é marcado também pelo discurso direto, em geral, com expressões e gírias comuns como variantes linguísticas de espaços à margem, no caso, o fictício "Morro do Culhão", no Rio de Janeiro, onde os dois cresceram juntos:

> [...] Firmino olhou firme nos olhos de Kauê e disse:
> – Matei, tô roubando, cheirando e bebendo. E aí, que tu tem pra me dizer?

---

[78] Scliar, 2012, p. 119.

[79] *Idem, ibidem.*

Kauê tentou raciocinar: como assim, por quê, o que eu falo?
Acabou por responder:
– Firmino, que história é essa rapá, tá louco é?
– Que louco o que Negão, foi o que aprendi a fazer.
– Porra Firmino, tanta coisa pra aprender e você foi aprender logo isso?[80]

A violência se faz presente no conto "Caminhos cruzados" pelo crime, pelo tráfico e pelo consumo de drogas. Enquanto Kauê procura aconselhar o amigo a deixar a criminalidade, Firmino não vê outra saída. De certo modo, Firmino teria fracassado ao não ter cumprido um pacto selado entre os dois quando ainda eram adolescentes:

> Presenciaram muitas coisas juntos, entre elas, o destino das pessoas que entraram na vida do crime através do tráfico de armas e drogas. O pacto que fizeram na adolescência era de que nenhum deles iria se envolver com qualquer tipo de coisa que levasse ao caminho do mal. É claro que não viraram santos, mas seguiram à risca este pacto.[81]

Mais tarde, Kauê e Firmino não seguem o mesmo caminho orientado por esse pacto, mas, sim, caminhos cruzados. Ambos cresceram no mesmo ambiente de escassas oportunidades, entretanto Kauê encontrou a realização na música como compositor de sambas-enredo, embora desejasse ser poeta, enquanto Firmino, trabalhando para se sustentar e ajudar a família no "barraco", se desiludiu com o curso de informática, provavelmente oferecido por algum programa de assistência a populações carentes em áreas de risco:

> – Não dá não Negão essa merda de linguagem HTML e os escambaus não é pra mim, deixa pros boy. Meu negócio é outro.
> E assim os dois continuaram vivendo; serviço, futebol, mulheres, bebidas e samba. Mas chegou o dia em que Firmino perdeu o emprego. Passaram-

[80] Sousa, 2012a, p. 45.

[81] *Idem*, p. 46.

> -se dois anos e meio e nada de um serviço, só mesmo os bicos de segurança e de servente de pedreiro.[82]

O tom de denúncia às mazelas sociais em "Caminhos cruzados" é evidente: além de área de risco, em que se vive uma vida precária recheada de perigos – "O início da juventude dos dois foi um momento indescritível, prazeroso até demais para quem viveu cercado de miséria e teve que dormir no chão para não ter o perigo de ser vítima de bala perdida" –,[83] o "Morro do Culhão" e seus inúmeros barracos são habitados por gente trabalhadora que, não obstante a labuta, correm todo tipo de risco, inclusive o de perder seus empregos, igualmente precários. Em meio a tudo isso, a criminalidade coabita o espaço marginalizado. Por assim dizer, as personagens Kauê e Firmino exemplificam dois modos distintos de lidar com isso: enquanto Kauê, aparentemente, consegue vencer a batalha diária em se manter longe da criminalidade, Firmino sucumbe a ela – "Foi aí que o crime agiu. Firmino se envolveu com os traficantes. Esses deram a ele o que estava precisando: carinho, proteção e divertimento".[84] Desse modo, Firmino entrou para a criminalidade, tornando-se um elo entre o "morro" e o "asfalto", em que seus "clientes" possuíam um perfil social diametralmente oposto ao dele:

> Era agora um dos funcionários da boca de fumo que atendia no asfalto, onde os clientes eram universitários, filhos de gente famosa que vive na frente dos holofotes. Agora sim, voltara a viver. Não estava nem aí com o seu destino, só queria saber do agora: – O amanhã que se dane! – dizia ele.[85]

---

[82] *Idem*, p. 47.

[83] *Idem*, p. 46.

[84] *Idem*, p. 47.

[85] *Idem*, pp. 47-48.

No conto "Caminhos cruzados", a trajetória de Firmino é um caminho sem volta. Enquanto Kauê joga bola e segue compondo seus sambas-enredo e poemas, como se fossem as poucas alternativas para se manter fiel ao pacto da adolescência – aliás, o que é a trajetória de muitos jovens que procuram "driblar" com a música ou o esporte o destino a que estão fadados –, Firmino se enfronha cada vez mais no mundo da criminalidade, tornando-se um assassino: "Só que o crime não se resumia apenas naquilo. Por isso, teve que partir para os assaltos. Num desses, ele matou um funcionário de uma mansão no centro do Rio. Aí veio a sua decadência. Começou a cheirar cocaína e a matar sem piedade".[86]

Em termos de temporalidades, o conto "Caminhos cruzados" se estrutura a partir de *flashbacks* e *flashforwards*. A cena inicial no campo de futebol, no Morro do Culhão, em que os amigos se reencontram após meses sem se verem, é retomada após a apresentação de suas trajetórias, da adolescência até aquele momento, em que ambos estão com 26 anos de idade. No presente do narrado, em um boteco onde os amigos tomam cerveja, Firmino reconhece que fracassou ao romper o pacto que havia selado com Kauê, enveredando-se por um caminho que não tinha mais volta:

> Firmino levantou. Eram 5 horas da tarde e ele precisava ir. Tinha uma encomenda pra buscar lá no Morro do Sovaco. Pagou a conta e agradeceu a companhia do amigo, precisava desabafar com alguém e, mesmo tendo quebrado o pacto feito na adolescência, ele estava ali, disposto a ouvi-lo. Só ouvir mesmo, pois, como Firmino dissera, agora é tarde, não tinha como abandonar o crime. Se saísse os caras matavam e se ficasse tinha de matar. Agora se bobear é "CC", como dizem os veteranos do crime: "É caixão ou cadeia, parceiro".[87]

[86] *Idem*, p. 48.

[87] *Idem, ibidem.*

Em uma tarde de “Fla *x* Flu”, como diria Mário Filho, em que as pessoas do morro estão diante da televisão, mais um dos poucos lazeres, Firmino encontraria seu fim. Recusou-se a assistir ao jogo na casa de Kauê, preferiu assisti-lo no Bar do Taquara, onde tinha “que resolver uma fita também”. Na cena, a banalização da violência se faz presente pela menção a tiros, comuns em dias de jogos em meio às comemorações. Todavia, aqueles não celebravam nem Flamengo nem Fluminense, mas punham fim à vida de Firmino: “Ele [*i. e.*, Kauê] correu para conferir. Chegando no boteco, viu o corpo do amigo todo ensanguentado. O comentário que ouviu foi: – Só no peito deram seis balaços”.[88] Não podemos evitar a lembrança de versos da canção “De frente pro crime” (1977), de Aldir Blanc e de João Bosco: “Tá lá o corpo estendido no chão/ Em vez de rosto a foto de um gol/ Em vez de reza a praga de alguém/ E um silêncio servindo de amém” (Blanc & Bosco, 1977).

Nosso segundo e último exemplo da representação ficcional da violência em contos de Sacolinha é “Medo em família”. O próprio título já alude indiretamente à violência, pois o medo é o sentimento que terá consequências fatais para uma família pobre, moradora de uma vila na periferia de São Paulo. A família que compartilha o sentimento de medo é composta de dona Josefa, viúva que tem vários filhos. O filho mais novo é Fernandes, de 18 anos, “o diabo em pessoa”, que desde criança “já aprontou muita coisa errada em sua vida”; o filho mais velho é Osvaldo, de 24 anos, “bem instruído tanto em conhecimento quanto na malandragem”, que não se cansa de dar conselhos ao irmão, “explica qual é a intenção deste mundo e fala da podridão do homem”.[89]

Em seus esforços para alertar o irmão de que ele correria sérios riscos se continuasse trilhando caminhos perigosos, Osvaldo se valia dos noticiários de TV, programas sensacionalistas que inundaram a TV brasileira nos anos 1990, chegando até os nossos dias:

---

88 *Idem*, p. 50.

89 Sousa, 2012b, p. 69.

> – Olha lá irmão, veja aí o que se faz com quem opta pelo lado errado:
> Na TV o apresentador faz o seu papel:
> – Fulano, bota o VT pra gente conferir... Isso olha a cara do bandido, pena máxima nele, prisão perpétua pr'esse vagabundo. Volta de novo Fulano, bota a cara desse safado para todo o Brasil ver...
> E assim Osvaldo saía contando vantagem:
> – Tá vendo Fernandes, ó o que dá. Por isso que a gente não quer você misturado com esse pessoal.[90]

Assim, a "desagregação social" de que nos fala Moacyr Scliar tem efeitos psicológicos distintos entre os irmãos, educados debaixo do mesmo teto. É importante notar também que o discurso sensacionalista da TV, algo do cotidiano de muitos lares no Brasil, sobretudo nas periferias e nas favelas dos grandes centros do país, é utilizado por Osvaldo como "material didático" para "instruir", ou melhor, para "intimidar" Fernandes, educá-lo pelo medo. E o medo possui nuances no conto de Sacolinha: o medo da mãe e do irmão, que temem o que pode ocorrer com Fernandes – "Na verdade, tanto Osvaldo como dona Josefa morrem de medo de descobrir algo errado na vida do menino. Seria um verdadeiro fracasso familiar" –;[91] o medo que não só os programas da TV despertam nele, mas também as histórias que ouve dos bandidos de sua vila, pois preza a liberdade mais do que tudo e não poderia se imaginar vivendo confinado em uma prisão:

> Ouvira muita coisa sobre presídios; se horrorizava em pensar que um dia pudesse ser preso, conviver com bandido sanguinário, gente podre e ainda ter que dividir cela com um monte deles: "Imagina só, ter que dar a bunda, virar muié de ladrão, comer comida fria e sem tempero" – pensava ele rindo. Mas intimamente sentia muito medo. Imaginava que se isso acontecesse em sua vida preferia se matar do que viver neste

[90] *Idem*, pp. 69-70.

[91] *Idem*, p. 70.

> inferno. Apanhar da polícia todo dia, ter que se defender das falsidades dos companheiros de cela, ficar longe da família e ainda sem garota para transar na hora em que pintasse o tesão.[92]

Constata-se, portanto, que o medo é uma espécie de "força motriz" nesse conto de Sacolinha, pois mobiliza as personagens em suas atitudes. Movido por essa força, a pedido da mãe, "que fizesse alguma coisa logo, antes que viesse o pior", o irmão elabora um novo plano para "educar" ou "dar uma lição" ao irmão caçula:

> Osvaldo já havia pensado na solução. Achou que conseguiria resolver o problema. Chamou uns conhecidos que ingressaram há pouco na polícia e fez o pedido. Dois dias depois Fernandes foi preso quando voltava da rua de cima. Eram 3 da manhã e uma dupla de policiais forjou um flagrante numa esquina da vila.[93]

Todavia, a "educação" por "repressão" e "terror" não teve o fim esperado por Osvaldo, que não conhecia o íntimo de seu irmão mais novo, o quanto ele temia ser privado da liberdade que tanto prezava:

> Osvaldo pedira apenas um susto de três dias, e era isso que os policiais pretendiam. Só não contavam com a ação desesperada do jovem Fernandes, pois inconformado em estar num local que há muito repugnava e pensar em como seria sua vida dali pra frente, não passou do segundo dia. Amanheceu morto com um caco de porcelana da privada cravada em seu pescoço.[94]

Como pudemos constatar, os contos de Sacolinha selecionados para este breve estudo evidenciam um modo de apresentar ficcionalmente

---

92 *Idem*, pp. 70-71.

93 *Idem*, p. 71.

94 *Idem, ibidem*.

a onipresença da violência em espaços marginalizados em que suas personagens resistem – Kauê e Osvaldo – ou sucumbem a ela – Firmino e Fernandes.

CONSIDERAÇÕES FINAIS

Os contos de Conceição Evaristo e de Sacolinha, analisados neste estudo com enfoque em imagens da violência por eles veiculadas, nos permitiram observá-los como exemplos de uma literatura resistente, que combate de maneira crítica antivalores que grassam na sociedade brasileira: o racismo, a discriminação, a exploração, a submissão, a repressão etc. Em seu componente ético, o ato de resistir visa modificar as relações de poder que produzem injustiças de diversas ordens.

Nesse sentido, corroborando a visão de Alfredo Bosi, reafirmamos que a "escrita resistente" possuiria "um *a priori* ético" que se pauta pela "verdade mais exigente".[95] E é essa verdade que desvela, em seus contos, a violência encoberta, fazendo com que o intolerável "invisível" não recaia na banalização. Para isso, demandam uma "estética da existência"[96] que, aliada com o plano da ética enquanto "o principal espaço de luta contra o intolerável", geraria "contracondutas",[97] conforme proposto por Rodrigo de Castro Orellana.

Conforme constatado, Conceição Evaristo e Sacolinha trazem em seus contos os "espaços não valorizados socialmente"[98] de que nos fala Tânia Pellegrini: o morro, a favela, a vila, a periferia. Esteticamente, seus contos incorporam o linguajar da periferia e apresentam estruturas narrativas que possibilitam a construção dialógica do discurso direto,

---

95 Bosi, 1996, p. 27.

96 Orellana, 2012, p. 49.

97 *Idem*, pp. 49-50.

98 Pellegrini, 2004, p. 15.

ou mesmo a incorporação de fluxos de consciência das personagens à voz do narrador. Enquanto literatura que fala das margens sociais e topográficas, contemplam temas que figuram à margem do discurso hegemônico, colonialista e racista que combatem. Ana Davenga, "seu homem", Maria, "seu ex-homem", os filhos pequenos, os amigos Kauê e Firmino, dona Josefa e os filhos Osvaldo e Fernandes povoam esses cenários de exclusão na sua luta diária para existir, existindo e resistindo, como a escrita de Conceição Evaristo e Sacolinha.

REFERÊNCIAS

BLANC, Aldir & BOSCO, João. "De frente pro crime". *Caça à raposa*. RCA Victor, 1975.

BOSI, Alfredo. "Narrativa e resistência". *Itinerários*. Araraquara, n. 10, 1996, pp. 11- 27. Disponível em <https://periodicos.fclar.unesp.br/itinerarios/article/view/2577/2207>. Acesso em 25/5/2023.

BRANDÃO, Ignácio de Loyola. "Não existir, existindo ou os descendentes de Plínio Marcos". *In*: SOUSA, Ademiro Alves de. *85 letras e um disparo*. São Paulo, Global Editora, 2012, pp. 11-12.

EBLE, Taís Aline & LAMAR, Adolfo Ramos. "A literatura marginal/periférica: cultura híbrida, contra-hegemonia e a identidade cultural periférica". *Especiaria* – Cadernos de Ciências Humanas, vol. 16, n. 27, jul.-dez. 2015, pp. 193-212. Disponível em <https://periodicos.uesc.br/index.php/especiaria/article/view/1126>. Acesso em 25/5/2023.

EVARISTO, Conceição. "Ana Davenga". *Olhos d'água*. Rio de Janeiro, Pallas Editora, 2014a, pp. 21-30.

____. "Maria". *In* EVARISTO, Conceição. *Olhos d'água*. Rio de Janeiro, Pallas Editora, 2014b, pp. 39-42.

GOMES, Heloisa Toller. "Minha mãe sempre costurou a vida com fios de ferro". *In*: EVARISTO, Conceição. *Olhos d'água*. Rio de Janeiro, Pallas Editora, 2014, pp. 9-11.

GRABOIS, Pedro Fornaciari. *Governo, resistência e práticas de subjetivação em Michael Foucault*. Rio de Janeiro, Universidade Federal do Rio de

Janeiro, 2013 (Dissertação de mestrado). Disponível em <http://www.bdtd.uerj.br/tde_busca/arquivo.php?codArquivo=6079>. Acesso em 25/5/2023.

LAJOLO, Marisa. "'Olhos d'água', de Conceição Evaristo". *Literafro*: o portal da literatura afro-brasileira, 29/5/2016. Disponível em <http://www.letras.ufmg.br/literafro/autoras/29-critica-de-autores-feminios/200-olhos-d-agua-de-conceicao-evaristo-por-marisa-lajolo-critica>. Acesso em 11/7/2023.

NASCIMENTO, Érica Peçanha do. *É tudo nosso!* Produção cultural na periferia paulistana. São Paulo, Universidade de São Paulo, 2011, pp. 101-112 (Tese de doutorado). Disponível em: <https://www.teses.usp.br/teses/disponiveis/8/8134/tde-12112012-092647/pt-br.php>. Acesso em 16/4/2023.

ORELLANA, Rodrigo de Castro. "A ética da resistência". *Ecopolítica*, São Paulo, n. 2, 2011-2012, pp. 37-63. Disponível em <https://revistas.pucsp.br/index.php/ecopolitica/article/view/9089>. Acesso em 25/5/2023.

PELLEGRINI, Tânia. "No fio da navalha: literatura e violência no Brasil de hoje". *Estudos de Literatura Brasileira Contemporânea*. Brasília, n. 24, 2004, pp. 15-34. Disponível em <https://periodicos.unb.br/index.php/estudos/article/view/9003>. Acesso em 23/1/2023.

SCHØLLHAMMER, Karl Erik. "A violência como desafio para a literatura brasileira contemporânea". *Cena do crime*: violência e realismo no Brasil Contemporâneo. Rio de Janeiro, Civilização Brasileira, 2013, pp. 39-102.

SCLIAR, Moacyr. "Posfácio". *In*: SOUSA, Ademiro Alves de. *85 letras e um disparo*. 3. ed. São Paulo, Global Editora, 2012, p. 119.

SOUSA, Ademiro Alves de. "Caminhos cruzados". *85 letras e um disparo*. 3. ed. São Paulo, Global Editora, 2012a, pp. 45-51.

____. "Medo em família". *85 letras e um disparo*. 3. ed. São Paulo, Global Editora, 2012b, pp. 69-71.

WERNECK, Jurema. "Introdução". *In*: EVARISTO, Conceição. *Olhos d'água*. Rio de Janeiro, Pallas Editora, 2014, pp. 13-14.

9
A MEMÓRIA REPACTUADA NAS NARRATIVAS LITERÁRIAS: A BUSCA DE K.

Rosana Cristina Zanelatto Santos

> [...] *meu lugar é ali onde está meu corpo. Mas colocar-se e deslocar-se são atividades primordiais que fazem do lugar algo a ser buscado. Seria assustador não encontrar nenhum.*
> Paul Ricœur.[1]

No ensaio "A crise na educação", publicado pela primeira vez na década de 1950, Hannah Arendt[2] observou que, nos Estados Unidos, de tempos em tempos, a crise na educação tornava-se um problema político de grandeza considerável. A questão não gravitava, e não gravita ainda hoje, seja nos Estados Unidos, seja no Brasil, em torno de as possíveis deficiências interpretativas e cognitivas dos/as alunos/as virem à tona com frequência. Segundo Arendt, as pessoas nascem para o mundo, e a educação deve prepará-las para o diálogo com o mundo, não as instrumentalizar para a recepção passiva de conteúdos formais. Um dos temas desse processo de formação diz respeito aos preconceitos.

> O desaparecimento de preconceitos significa simplesmente que perdemos as respostas em que nos apoiávamos de ordinário sem querer perceber

1 Ricœur, 2018.

2 Arendt, 1992, p. 221.

> que originariamente elas constituíam respostas a questões. Uma crise nos obriga a voltar às questões mesmas e exige respostas novas ou velhas, mas de qualquer modo julgamentos diretos. Uma crise só se torna um desastre quando respondemos a ela com juízos pré-formados, isto é, com preconceitos.[3]

Se, na década de 1950, Arendt pensava que a crise na educação era também um problema político e que, tecnicamente, os Estados Unidos eram, e ainda são, uma terra de imigrantes, podemos, analogamente, pensar que, no Brasil, a voz e a visibilidade conquistadas, mesmo que de modo frágil e não na medida justa e necessária, por afrodescendentes, indígenas, mulheres, sujeitos LGBTQIAPN+, pessoas com deficiência, idosos e imigrantes estão em processo de implantação e de compreensão, enfrentando fortes resistências, mal disfarçadas sob a capa do patriotismo e da conservação de valores calcados em categorias como família, tradição e moralidade. Questões como o que é uma família, como ela se constitui hoje, para que serve a tradição na contemporaneidade ou por que falamos em moralidade e não em ética não podem (ou não poderiam) passar sem respostas (velhas ou novas), argumentadas segundo uma lógica que não repita subliminarmente conceitos automatizados e negativos.

Ainda conforme Arendt, "a palavra 'educação' soa mal em política; o que há é um simulacro de educação, enquanto o objetivo real é a coação sem o uso da força".[4] Ou é a palavra política que soa mal em educação? O correto é que há uma relação entre ambas na construção desse simulacro.

> [Nos Estados Unidos] é o temperamento político do país, que espontaneamente peleja para igualar ou apagar tanto quanto possível as diferenças entre jovens e velhos, entre dotados e pouco dotados. [...] É

---

3 *Idem*, p. 223.

4 *Idem*, p. 225.

> óbvio que um nivelamento desse tipo só pode ser efetivamente consumado às custas da autoridade do mestre ou às expensas daquele que é mais dotado, dentre os estudantes.[5]

Os espaços formais de escolarização, quando submetidos a esse tipo de educação, e a criação de espaços não formais para esse processo, quando sem o devido lastro político, forjam um ambiente inverossímil de igualdade, que não representa o que se encontra, necessariamente, em outros lugares de convivência, nem garante a representatividade dos sujeitos e de suas diferenças. Não é nossa pretensão defender esses lugares como arenas, porém como fóruns onde os sujeitos aprendam e possam também ensinar crítica e eticamente o respeito às diferenças, reconhecendo-as e reconhecendo-se como seres humanos.

No rol de temas a serem discutidos, um tópico sobre a sabedoria dos antigos[6] deveria ser posto nas rodas formais e não formais de escolarização, não como letra morta, mas como mote para exercícios de invenção,[7] de criação e de interpretação. Por exemplo, segundo a mitologia grega, Mnemosine, a senhora do tempo, era a chave do conhecimento dos poetas e fonte de humanização.

> Possuído por Mnemosine, o poeta moldava a sociedade grega, recitando infindavelmente a genealogia dos deuses e dos homens, celebrando a proveniência dos povos ou solicitando-lhes a etimologia das palavras. [...] Desta forma, a memória apareceu como o cimento do edifício social,

---

5 *Idem*, p. 229.

6 Aqui me veio à mente a obra de Francis Bacon, *A sabedoria dos antigos*, por conta de sua proposição inusitada e criativa, no século XVII, sobre os diálogos possíveis entre os deuses do panteão greco-latino e suas vicissitudes e os fazeres e pensares humanos.

7 Esclarecemos que a invenção, aqui, é tomada como aquilo que provém do entorno, das diferenças, das narrativas, enfim, da vida e que alimenta os discursos, sejam eles orais, escritos ou imagéticos, humanos. Sendo assim, ela não está pronta; a invenção será sempre um processo, uma construção.

a condução do vínculo geracional, bem como o fiador da continuidade do mundo dos vivos e dos mortos.[8]

Nesse sentido, a memória, a partir dos atributos simbólicos de Mnemosine, configura-se, na prática retórica/discursiva, como um processo dialético cuja lógica é carregada de afeto: dialético, porque "tece lembranças que mescla[m] o passado, reve[em] o curso do presente e pode[m] inspirar o futuro", e afetivo, porque "o sujeito deixa que as lembranças tenham voz e vão além delas",[9] (re)inventando--as, sempre. Há que se considerar que existem acontecimentos vividos, presenciados por nós, dos quais não nos recordamos como o relatam outras pessoas, o que não significa que eles não ocorreram. Sobre isso, assevera Halbwachs:

> Não basta que eu tenha assistido ou participado de uma cena onde outros homens eram espectadores ou atores para que, mais tarde, quando eles a evocarem diante de mim, quando reconstituírem peça por peça a sua imagem no meu espírito, subitamente uma construção artificial se anime e tome aparência de coisa viva, e a imagem se transforme em lembrança. [...] Para algumas lembranças reais junta-se assim uma massa compacta de lembranças fictícias.[10]

Em face dessa caracterização da lembrança, narrativas de variadas espécies são capazes de inscrevê-la afetiva, espacial e temporalmente na memória privada e na memória compartilhada dos sujeitos. Neste ensaio, destacamos a narrativa literária, por sua capacidade confessa de performar as temporalidades passadas, presentes e futuras, sendo o escritor aquele que se põe como o sujeito que seleciona/representa as lembranças em seus enunciados, tornando-as relevantes e apagando,

---

8 Pinto, 2001, p. 115.

9 *Idem*, pp. 116-117.

10 Halbwachs, 1990, p. 28.

pelo tempo do narrado, a efemeridade dos acontecimentos e a distância cronológica. Isso acontece à medida que as lembranças narradas no texto literário podem servir para pensar criticamente as práticas do presente e estimular o que se quer do futuro (em tempo): veja-se que não nos referimos a uma "função" do texto literário; pensamos em sua "capacidade de" e em seu "poder fazer".

Para nos aproximarmos do livro não somente como objeto material, mas também como alusão metonímica àquilo que ele carrega em si, recorremos a Paul Ricœur,[11] quando ele, dissertando sobre a epistemologia da história, reflete sobre os livros de história:

> É exatamente o caso do livro de história, *como de todo livro:* ele rompe as amarras com seu enunciador; aquilo que eu já chamei de autonomia semântica do texto é aqui apresentado como uma situação de desamparo; o socorro de que essa autonomia o priva só pode vir do trabalho interminável de contextualização e recontextualização em que consiste a *leitura.*

Como o próprio Ricœur assinalou em seu escrito, todo livro teria a capacidade de "socorrer", quando compartilhado pelo processo de leitura/de escuta, o sujeito do desamparo textual. Por extensão, pensamos no socorro oferecido ao desamparo do mundo e "aos juízos pré-formados"[12] nos espaços de escolarização formais e não formais. Se, por um lado, o texto literário apresenta "autonomia semântica",[13] a presença e o impacto das lembranças contidas nele podem funcionar como antídotos contra a amnésia propiciada pelo "simulacro de educação",[14] que tem por objetivo planificar e apagar as diferenças,

[11] Ricœur, 2018, p. 153. Grifos nossos.

[12] Arendt, 1992, p. 223.

[13] Ricœur, 2018, p. 153.

[14] Arendt, 1992, p. 225.

bem como estabelecer uma pseudoética do perdão, sob a face opaca da denegação.[15]

No ensaio "Verdade e memória do passado", Jeanne Marie Gagnebin[16] retorna aos ensinamentos gregos, a fim de pensar "a ameaça que as investidas atuais do esquecimento e da denegação fazem pesar sobre a escrita da história". E mais:

> Aqui também o exemplo do revisionismo e da Shoah é instrutivo. As teses revisionistas são, com efeito, a consequência lógica, previsível e prevista de uma estratégia absolutamente explícita e consciente de parte dos altos signatários nazistas. Essa estratégia consiste em abolir as provas de aniquilação dos judeus (e de todos os prisioneiros dos campos).[17]

Se os nazistas destruíram quase que imediatamente as provas materiais (instalações, documentos, pessoas) da existência dos *Lager*, desde o fim da Segunda Guerra Mundial e, contemporaneamente, com uma intensidade perigosa, as estratégias de apagamento dessas lembranças são de ordem retórica/discursiva. Os signatários de uma ordem denegatória das narrativas de vida e morte nos *Lager* esforçam-se em alterar os sentidos das lembranças da Shoah.

---

15 O uso da expressão "denegação", no contexto deste artigo, acompanha o que se lê em *Salvo o nome*, de Jacques Derrida (1995, pp. 29-31): "Tanto mais mecanizável e facilmente reprodutível, falsificável, exposta à contrafação e à imitação fraudulenta, quanto mais o enunciado se esvazia por definição, por vocação, de toda plenitude intuitiva. [...] A que se deve essa temível mecanicidade, a facilidade que pode haver em imitar ou fabricar teologia negativa (ou também uma poesia da mesma veia, temos vários exemplos)? Deve-se a que, acredito, o próprio funcionamento desses enunciados reside em uma formalização". A denegação está diretamente ligada ao que já se demonstrou, inclusive empiricamente, como negativo, mas que não tem como escapar do perspectivismo do olhar humano e das camadas de significados que o contaminam ao longo do tempo. Nesse sentido, citamos uma alegoria bastante adequada escrita por Seligmann-Silva (2006, p. 66), acrescentando-lhe um adjetivo e substituindo-lhe a expressão "este muro": "A narrativa [literária] seria a picareta que poderia ajudar a remover [estas camadas]".

16 Gagnebin, 2006, p. 45.

17 *Idem*, p. 46.

Ainda pensando sobre os eventos ocorridos nos *Lager*, se, na sequência da libertação dos sujeitos aí aprisionados, veio a era dos testemunhos,[18] a seguir vieram os descendentes deles: eles não viram, mas ouviram os depoimentos daqueles que testemunharam/viveram. Esses ouvintes não podem depor, porém, por meio de uma autoridade ética adquirida ascendentemente, eles se dão o direito de julgar, não necessariamente em busca de reparação.

No parágrafo anterior, utilizamos duas expressões flexionadas no plural e como advérbio, respectivamente, cujos conceitos serão relevantes para o percurso analítico da narrativa literária brasileira *K. – relato de uma busca*, de B. Kucinski (2014): descendência e ascendência. Sigamos.

K. é o protagonista da narrativa de Kucinski. Trata-se de um pai angustiado à cata de respostas sobre o desaparecimento e o paradeiro de sua filha, no início da década de 1970. A narrativa, movida pelas lembranças que agitam a memória de várias personagens, nos coloca em contato com o sofrimento de um pai sujeito à mentira, à crueldade e à covardia dos signatários da (mal)dita "revolução"[19] de 1964,

---

[18] Testemunho vem do latim *testemōniāre*, originado de *testis*, ou seja, aquele chamado a assistir a certos atos e cerimônias solenes; pessoa chamada a depor sobre o que viu e/ou ouviu. Cf. Halbwachs, 1990.

[19] A expressão revolução foi utilizada em face de sua manipulação retórica/discursiva no *caput* do Ato Institucional nº 5, de 13 de dezembro de 1968, onde se lê: "CONSIDERANDO que a *Revolução* Brasileira de 31 de março de 1964 teve, conforme decorre dos Atos com os quais se institucionalizou, fundamentos e propósitos que visavam a dar ao País um regime que, atendendo às exigências de um sistema jurídico e político, assegurasse autêntica ordem democrática, baseada na liberdade, no respeito à dignidade da pessoa humana, no combate à subversão e às ideologias contrárias às tradições de nosso povo, na luta contra a corrupção, buscando, deste modo, 'os meios indispensáveis à obra de reconstrução econômica, financeira, política e moral do Brasil, de maneira a poder enfrentar, de modo direito e imediato, os graves e urgentes problemas de que depende a restauração da ordem interna e do prestígio internacional da nossa pátria'" (Preâmbulo do Ato Institucional nº 1, de 9 de abril de 1964. Disponível em: http://www.planalto.gov.br/ccivil_03/ait/ait-05-68.htm. Acesso

referendada pelos atos institucionais do final da década de 1960. A saga de K. começa com uma série de temores:

> Passou a listar hipóteses. Quem sabe um acidente, ou uma doença grave que ela [a filha] não quisesse revelar. A pior era prisão pelos serviços secretos. O Estado não tem rosto nem sentimentos, é opaco e perverso. Sua única fresta é a corrupção. Mas às vezes até essa se fecha por razões superiores. E então o Estado se torna maligno em dobro, pela crueldade e por ser inatingível. Isso ele sabia muito bem. K. rememorou cenas recentes, o nervosismo da filha, suas evasivas, isso de chegar correndo e sair correndo, do endereço só em último caso e com a recomendação de não passá-lo a ninguém. Atarantado, deu-se conta da enormidade do autoengano em que vivera, ludibriado pela própria filha, talvez metida em aventuras perigosíssimas sem ele desconfiar, distraído que fora pela devoção ao iídiche, pelo encanto fácil das sessões literárias.[20]

É de se destacar que o narrador conta sobre o interesse de K. pela literatura em iídiche como se isso fosse um sinônimo de fuga, de distanciamento, não somente da situação da filha, mas da realidade política do País. O peso dessas circunstâncias, aliviado pelo tempo das reuniões literárias, e do desaparecimento da filha, se abaterá sobre o protagonista de um modo sutil: pela própria linguagem. O narrador faz saber ao leitor que K. quer relatar ao mundo a história da moça, em iídiche. Na sequência, o pai reflete sobre o *status* dessa língua em Israel e o que nós reconhecemos como sua percepção de que falta gente para essa língua:

---

em: 24 de maio de 2024). Destacamos que os demais parágrafos do *caput* também trazem a expressão e seus desdobramentos adjetivos, como revolucionário. Assim, na letra institucional, o regime ditatorial autodeclara-se, sofismaticamente, como revolucionário, num processo de inversão das forças em disputa na época: os sujeitos e suas liberdades individuais não estavam sob a proteção do Estado (ditatorial); era esse Estado que estava sob a ameaça de suas futuras vítimas.

20 Kucinski, 2014, pp. 16-17.

> Seria uma limitação da língua iídiche? Será que esse povo tão mal tratado não conseguia expressar sofrimento na sua própria língua? Não pode ser. Embora só nos últimos cem anos tenha surgido uma verdadeira literatura iídiche, a língua mesmo já tem mais de mil anos e antes do holocausto era falada por mais de dez milhões de pessoas.[21]

Usar uma língua que já fora falada por tantos milhões de pessoas, desaparecidas pela ação da Shoah, para contar o holocausto da própria filha: haverá palavras suficientemente adequadas e capazes de dispor, pela escrita, o sofrimento de K.? Por que ele quer narrar em iídiche: por considerá-la uma língua de sofrimento? O protagonista da narrativa de Kucinski ocupa um lugar afastado do contato com o iídiche, que lhe fora outorgado por herança, nos tempos da Polônia, pré-Segunda Guerra Mundial, e também dos eventos catastróficos perpetrados nos *Lager*. Assim, apropriando-nos de uma reflexão de Halbwachs[22] e estendendo-a ao plano da língua,

> Não é suficiente reconstituir peça por peça a imagem de um acontecimento do passado para se obter uma lembrança. É necessário que esta reconstrução se opere a partir de dados ou de noções comuns que se encontram tanto no nosso espírito como no dos outros, porque elas passam incessantemente desses para aqueles e reciprocamente, o que só é possível se fizeram e continuam a fazer parte da mesma sociedade.

Instaura-se, inicialmente, uma dúvida em K. sobre como o iídiche o auxiliará na divulgação dos eventos ocorridos com a filha no Brasil. Essa dúvida lhe dará uma certeza futura sobre o que, de fato, o incomoda, e esse saber se relaciona à proposição de Halbwachs[23] acima citada:

---

[21] *Idem*, p. 135.

[22] Halbwachs, 1990, p. 34.

[23] *Idem, ibidem*.

> Aos poucos K. foi se dando conta de que havia um impedimento maior. Claro, as palavras sempre limitavam o que se queria dizer, mas não era esse o problema principal; seu bloqueio era moral, não era linguístico: estava errado fazer da tragédia de sua filha objeto de criação literária, envaidecer-se por escrever bonito sobre uma coisa tão feia. Ainda mais que foi por causa desse maldito iídiche que ele não viu o que estava se passando bem debaixo de seus olhos, os estratagemas da filha para evitar que ele a visitasse, suas viagens repentinas sem dizer para onde.[24]

O protagonista percebe que não partilha um lugar comum com a moça. "Será [...] seu iídiche casto demais para expressar a obscenidade do que lhe acontecera [à filha]?".[25] Não será, também, uma obscenidade o pai afastar-se da filha do modo como o narrador nos faz crer que ele o fez? O dilema posto em/por K. se nos apresenta como um ato retórico/discursivo que o coloca em perspectiva também com relação ao passado na Polônia, quando de outra busca, dessa feita, pela irmã:

> Lembrou-se subitamente de outra escadaria em outros tempos, em Varsóvia, igualmente em mármores e no estilo neoclássico, que ele galgara aos saltos, ainda jovem e valente, para indagar o paradeiro de sua irmã Guita, presa num comício do partido que ajudara a fundar, o Linke Poalei Tzion [Partido dos Trabalhadores de Sion de Esquerda].[26]

Em face do que lemos na narrativa de Kucinski, num primeiro momento, parece instaurar-se um pacto identitário entre o autor, o narrador e a personagem, como formulado por Philippe Lejeune.[27] Por outro lado, a proposição de Lejeune não se coaduna com nosso

---

24 Kucinski, 2014, p. 136.

25 *Idem, ibidem.*

26 *Idem, ibidem.*

27 Cf. Lejeune, 2008.

olhar crítico-analítico sobre narrativas como as de Kucinski; sentimos que há uma disputa, um debate geracional que toma K. e que se volta tanto para a filha quanto para ele mesmo quando jovem em Varsóvia e, também, para o leitor. Vejamos:

> O pai que procura a filha desaparecida não tem medo de nada. Se no começo age com cautela não é por temor, mas porque, atônito, ainda tateia como um cego o labirinto inesperado da desaparição. O começo é um aprendizado, o próprio perigo precisa ser dimensionado, não para si, porque ele não tem medo de nada, para os outros: amigos, vizinhos, colegas de faculdade.[28]

Se no início da narrativa somos afetados por uma dicção carregada de sofrimento e de culpa pelo desaparecimento da filha de K., o narrador, de um modo dispersivo, também nos oferece um percurso de conhecimento e de autocrítica para o protagonista. Não é, de modo algum, um enredo que traz apaziguamento, bem-estar ou reparações históricas; ele apresenta, para além da busca de K., o depoimento da jovem advogada, que aparece no capítulo "Paixão, compaixão", tentando entender seu envolvimento com um agente da polícia que procurara para salvar a vida do irmão:

> Mas o que importa é que virou paixão. E aí não interessa se o cara é um bandido, se é casado ou solteiro, ou o que seja: não sei se a senhora já viveu uma paixão, se a gente nega, ela só aumenta, vira doença, arrebenta com a gente. A senhora não pense que paixão e amor são a mesma coisa, paixão é loucura, é cegueira, a perda completa do nosso discernimento. É como se ele tivesse me hipnotizado. Porque se eu fosse pensar, como é possível eu estar vivendo com um homem que todos dizem que é um monstro?[29]

---

[28] *Idem*, p. 88.

[29] *Idem*, p. 102.

Em busca de outras formulações para conduzir este ensaio, o artigo "Reparaciones y enmascaramientos. Estrategias discursivas para elaborar el pasado traumático en el documental y la literatura autobiográficos", de Pablo Piedras (2014), foi providencial, por nos apresentar o ensaio "La autobiografia como transfiguración", de Paul de Man. No artigo de Piedras, assim é enunciado o objetivo de seu texto: "identificar uma série de estratégias comuns no momento de representar o passado traumático quando a experiência e a subjetividade dos autores estão comprometidas com o fato artístico".[30] Como exercícios de invenção, as narrativas literárias não têm a intenção de verdade, e seus narradores estão em relação direta com suas afirmações sobre a verdade, performando, portanto, um quadro verossímil. Sabemos que a verossimilhança interna reside na estrutura constitutiva, nos elementos linguísticos que compõem uma narrativa. Sendo assim, acompanhamos Piedras, quando ele escreve:

> As advertências que De Man faz com base em uma perspectiva assentada na nova retórica e no desconstrucionismo nos leva a focalizar nossa atenção nas diferentes máscaras e figuras de que os realizadores de autobiografias fílmicas e literárias dispõem e que, por vezes, se dissimulam em um emaranhado textual dotado de transparência e de linearidade. Em outras palavras, De Man nos aponta o risco de adotar uma orientação ilusória na interpretação das obras, perdendo de vista o intrincado complexo de mediações textuais que intervém no pacto.[31]

É por meio do que Piedras chama de máscaras, figuras e mediações textuais que se manifesta uma subjetividade contemporânea, não somente às narrativas (o presente), mas também ao passado e ao que se espera de um futuro. É no entrecruzamento dessas temporalidades que vislumbramos a possibilidade da repactuação da leitura da memória em narrativas literárias como as de Kucinski.

---

[30] Piedras, 2014, p. 78.

[31] *Idem*, p. 80.

O que, com uma certa frequência, tem sido chamado de autobiografia, segundo De Man,

> [...] não é um gênero ou um modo, mas uma figura de leitura e de entendimento que acontece, até certo ponto, em todo texto. O momento autobiográfico tem lugar como uma alienação entre os dois sujeitos implicados no processo de leitura, no qual se determinam mutuamente por uma mútua substituição reflexiva. A estrutura implica tanto diferenciação quanto similitude, pois ambos dependem de um intercâmbio substitutivo que constitui o sujeito.[32]

É relevante apontar que De Man focaliza o processo de leitura como a instância que pode descaracterizar o espaço autobiográfico (aqui pensamos que isso pode se estender ao biográfico) como o lugar de um sujeito específico:

> Assim, o interesse da autobiografia não reside em oferecer um conhecimento verdadeiro de alguém – ela não o faz –, mas em demonstrar, de maneira surpreendente, a impossibilidade de totalidade (isto é, de chegar a ser) de todo sistema textual sustentado por substituições tropológicas.[33]

A lição de Paul De Man nos lembrou do ensaio "Literatura e personagem", de Anatol Rosenfeld,[34] especificamente na passagem a seguir:

> Na ficção narrativa desaparece o enunciador real. Constitui-se um narrador fictício que passa a fazer parte do mundo narrado, identificando-se por vezes (ou sempre) com uma ou outra das personagens, ou

32 De Man, 1991, p. 114.

33 *Idem, ibidem.*

34 Rosenfeld, 2009, p. 26.

tornando-se onisciente etc. Nota-se também que o pretérito perde a sua função real (histórica) de pretérito, já que o leitor, junto com o narrador fictício, "presencia" os eventos.

O narrador e as personagens de *K.* – relato de uma busca não devem ser confundidas com sujeitos reais, porém a narrativa de Kucinski é inseparável de experiências cuja tônica são a violência, o terror e a morte. Ela é marcada pela sobriedade, pela dúvida, pela perseguição da palavra mais adequada, oscilando, por vezes, entre o testemunho, o depoimento e o literário, sem perder o aspecto multifacetado do literário e que a configura como um repositório de sentidos que não são absolutos, mas que não sucumbem às recentes (e nem tão recentes) tentativas de apagamento da memória.

REFERÊNCIAS

ARENDT, Hannah. "A crise na educação". *Entre o passado e o futuro*. Trad. Mauro W. Barbosa de Almeida. 3. ed. São Paulo, Perspectiva, 1992.

DE MAN, Paul. "La autobiografia como desfiguración". Trad. Ángel G. Loureiro. *Suplementos Anthropos*, Barcelona, n. 29, 1991, pp. 113-118.

DERRIDA, Jacques. *Salvo o nome*. Trad. Nicia Adan Bonatti. Campinas, Papirus, 1995.

GAGNEBIN, Jeanne Marie. "Verdade e memória do passado". *Lembrar escrever esquecer*. São Paulo, Ed. 34, 2006.

HALBWACHS, Maurice. "Memória coletiva e memória individual". *A memória coletiva*. Trad. León Laurent Schaffter. São Paulo, Revista dos Tribunais, 1990.

KUCINSKI, Bernardo. *K.* – relato de uma busca. São Paulo, Cosac Naify, 2014.

LEJEUNE, Phillippe. *O pacto autobiográfico* – de Rousseau à internet. Trad. Jovita Maria Gerheim Noronha & Maria Inês Coimbra Guedes. Belo Horizonte, Ed. UFMG, 2008.

PIEDRAS, Pablo. "Reparaciones y enmascaramientos. Estrategias discursivas para elaborar el pasado traumático en el documental y la literatura autobiográficos". *Revista de Estudios sobre Genocidio*, Buenos Aires, año 6, vol. 9, jul. 2014, pp. 77-92.

PINTO, Maria Célia Barros V. "Memória". *In*: FAZENDA, Ivani (org.). *Dicionário em construção: interdisciplinaridade*. São Paulo, Cortez, 2001.

RICŒUR, Paul. "Parte II – História/epistemologia". *A memória, a história, o esquecimento*. Trad. Alain François *et al*. Campinas, Editora da Unicamp, 2018.

ROSENFELD, Anatol. "Literatura e personagem". *In*: CANDIDO, Antonio (org.). *A personagem de ficção*. 11. ed. São Paulo, Perspectiva, 2009.

SELIGMANN-SILVA, Márcio. "Narrar o trauma: a questão dos testemunhos de catástrofes históricas". *Psicologia Clínica*, Rio de Janeiro, v. 20, n. 1, 2008, pp. 65-82. Disponível em <https://www.scielo.br/j/pc/a/5SBM8yKJG5TxK56Zv7FgDXS/?format=pdf&lang=pt>. Acesso em: 20/4/2021.

10
A MORTE E O CADÁVER EM CONTOS DE JOÃO GILBERTO NOLL

Milena Mulatti Magri

A presença da morte e, sobretudo, de sua representação por meio da imagem do corpo morto, na obra de João Gilberto Noll, tal qual pretendemos abordar neste ensaio, estabelece uma relação com outras obras do autor, em especial os livros do início de sua carreira, publicados ainda nos anos 1980. Nessa fase de sua produção literária, é possível identificar diferentes imagens do corpo vinculadas tanto ao prazer do sexo quanto à doença e à mutilação e a maneira como essas imagens estão relacionadas ao contexto de opressão característico da ditadura militar. Especialmente no romance *A fúria do corpo*, publicado em 1981, observamos que a imagem do corpo está diretamente relacionada a uma ideia de potência, por meio da vivência da sexualidade, o que permite que o corpo não se deixe submeter aos excessos e violências exercidos pelo poder político, sobretudo no contexto de opressão física dos anos do regime militar.

Já na passagem para a democracia, vemos em *Hotel Atlântico*, publicado em 1989, a imagem do corpo em processo de degradação e adoecimento, até sucumbir de fato à morte iminente.[1] Procuro ler esse

---

[1] Pude desenvolver esta interpretação no artigo "Imagens do corpo em Clarice Lispector e João Gilberto Noll" publicado na revista *Literatura e Autoritarismo*, em 2018. Além do romance e da novela aqui mencionados, o artigo se detém na interpretação e análise de alguns contos de *O cego e a dançarina*, livro que inaugura a obra de João Gilberto Noll.

processo em correspondência ao momento político da então recente reabertura democrática, cuja nova ordem política já não fazia uso da força e de métodos violentos de opressão e submissão, como no passado próximo, mas, por outro lado, estabelecia novas formas de controle e manutenção não só da vida, em diferentes esferas, como também da centralidade do poder sob os mesmos pequenos grupos que se beneficiaram historicamente da desigualdade política e econômica que é constitutiva da sociedade brasileira.

A seguir, pretendo analisar algumas das imagens do corpo morto presentes em alguns dos contos de *A máquina de ser*, coletânea publicada por João Gilberto Noll em 2006 – quando se completavam cerca de 20 anos de experiência democrática no país, em meio à recente eleição de um governo de orientação política declarada como de esquerda. A última década do século XX, no Brasil, foi marcada, por um lado, pela consolidação de instituições democráticas e pela superação da crise econômica, após anos de inflação descontrolada e instabilidade monetária; por outro, pelo acirramento das desigualdades sociais e econômicas, sobretudo após a abertura para o mercado internacional, a implementação de políticas neoliberais e o processo de desindustrialização da economia nacional.

A eleição de um governo de esquerda, no início do século XXI, foi compreendida como o desejo de reduzir a desigualdade social e econômica, no país, com a criação de emprego e de valorização da renda do trabalhador. Apesar das perspectivas otimistas, identificava-se, contudo, uma espécie de aliança indesejada do governo com setores conservadores da política e da economia, como modo de garantir a governabilidade. Essa aproximação entre setores progressistas e conservadores foi avaliada com cautela ou mesmo com decepção por diferentes grupos.

Esse breve panorama situa historicamente o período de quase 20 anos que demarca a distância entre a publicação de *Hotel Atlântico* e *A máquina de ser*. Apesar de uma distância temporal significativa, permeada, inclusive, por outras obras relevantes do escritor, chama a atenção a permanência da imagem do corpo morto, tão incisiva na novela que encerra a década de 1980. Se naquela ocasião a imagem do corpo sugeria uma avaliação pessimista do escritor em relação ao novo cenário político no país – uma vez que, mesmo diante de conquistas importantes, com o encerramento do governo militar e a promulgação de uma nova Constituição, permanecia um sentimento de fracasso não declarado, em razão de um processo incompleto de superação do passado ditatorial –, cabe perguntar-se se a mesma avaliação está implicada na reprodução da imagem do cadáver cerca de 20 anos depois.

De maneira mais simples: o que representa a imagem reiterada do cadáver na coletânea de início dos anos 2000? Ainda é possível sustentar uma interpretação que vincule essa imagem ao contexto histórico e político? Nesse caso, seria uma avaliação que diz respeito ao passado recente, ao presente da enunciação ou a ambos? De modo ainda mais audacioso, essa imagem do corpo morto ainda se projeta para o futuro? Para avaliar essas questões, proponho a leitura de três contos emblemáticos da coletânea: "Em nome do filho", "O berço" e "Noturnas doutrinas".

Antes de passar a comentar a obra propriamente, gostaria de traçar algumas considerações sobre morte e representação. Em seu texto "O sexo, a morte, a mãe e o mal", Maria Rita Kehl reflete sobre os limites e possibilidades de representação dessas três diferentes dimensões da vida, que dizem respeito tanto à sua origem quanto ao seu fim. Justamente, por isso, são dimensões que implicam uma relação com a alteridade que habita o próprio ser:

> O que a Mãe, a Morte e o Sexo (originário) têm em comum para se tornarem traumáticos, fora do alcance de nossas tentativas de representação? A meu ver, são as três dimensões fundamentais da nossa *existência* que ficam fora da *experiência*: 1) o ato sexual do qual fomos concebidos e, no entanto, é o marco zero de nossa vida; 2) o ventre materno que nos abrigou e expulsou no nascimento, sem qualquer

> participação ativa nossa; e 3) a morte, em que um dia nosso corpo estará sem que estejamos nele – o morto ainda "é" a pessoa que viveu, mas já não sabe nem mesmo que está morto. Estas são as únicas dimensões da existência em que nossa passividade absoluta faz de nós uma coisa viva, porém inerte, entregue ao poder absoluto do Outro.[2]

De acordo com essa perspectiva formulada por Kehl, a morte constitui uma dimensão da experiência que, assim como a experiência do trauma, não se deixa representar com facilidade – seja porque a experiência da morte concreta sempre escapa àquele que a vive, seja porque, enquanto seres vivos, não a desejamos e, mesmo para aquele que a deseja, trata-se de uma imagem da morte que não se identifica plenamente com o vazio completo experimentado na morte real. O cadáver, portanto, constitui uma imagem paradoxal, pois representa, ao mesmo tempo, o que é e o que não é mais.

Quando olhamos para um corpo morto, vemos o vestígio de uma vida que se extinguiu, mas que permanece ainda em forma de rastro na presença dos demais. Partindo dessa perspectiva, podemos interpretar que a imagem do cadáver nos contos de Noll são tentativas de representação de uma imagem ou ideia que já não mais faz parte do presente, mas cuja memória, até mesmo a memória traumática ou indesejada, permanece. O corpo morto torna-se o emblema de um embate entre o que é e que não é ao mesmo tempo:

> Tudo é passível de representação, mas não há objeto ou fragmento do real que se deixe representar todo. Toda representação evoca não só a ausência da coisa, mas também a distância que a separa da coisa; toda representação contém seu traço de saudade e seu resto de silêncio – de algo que já não está, de algo que nunca se entregou inteiro à simbolização.[3]

---

2 Kehl, 2000, p. 138.

3 *Idem*, p. 140.

Essa forma de conceber a morte, contudo, é uma construção histórica. De acordo com um amplo estudo realizado pelo historiador francês Philippe Ariès e publicado em seu livro *História da morte no Ocidente*, a relação do homem com a morte se alterou profundamente ao longo dos séculos. O pesquisador recupera documentos que remontam à Idade Média para melhor compreender as transformações pelas quais passou essa relação do homem não só com a experiência da morte, mas também com a representação do cadáver.

Nos documentos mais antigos a que teve acesso, que correspondem ao século XII ou mesmo antes, Ariès verificou que a morte era uma experiência que, diferentemente do modo como lidamos com ela hoje, não era rejeitada; a morte fazia parte das relações pessoais e constituía um momento importante da vida. A principal evidência disso é que, no passado, toda pessoa que se via diante da morte sabia de sua aproximação e se preparava para tanto. Além disso, a morte era sempre um evento público, sendo o quarto do moribundo ocupado por toda a família, inclusive crianças, e até mesmo desconhecidos, que se dirigiam ao local quando tomavam conhecimento de que alguém estava prestes a morrer. Essa forma de lidar com a aproximação da morte mudou radicalmente ao longo dos séculos, culminando na relação de rejeição e de tabu que estabelecemos com ela no presente.

A morte, hoje, é um evento solitário, recolhido dos olhos dos familiares e, muitas vezes, não é sequer comunicado às crianças. Não se morre mais em casa, como no passado, mas, sim, no hospital, num processo em que se estende o máximo possível a sobrevida de um paciente em estado terminal, até que não haja mais maneiras de a família negar a inevitabilidade do fim da vida de um ente próximo. Ariès chega a afirmar, por exemplo, que a experiência da morte foi substituída pela doença.

Essa mudança radical na maneira como lidamos com a morte, hoje, induz Ariès a comparar também sexo e morte, mas em uma perspectiva diferente daquela apresentada por Mara Rita Kehl. Se, para Kehl, tanto o sexo quanto a morte são dimensões da experiência irrepresentáveis ou, ao menos, que oferecem resistência a sua representação, para Ariès, a morte ocupou o lugar que pertencia ao sexo. Antes, o sexo era o tabu por excelência: não se falava sobre ele, sobretudo com as crianças, para quem se inventavam histórias fabulosas sobre a origem da vida, como o conto da cegonha, por exemplo.

Hoje, ao contrário, as crianças são ensinadas sobre sexualidade e sistema reprodutor, mas não são comunicadas sobre a experiência da morte, mesmo quando se trata da morte de um familiar. Ariès localiza, inclusive, documentos que indicam que as crianças, já em contexto moderno, não participavam dos funerais e, quando perguntavam sobre a ausência de um familiar, a elas se dizia que ele foi morar em "um belo jardim". Esses exemplos permitem ao historiador afirmar que houve uma inversão na relação entre sexo e morte, com a morte passando a ocupar o lugar do tabu por excelência, antes ocupado pelo sexo. Essa rejeição da morte e da experiência do luto, por sua vez, gera traumas para aqueles que ficam e que não sabem como lidar com a ausência e com o vazio instituídos pela experiência irrefutável da morte:

> A proibição do luto leva o sobrevivente a aturdir-se com o trabalho ou, ao contrário, a atingir o limite da loucura, a fingir que vive na companhia do defunto, como se esse ainda estivesse presente ou, também, a colocar-se em seu lugar, a imitar seus gestos, palavras e manias e, por vezes, em plena neurose, a simular os sintomas da doença que o matou.[4]

A descrição acima, apresentada por Ariès, das possíveis manifestações neuróticas provenientes de uma vivência incompleta ou interditada do luto coincide com alguns dos comportamentos que podem ser localizados de modo mais ou menos direto nos contos de Noll que passaremos a analisar. No conto "Em nome do filho", o

---

4 Ariès, 2017, p. 240.

protagonista se vê diante da notícia da morte repentina de seu filho, um jovem adulto, cuja causa não é explicitada, apenas mencionada como um acidente. Depois de visualizar o corpo morto do próprio filho, o protagonista decide retomar sua rotina de trabalho, como taxista, numa tentativa paradoxal de afastar o luto, ao mesmo tempo que o elabora por meio da narração da perda do filho para seu cliente. O conto inicia com o anúncio da morte do filho e com o detalhamento de como a notícia foi apresentada de modo técnico e frio ao pai:

> O médico saiu da sala de cirurgia e me olhou como se adivinhando nos meus olhos o endereço da notícia que deveria dar: "O seu filho entrou em óbito", ele contou. Claro, ao dizer "entrou em óbito", ele pretendia suavizar o fato de que meu filho tinha morrido de uma vez por todas – para que eu mesmo, como de fato acabou ocorrendo, não me desse conta assim de chofre de que o meu filho tinha chegado a um estado que o apartava de mim para nunca mais.[5]

No excerto acima, podemos constatar uma espécie de adiamento do luto, como se, por meio da escolha vocabular e das atitudes desenroladas, fosse possível amenizar a perda e a ausência, que serão fonte de grande sofrimento. O próprio protagonista reconhece que, na fala do médico, substituir "seu filho morreu" por "seu filho entrou em óbito" já é indicativo desse tratamento que procura afastar a ideia da morte da vivência cotidiana. Esse é um indicativo relevante de como o processo de luto será encaminhado dali em diante, ou seja, um processo que procura postergar o máximo possível o sofrimento proveniente de uma perda profunda.

De modo semelhante, os eventos que se seguem reproduzem o mecanismo que procura afastar a sensação de vazio provocada pela morte. São variadas as passagens em que identificamos que o

[5] Noll, 2006, p. 15.

protagonista manifesta a necessidade de se ver diante do corpo morto do próprio filho, evento esse que é protelado o máximo possível pelos próprios funcionários do hospital e da funerária, que se tornaram, de fato, as instâncias responsáveis pelo gerenciamento daquele corpo.

Num primeiro momento, o pai se dirige a um corpo em uma maca e recebe como resposta: "Fiz menção de ir ao encontro, mas o médico disse não, não: o corpo ainda está lá dentro".[6] Em seguida, ele recebe a informação de que o corpo receberia os cuidados de limpeza e higiene: "Disseram-me que ali ia meu filho para o banho final. Acompanhei. Na sala em que se daria a limpeza derradeira, não me deixaram entrar".[7] Mais uma vez impossibilitado de se aproximar do corpo do filho, o protagonista espera até a próxima possibilidade de contato: "Quero ver, insisti. Ainda não, um homem que segurava uma das alças balbuciou. E apontou para outra alça, a única desocupada".[8] Os fragmentos anteriormente recortados permitem entrever que o contato do protagonista com o cadáver do filho e, portanto, o início concreto do processo de luto, é adiado o máximo possível, quando, finalmente, o protagonista pôde se deparar com a realidade incontestável da morte do filho, diante do corpo inerte: "Disse que agora abririam para que eu pudesse olhar. Cada um desenroscou um dos parafusos da tampa. O parafuso, em mim, soou com três ou quatro calafrios. E a imagem do meu filho surgiu estagnada".[9]

Note-se que a relação com o corpo morto do filho é mediada, ainda, pela materialidade e, até mesmo, pela sinestesia que compõe a cena. O contato visual, propriamente, com o cadáver é antecipado pelos parafusos e, especialmente, pelo som do parafuso sendo retirado, como se a imagem sonora da cena fosse ainda mais incisiva que a

---

6 *Idem*, p. 16.

7 *Idem*, *ibidem*.

8 *Idem*, p. 17.

9 *Idem*, *ibidem*.

representação visual, mais especificamente, do corpo morto. Há um contraste entre a imagem estagnada do filho, que paralisa, e o som do parafuso, que provoca angústia e sofrimento.

Finalmente, o protagonista se vê diante do corpo do filho e inicia, então, um processo de vinculação entre o seu próprio corpo e o vestígio do filho, diante do qual ele está. Um dos elementos que se destacam na cena é a primeira menção que se faz ao fato de se tratar de uma família negra. O pai passa a comparar o tom da sua pele com o tom da pele do filho, que, em vida, parecia mais clara que a sua, mas, agora, percebe-se mais negra: "Sua pele que em vida era um bocadinho mais clara que a minha, agora se mostrava de um negro mais forte, quase azulado. Ao tocar nos seus dedos cruzados sobre o peito, concluí que, de fato, os meus poderiam ser vistos como pertencentes a um mulato, enquanto os dele pareciam vir de uma escuridão que senzala nenhuma conhecera".[10]

O destaque para o tom negro da pele, sobretudo da pele do filho, que se revela ainda mais escura do que se esperava, por um lado, denota um significado metafórico de que a morte comporta uma dimensão desconhecida e, portanto, obscura; estar diante do corpo morto do filho é a materialização de um vazio instransponível. Por outro, o narrador não se esquiva de associar a imagem do próprio filho morto à memória da escravidão, ao mencionar a "senzala", como se nem mesmo um passado tão violento e aviltante fosse capaz de representar a dor que o protagonista vivencia no presente.

Estamos, portanto, diante de um duplo processo incompleto de luto: primeiro, porque o pai não encontra meios de significar a dor que experimenta diante da morte repentina do filho; segundo, porque remonta ao longo período de escravidão que vilipendiou uma parcela significativa das pessoas que construíram este país e que não tiveram direito a nenhuma reparação histórica. A esses sujeitos históricos não

---

[10] *Idem, ibidem.*

está garantido o direito de chorar nem pelo seu passado, nem pelos seus mortos, uma vez que a necessidade de sobrevivência se impõe como imperativo irremediável. A impossibilidade do luto do pai diante da imagem do corpo morto do filho pode ser interpretada como metáfora do processo incompleto de luto dos cerca de 300 anos de escravidão, que ainda não foi suficientemente elaborado pela sociedade brasileira, perpetuando, desse modo, as mais diversas violências sobre uma camada significativa da população relegada a uma vida precária, resultado da profunda desigualdade social e de oportunidades.

A evidência da preponderância da luta pela sobrevivência em detrimento do trabalho de luto é a decisão do pai de voltar ao trabalho em seu táxi, logo após se despedir do filho:

> Ao chegar na calçada verifiquei que o táxi de onde aflorava o meu sustento continuava ali. Entrei. Meditei se ia para casa ou continuava nele pegando meus eternos passageiros pelo que me restara do dia. Afinal, soubera do acidente com o meu filho de manhã bem cedo... Agora não seria mais do que o horário do almoço. Comer?, nem pensar. Voltar para casa e ficar sondando debaixo da coberta o tamanho do desaparecimento?[11]

A decisão do pai de retomar o trabalho, como se fosse possível retornar a alguma normalidade após sofrer uma perda profunda, remete a uma das manifestações neuróticas descritas por Ariès, justamente quando se trata de um processo incompleto de luto. Ao retomar o trabalho, o protagonista procura esquivar-se de sua realidade dolorosa, como se fosse possível confundir a mente e os afetos mantendo-se ocupado. Só então, diante do trabalho, que se revela também como trabalho de luto, que o protagonista é capaz de reelaborar uma imagem do filho vivo, ao relatar seu último encontro a um de seus passageiros: "Ele tinha saído na noite anterior, comentei. Ainda fui até a porta e

---

[11] *Idem*, p. 18.

chamei-o para ir comigo ao jogo do Inter contra o São Paulo no Beira--Rio, é claro, onde mais poderia ser? Ele disse que não era colorado, se eu não sabia, ora... Pronto, foi a última vez que o vi com vida".[12]

A banalidade da cena – essa que deveria trazer um significado profundo sobre o que é uma relação entre pai e filho – revela, de modo indireto, a banalidade da própria vida, que nunca é compreendida como finita, pois isso seria paralisante. Embora não seja enunciado, a impressão que fica ao leitor é de que, se o protagonista soubesse que esta seria a última oportunidade que ele teria para desfrutar da companhia do filho, o tratamento não teria sido tão corriqueiro. Nem mesmo o filho, se soubesse, teria sido indiferente ao convite do pai.

Em outro conto da coletânea, "O berço", deparamos com uma perspectiva bastante diferente sobre a morte. Essa narrativa apresenta um traço mais próximo do insólito, o que provoca um certo estranhamento no leitor. O narrador em primeira pessoa acompanha o velório de um desconhecido, do qual participa de forma intrusa. Ao adentrar no espaço onde se realizava a despedida, ele descobre que se trata de um velório de um policial militar negro que foi assassinado em serviço na frente de seus filhos. A cena que seria, a princípio, trágica – o que é reforçado pela reação da jovem esposa que se tornou viúva, ao chorar pela perda de seu marido – converte-se, aos poucos, em quase cômica, por causa do comportamento inadequado do narrador. Ele simula ser um amigo de infância do falecido e vê a ocasião como uma oportunidade de encontrar uma esposa, aproximando-se e demonstrando afeição pela irmã da viúva, que também havia perdido seu marido há pouco tempo, de quem tinha dois filhos.

O comportamento inadequado, no limite da insolência, diante do contexto de tragédia familiar, se exprime por meio de expressões como "mulata jeitosinha", que o narrador utiliza para se referir à cunhada do falecido, de quem procura se aproximar. A intromissão do narrador

---

12 *Idem, ibidem.*

protagonista é tamanha que ele chega a carregar o caixão, num gesto que simula sua proximidade em relação ao morto:

> Até que fecharam o caixão e ouviram-se dois ou três soluços da viúva do brigadiano. Peguei uma das alças do esquife. Todos os demais vestiam farda, sim; eu era o único a carregar o corpo trajado à paisana. Minha outra mão continuava segurando a mão fria da cunhada do morto, como se fôssemos noivos, namorados, recém-casados. O cortejo andou sob um sol de quarenta e um graus até darmos de cara com uma cova rasa sem nenhum enfeite em volta.[13]

Note-se, na cena, um contraste significativo entre a seriedade da ocasião e a desfaçatez do narrador, que torna claro, pelo menos para si e para seus leitores, que sua real intenção no velório é, de fato, se aproveitar da ocasião trágica para se aproximar da mulher que conhecera no local. Trata-se de uma personalidade perversa, que não é capaz de reconhecer a tristeza vivenciada pelas demais pessoas da família nem mesmo de criar empatia com os presentes. Sua única intenção é tirar algum proveito da situação. A descrição da cova rasa demonstra, em contraste, que se trata de uma família humilde, o que acentua o choque promovido pela falta de empatia do narrador, que trata a morte de um pai de família como um evento banal, sem significado. O narrador encerra o conto imaginando como seria sua vida, de agora em diante, com esposa e filhos:

> Eu teria agora uma mulher para cuidar. Seria o guardião dessa viúva em jambo. Apertava seu ombro, num misto de aflição e repentina afeição. Eu teria agora uma mulher que cuidaria de mim, me ajudaria a procurar emprego, abriria os classificados do jornal e passaria o dedo junto ao meu por sobre os anúncios difíceis de ler de tão minúsculos. Eu teria dois

---

13 *Idem*, p. 30.

> súbitos filhos para não deixar que voltassem tarde da rua. E fecharia a porta de casa assim que anoitecesse, em paz...[14]

Há outro elemento perturbador nessa projeção que o narrador faz sobre sua própria vida ao lado de sua, talvez, futura esposa, que é o fato de ele passar a se ver como uma espécie de duplo do próprio falecido, como se fosse possível ocupar o lugar do outro e usurpar sua vida.

O narrador não chega a se aproximar da "fresca viúva", mas acerca-se justamente de sua irmã, que, assim como ela, também era viúva de um oficial militar. Essa reação do narrador protagonista é condizente com outra das neuroses descritas por Ariès, ao identificar que, diante da interdição do luto, o sobrevivente, por vezes, coloca-se no lugar do falecido ou imita seus gestos, palavras e manias. Esse dado, portanto, aponta também, nesse conto, para a metaforização de um processo de luto incompleto. Mas, ora, se não há nenhuma relação evidente entre o narrador e o falecido, esse seria o sinal de um luto em relação a quê? Como possível resposta a tal questionamento, remeto ao início do conto, no momento em que se estabelece o primeiro contato do narrador com o corpo que está sendo velado:

> Era também um brigadiano. Na certa tinha morrido em serviço. Beijei o uniforme sobre seu coração calado. O músculo, no entanto, reagiu, acostumado que era às emoções, e deu uma intensa pulsada. Pensei em Cristo puxando a pulsação de Lázaro. E isso chamam de milagre? Eu também faço, pensei olhando o equívoco daquela reunião em volta de um defunto ainda por atingir de fato o seu estágio mortuário. Com um simples beijo no peito eu quase o devolvera à vida.[15]

Novamente recorrendo ao insólito, o narrador afirma que, ao se aproximar do corpo do falecido, ele teria sentido seu coração pulsar,

---

14 *Idem, ibidem.*

15 *Idem*, p. 28.

como se houvesse ainda latente algum sinal de vida. Esse evento aponta para duas possibilidades de interpretação, que não são excludentes: primeiro, a pulsação indica a recusa do narrador protagonista em reconhecer que está de fato diante de um cadáver, de um corpo morto. A negação da morte é um primeiro sinal de rejeição ao luto e do tratamento da morte como um tabu. Segundo, e aqui atenho-me a um sentido metafórico, chama a atenção o fato de que o primeiro sinal que o narrador reconhece é a ocupação do falecido, ou seja, um oficial militar. Ele atribui tanta importância para esse fato que, inclusive, chega a beijar seu peito sob o uniforme.

O uniforme de oficial militar, embora indicasse baixa patente, torna-se sinédoque da presença das forças policiais e militares, numa alusão tanto ao passado recente marcado pelo autoritarismo quanto ao contexto presente de escalada de violência policial nos grandes centros urbanos. Nesse sentido, a afirmação do narrador de que se tratava de um equívoco acreditar que todos estavam diante de um defunto e, ainda, de que bastava um beijo em seu peito para devolvê-lo à vida pode ser lida como um índice do vestígio de uma identificação de uma parcela significativa da sociedade brasileira com o autoritarismo remanescente. Logo, podemos compreender, em um sentido alegórico, que o narrador está sinalizando para nosso passado recente de ditadura militar para dizer que se engana quem pensa que o perigo de um ressurgimento do autoritarismo de Estado já passou, pois seus sinais vitais permanecem latentes, embora despercebidos.

Nesse sentido, chama a atenção o título do conto, "O berço", ou seja, um objeto que remete à ideia do princípio da vida, que acolhe os primeiros dias de um ser que acabou de nascer. Contudo, a imagem do berço pode ser associada à imagem do caixão, objeto central no conto, uma vez que condensa todo o contexto da situação narrativa que se desenvolve em um velório, diante da morte. Essa semelhança entre os dois objetos que são utilizados para acomodar um corpo – o berço no início da vida, o caixão no fim da vida – aponta para um gesto de sobreposição de uma imagem à outra, gesto esse realizado pelo narrador, ao nomear o conto.

Por um lado, essa ideia de sobrepor o berço ao caixão aponta para a expectativa que o narrador sustenta de dar um novo início para sua vida, ao ocupar o lugar do pai de família que havia morrido. Por outro, pensando aqui no sentido metafórico apontado acima, a sobreposição do berço ao caixão pode ser indício, também, de um desejo profundo e latente de ressurgimento das forças autoritárias, que se identificam com os símbolos das forças militares e policiais como forma de controle e organização da vida pública. Ao se ver no lugar do outro – o oficial morto –, o narrador se vê como continuidade do seu papel social ou, ainda mais, vê em si mesmo melhores condições de realização do papel de controle e ordem social, uma vez que seu antecessor está morto e ele, vivo, em condições de substituí-lo.

Por fim, o terceiro conto da coletânea que pretendo abordar, "Noturnas doutrinas", apresenta-se como o mais enigmático ou menos literal. Isso porque o conto elabora uma atmosfera de nostalgia, por meio da sobreposição entre passado e presente que, somada a uma certa indefinição do espaço, promove uma sensação de incerteza sobre o que estamos lendo.

O enredo do conto, em si, é bastante simples, embora insólito: o narrador protagonista realiza um jantar entre amigos do qual também participa o cadáver de uma outra pessoa de quem ele é muito próximo e com quem mantém um laço afetivo muito forte. Durante o jantar, ele e os amigos rememoram pessoas, viagens e momentos do passado que vivenciaram juntos, e essas rememorações sempre remetem direta ou indiretamente a um contexto literário ou erudito.

Dado o inusitado da situação – um jantar na presença de um morto, cujo corpo é colocado em cena como se ainda estivesse vivo –, tendemos a ler a presença da morte, aí, como uma metáfora, e não como uma morte literal. O conto inicia com o anúncio dessa morte: "Ele morreu. Minutos atrás estava ainda aqui conversando, um pouco bêbado, é verdade, mas estava aqui, conversando, sim, contando o que pretendia fazer na manhã seguinte, tipo ir à feira, comprar bacalhau para preparar o jantar em homenagem a uma amiga que ganhara um prêmio literário na Itália".[16]

A relação entre o narrador e esse ser que acabara de morrer não é claramente explicitada, no princípio, mas sabemos que se trata de uma relação muito íntima e marcada por afeto. A primeira menção que o narrador faz sobre sua relação nos leva a entender que se trata de uma relação entre pai e filho: "a mim que parecia o pai desse cara aqui agora morto. Morto?".[17]

Em outras passagens, no entanto, há indícios mais relevantes de que eles fossem namorados, como ao mencionar um passeio durante uma viagem juntos a Dublin, onde haveria "outros casais como nós dois".[18] Ao rememorar essa mesma viagem, ele se lembra de uma outra passagem inesperada envolvendo o tema da morte, quando eles e mais um grupo de amigos pegaram carona com um escritor que estava a caminho do velório do próprio pai. Eles fazem companhia para o escritor, a quem consolam.

O narrador rememora ainda um momento dessa viagem em que ele se declara para esse outro que, agora, estava morto:

> Peguei a mão dele, desse meu parceiro que hoje não se mexe mais sentado nessa poltrona, peguei a mão do meu parceiro à beira da sepultura de Dublin, como se eu estivesse a consolar por intermédio dele o próprio escritor irlandês ou qualquer outro familiar do morto, e lhe falei que eu o amava como se da primeira vez, não lembra?[19]

Por meio das rememorações da relação entre os personagens, que nos induzem a pensar que se trata de uma relação amorosa, passamos

---

16 *Idem*, p. 75.

17 *Idem, ibidem.*

18 *Idem*, p. 79.

19 *Idem*, p. 78.

a considerar que a morte desse outro, aqui, significa não a morte concreta e a finitude da vida, mas o fim do relacionamento. É intrigante, entretanto, a forma como o narrador se refere à presença material do corpo morto na sequência de ações, que envolvem, inclusive, outras pessoas. Seu primeiro contato com o corpo morto demonstra afeto e intimidade: "Foi então que pensei em dar-lhe um beijo na face, talvez fechar bem suas pálpebras para que não houvesse testemunha ocular da minha intimidade. Sim, beijei-lhe a face e sua pele vinha ainda morna, feito uma pequena febre, frágil, pronta para ceder com o passar das horas. Agora deitei sobre seu corpo e o abracei".[20]

Por outro lado, ao dar sequência a sua rotina, o narrador instaura uma certa normalização da morte que promove uma sensação de atordoamento: "Ele estava morto, enfim. E eu então fui tomar banho, deixando o morto a esperar por mim por dez minutos, não mais".[21] Essa perturbação não diz respeito somente ao modo como o narrador protagonista estabelece sua relação com a materialidade do corpo morto, mas também ao modo como ele induz as outras pessoas, que, presentes na cena, também interagem com o suposto cadáver: "daqui a pouco chegariam as visitas para o jantar, seria melhor deixá-lo como estava, sentá-lo em sua poltrona predileta, passar uma escova por seus cabelos espetados e ruivos";[22] "Sua cabeça estirada como um homem depois de um dia cansativo, mas não tanto, pois ele via seus amigos e amigas a poucos palmos".[23] Há uma certa frieza no tratamento do corpo morto que chega a promover um tom cômico à situação:

> Pensei em ajeitar uma taça de vinho entre os dedos dele, dedos que na certa começavam a ficar frios. E rígidos, claro! Levantei-me para

---

[20] *Idem*, p. 76.

[21] *Idem, ibidem*.

[22] *Idem, ibidem*.

[23] *Idem*, p. 77.

> providenciar algo para o jantar, pois o cozinheiro da noite tinha morrido. Peguei o telefone na cozinha e encomendei baixinho duas superpizzas.[24]

Esse comportamento do narrador corresponde, novamente, a uma das neuroses resultantes do processo incompleto de luto, anunciadas anteriormente por Philippe Ariès. Ao apresentar o corpo morto do outro como se ele participasse de todas as ações que acontecem não só na sua própria rotina, mas também na presença dos outros, o narrador age como se se recusasse a aceitar a morte de alguém que lhe é próximo, repetindo as mesmas ações, como se a ausência não fosse um fato.

Há, contudo, uma espécie de dubiedade na cena, pois, ao mesmo tempo que o narrador não abre mão da presença desse outro em sua rotina, ele também reconhece que a única presença possível se dá por meio do cadáver, e não da convivência com uma imagem de um corpo vivo. Ele lida o tempo todo com o corpo morto como se de fato estivesse se dirigindo a alguém que estivesse vivo: "Eu o ajudaria botando em sua boca semiaberta uma fatia que ele saberia apreciar. Faça um pequeno esforço, murmurei. Abra um pouco mais a boca, engula por favor, não me envergonhe na frente das visitas";[25] "No caminho peguei do vaso um cravo vermelho. Sentei no seu colo. Percebi que suas pernas podiam com o meu peso, certo, mas já lhe pareciam alheias a tudo".[26]

Por fim, prevalece a interpretação de que a imagem da morte, aqui, materializada por meio desse cadáver no meio da sala, remete a um passado já distante – que pode se referir tanto a uma relação amorosa interrompida, quanto a um contexto de viagens e compartilhamentos com amigos que envolviam literatura, cultura e outras formas de fruição que dizem respeito a um contexto de liberdade, vivenciado na juventude. A morte é, portanto, imagem de um passado que não vai

---

24 *Idem, ibidem.*

25 *Idem, ibidem.*

26 *Idem*, p. 79.

mais retornar e que, ao se insistir em torná-lo presente, à revelia de quaisquer circunstâncias, soaria cômico ou até mesmo melancólico. É o paradoxo entre reconhecer-se diante de uma ausência, ou seja, de um processo de luto, mas se recusar a aceitar o vazio instaurado pela falta.

Nos três contos aqui analisados, observamos que a imagem da morte e sua representação por meio do corpo morto remete não só a um processo de luto interrompido, mas também a uma imagem do passado. Seja mediante uma memória de um trauma coletivo – como a alusão à escravidão e ao governo militar –, seja por meio da memória individual, que remete tanto à juventude que não retorna quanto à perda experimentada no campo afetivo ou amoroso.

Há, portanto, semelhanças e diferenças em relação à imagem da morte que verificamos em *Hotel Atlântico*, livro que encerra a década de 1980. Se, lá, o corpo em processo de morte e aniquilação estava diretamente relacionado a uma espécie de constatação do sujeito que se vê diante de um contexto histórico contra o qual não pode lutar ou, ao menos, se contrapor; aqui vemos que a morte desprende-se da noção de tempo presente, de sujeito imerso na ação, concentrando-se mais sobre o passado e o vazio provocado pelas perdas do passado. São as consequências dessa falta que são vivenciadas no presente. Essa diferença perceptível na comparação entre as duas obras e, logo, entre os dois momentos da escrita de Noll, deve-se, especialmente, por meio da variação na forma da elaboração na representação da imagem da morte.

Em *Hotel Atlântico*, a experiência da morte é representada por meio do adoecimento e a degradação do corpo do próprio protagonista, que sente esse processo de arruinamento como algo que diz respeito ao momento presente. Já nos contos de *A máquina de ser*, o que vemos é a representação da imagem da morte por meio de um corpo alheio ao narrador – e por isso mesmo a ele submetido. Como disse Maria Rita Kehl, não podemos representar a nossa própria morte, por isso a representação da morte é sempre uma sujeição de um outro. Há, nesse processo de representação, um índice de violência. A morte é, portanto, sempre a morte de outro, mas que, por meio do processo de luto incompleto, é capaz de afetar a percepção dos eventos, sobretudo quando esta diz respeito a uma imagem do passado.

REFERÊNCIAS

ARIÈS, Philippe. *História da morte no Ocidente: da Idade Média aos nossos dias*. Trad. Priscila Viana de Siqueira. Rio de Janeiro, Nova Fronteira, 2017.

KEHL, Maria Rita. "O sexo, a morte, a mãe e o mal". *In*: NESTROVSKI, Arthur & SELIGMANN-SILVA, Márcio (org.). *Catástrofe e representação*. São Paulo, Escuta, 2000, pp. 137-148.

MAGRI, Milena Mulatti. "Imagens do corpo em Clarice Lispector e João Gilberto Noll". *Literatura e Autoritarismo*, Santa Maria, n. 31, jan.-jun. 2018, pp. 65-76.

NOLL, João Gilberto. *Hotel Atlântico*. Rio de Janeiro, Rocco, 1989.

____. *O cego e a dançarina*. 3. ed. Rio de Janeiro, Rocco, 1991.

____. *A máquina de ser*. Rio de Janeiro, Nova Fronteira, 2006.

____. *A fúria do corpo*. 3. ed. Rio de Janeiro, Record, 2008.

SOBRE OS AUTORES

Adriana Lins Precioso é graduada, mestra e doutora em Letras pela Universidade Estadual Paulista (Unesp/São José do Rio Preto) e é professora da Universidade do Estado de Mato Grosso (Unemat). Publicou *Estudos de literatura: diálogos, perspectivas e tendências* (2015), *Ensino de Gramática em uso e literatura infanto-juvenil: diálogos contemporâneos* (2017) e *Nós e os outros: reflexões sobre epistemologias e práticas antirracistas* (2022).

Altamir Botoso é graduado, mestre e doutor em Letras pela Universidade Estadual Paulista (Unesp/Assis) e é professor da Universidade Estadual de Mato Grosso do Sul (UEMS). Publicou, entre outros, *Do pícaro ao malandro: Uma poética da rebeldia* (2011), *Malandros ou neopícaros: figurações do anti-herói na literatura brasileira* (2017) e *Ensaios sobre literatura inglesa e norte-americana* (2021).

Andre Rezende Benatti é graduado e mestre em Letras pela Universidade Estadual de Mato Grosso do Sul (UEMS) e doutor pela Universidade Federal do Rio de Janeiro (UFRJ). É professor da UEMS e publicou *O lugar do abjeto, do perverso e do animal na historiografia e no cânone literário* (2019) e *Escrituras da Violência na Literatura Latino-americana* (2021).

Camilla Guedes Tiburcio Pazim é graduada em Pedagogia pela Universidade de São Paulo (USP), graduada em Letras pela Universidade Estadual Paulista (Unesp/São José do Rio Preto), mestre pela Universidade do Estado de Mato Grosso (Unemat) e professora da educação básica na rede particular de ensino de Mato Grosso.

Elcio Loureiro Cornelsen é graduado e mestre em Letras pela Universidade de São Paulo (USP) e doutor pela Freie Universität Berlin, Alemanha. É professor da Universidade Federal de Minas Gerais (UFMG) e coorganizou, entre outros, *Literatura e guerra* (2010), *Literatura e Cinema de Resistência: novos olhares sobre a memória* (2013), *Em torno da imagem e da memória* (2016) e *Memórias da Segunda Guerra Mundial: imagens, testemunhos, ficções* (2018).

Fernando Bogado é graduado e doutor em Letras pela Universidad de Buenos Aires, Argentina. Escreveu os romances *Tierra Ganada al Río* (2018) e *Lebensraum* (2021), os livros de poesia *Jazmín Paraguayo, Poesía Reunida 2006-2014* (2014) e *El desempleo* (2021) e o roteiro da história em quadrinhos *Las guerras metódicas* (2022), desenhada por Sebastián Cantero. Dirige o *podcast* de literatura *El cuartito de Bogado.*

Jordana Cristina Blos Veiga Xavier é graduada e mestre em Letras pela Universidade Federal da Grande Dourados (UFGD), doutora pela Universidade Federal do Paraná (UFPR) e é professora da Universidade Federal de Rondônia (UNIR).

Lívia Santos de Souza é graduada, mestra e doutora em Letras pela Universidade Federal do Rio de Janeiro (UFRJ) e professora da Universidade Federal da Integração Latino-Americana (Unila). Publicou *Territórios da Arte e da Memória* (2020), *Territórios em disputa*: *Línguas, Memórias e Identidades* (2020), *Territórios Liminares*: *violências, direitos e sensibilidades* (2020), *Escrituras da Violência na Literatura Latino-Americana* (2021) e *Feminismo e resistência: ressonâncias na literatura latino-americana e caribenha* (2023)

Milena Mulatti Magri é graduada, mestra e doutora em Letras pela Universidade de São Paulo (USP) e professora na Universidade Estadual Paulista (Unesp/São José do Rio Preto). É autora de *A ficção na pós-ditadura* (2019).

Natalia Loreni Ferreri é graduada e doutora em Letras pela Universidad Nacional de Córdoba, Argentina, onde é professora. Publicou *Retóricas contemporáneas de la violencia* (2022) e *Violencia y dolor. Notas sobre literatura francófona contemporánea* (2023).

Rosana Cristina Zanelatto Santos é graduada em Letras pela Universidade Estadual Paulista (Unesp/Araraquara), mestra e doutora pela Universidade de São Paulo (USP) e professora da Universidade Federal de Mato Grosso do Sul (UFMS). Organizou, entre outros, *O lugar do abjeto do perverso e do animal na historiografia e no cânone literário* (2019), *Olhares sobre o marginal* (2015) e *Os testemunhos de um horror desgraçadamente humano: um estudo das obras de Joseph Conrad, António Lobo Antunes, Mia Couto e Bernardo Carvalho* (2012)

Wellington Furtado Ramos é graduado, mestre e doutor em Letras pela Universidade Federal de Mato Grosso do Sul (UFMS), onde é professor. Publicou, entre outros, *Por uma história da literatura brasileira contemporânea de 1975 a 2021* (2023).

Título	Sob os signos da violência
Organizadores	Andre Rezende Benatti Rosana Cristina Zanelatto Santos Wellington Furtado Ramos
Coordenador editorial	Ricardo Lima
Secretário gráfico	Ednilson Tristão
Preparação dos originais	Clarissa Penna
Revisão	Ana Paula Candelária Bernardes
Editoração eletrônica	Ednilson Tristão
Design de capa	Estúdio Bogari
Formato	14 x 21 cm
Papel	Avena 80 g/m² – miolo Cartão supremo 250 g/m² – capa
Tipologia	Minion Pro
Número de páginas	248

MISTO
Papel | Apoiando o manejo florestal responsável
FSC® C122682

ESTA OBRA FOI IMPRESSA NA GRÁFICA AS
PARA A EDITORA DA UNICAMP EM DEZEMBRO DE 2024.